语言生活皮书

中国语言生活状况报告
(2019)

国家语言文字工作委员会　组编

2019年·北京

组委会

主　　任　杜占元
执行主任　田立新
委　　员　（按音序排列）
　　　　　　姜　锋　　李岩松　　李宇明　　王定华　　王　刚　　续　梅
　　　　　　于殿利　　张东刚　　张　力

编委会

顾　　问　许嘉璐　赵沁平　郝　平　李卫红
审　　订　陈章太　戴庆厦　陆俭明　邢福义　周庆生
名誉主编　李宇明

主　　编　郭　熙
副 主 编　侯　敏　杨尔弘　周洪波
委　　员　（按音序排列）
　　　　　　冯学峰　　郭　浩　　郭　熙　　何婷婷　　贺宏志　　侯　敏
　　　　　　李　强　　苏新春　　汪　磊　　王丹卉　　王　奇　　杨尔弘
　　　　　　易　军　　张日培　　赵蓉晖　　赵守辉　　赵小兵　　周洪波
　　　　　　周　荐　　周庆生

作　　者　（按音序排列）
　　　　　　奥德蕾·阿祖莱　白　娟　　曹　婉　　陈宝生　　陈芳宇
　　　　　　陈瑞端　　陈语柔　　陈　越　　程南昌　　戴红亮　　邓雅
　　　　　　杜占元　　方小兵　　傅永和　　高彦怡　　顾定倩　　郭　熙
　　　　　　韩　涛　　何山华　　何婷婷　　侯　敏　　胡明晓　　黄拾全
　　　　　　黄晓东　　金惠邻　　黎顺苗　　李　波　　李　佳　　李　强
　　　　　　李宇明　　刘　慧　　刘文瑶　　陆天荧　　莫　滨　　朴美仙
　　　　　　邱哲文　　屈哨兵　　饶宏泉　　苏新春　　孙浩峰　　谭韵华
　　　　　　汤　丽　　滕永林　　田联刚　　田　源　　王春辉　　王海兰
　　　　　　王　晖　　王学荣　　王宇波　　王云帆　　肖　丹　　许小颖
　　　　　　杨尔弘　　杨　静　　杨书俊　　余　华　　张日培　　张天伟
　　　　　　张亚琼　　张　妍　　张治国　　赵守辉　　钟经华　　周道娟
　　　　　　周庆生　　邹　煜

策　　划　教育部语言文字信息管理司
执　　行　中国语言资源开发应用中心

"语言生活皮书"说明

"语言生活皮书"由国家语言文字工作委员会组织编写,旨在贯彻落实《国家通用语言文字法》,提倡"语言服务"理念,贯彻"大语言文字工作"发展新思路,为语言文字事业更好服务国家发展需求做贡献。

"语言生活皮书"分A、B、C、D、E五个系列,各自连续编号发布出版。其中,A系列为《中国语言文字事业发展报告》("白皮书"),B系列为《中国语言生活状况报告》("绿皮书"),C系列为《中国语言政策研究报告》("蓝皮书"),D系列为《世界语言生活状况报告》("黄皮书"),E系列为语言文字规范草案("规范类")。

《中国语言生活状况报告》("绿皮书"),2004年筹编,2006年出版,是国家语委最早组编的语言生活皮书,目前还出版了相应的英文版、韩文版和日文版,并附带编纂了具有资政功能的《中国语言生活要况》。2016年,《中国语言文字政策研究发展报告》(后更名为《中国语言政策研究报告》,"蓝皮书")出版。2016年,《世界语言生活状况》和《世界语言生活报告》(后合并更名为《世界语言生活状况报告》,"黄皮书")出版。2017年,《中国语言文字事业发展报告》("白皮书")的出版,标志着国家语委的"白、绿、蓝、黄"皮书系列最终形成。

这些皮书各有侧重,相互配合,相得益彰。"绿皮书"主要反映我国语言生活的重大事件、热点问题及各种调查报告和实态数据,为语言研究和语言决策提供参考和服务。它还是其他皮书的"底盘",在人才、资源、观念等方面为其他皮书提供支撑。"白皮书"主要宣传国家语言文字方针政策,以数据为支撑,记录、展示国家语言文字事业的发展成就。"蓝皮书"主要反映中国语言规划及相关学术研究的实际状况,并对该领域的研究进行评论和引导。"黄皮书"主要介绍世界各国和国际组织的语言生活状况,为我国的语言文字治理和语言政策研究提供参考借鉴，并努力在国际语言生活中发出中国声音。

"语言生活皮书"是开放的，发布的内容不仅局限于工作层面，也吸纳社会优秀成果。许嘉璐先生为"语言生活绿皮书"题字。国家语委历任领导都很关心"语言生活皮书"的编辑出版工作。相关课题组为皮书做出了贡献，一些出版单位和社会人士也给予了支持与关心。在此特致谢忱！

国家语言文字工作委员会

中国语言文字事业70年

——序《中国语言生活状况报告（2019）》

李宇明

1949年起，中华人民共和国已经阔步前进70年。70年来，社会发生了巨大变化，语言文字事业也获得了巨大进展。本文从语言生活、语言规划、语言研究三个角度来回顾这70年的巨大进展。

一 语言生活与时俱进

语言生活是社会生活的重要组成部分，它既受到政治、经济、文化、教育、科技等的制约，也能反映和影响其他领域的社会生活。回顾70年的语言生活，最为显著的变化有如下四个方面：

（一）双言双语人大量涌现

70年前，多数中国人都是单语人，要么会说汉语的一种方言，要么会说一种民族语言，如今，双言双语人（包括多言多语人）已经成为中国人群的主体。多数汉族人具有说方言和普通话的双言能力，一些人还能说外语和民族语，具有双语或多语能力。少数民族成员不仅会说母语，多数人还会说普通话，也有一些人能够说外语。

社会生活的发展提出了双言双语的需求，社会也提供了人们掌握双言双语的条件。一是语言教育的条件，以普通话为教学语言的教育制度，小学、中学、大学的外语课程，保证了普通话和外语双语能力的培养；有声传媒的从稀有到普及，网络传媒的从产生到发达，社会语言培训机构的贴身服务，保证了普通话和外语的"继续教育"；伴随着交通、通信的逐步发达和社会的改革开放，人口活动半径不断增加，跨地域、跨文化的人口活动，既需要双言双语能力，又为人提供了学习和使用普通话、外语、方言、民族语言的现实条件与情境。家庭语言规划的新理念是重视方言、民族语言的维持；根据民族地区的工作要求，汉族干部学习民族语言的人数逐渐增多，这也是增加双言双语人的重要因素。

双言双语人不仅是社会进步的一种表现，也是促进社会进步的重要因素。双言双语人可以跨地区、跨文化、跨国家获取信息，可以跨地区、跨文化、跨国家去生活、学习和工作，人们的生活质量和发展能力明显提升。同时，不同地区、民族和国度的语言文化，可以通过双言双语人相互接触、了解、借鉴、融合，这有利于世界的一体化和文化的多元化。

（二）语言媒体丰富融合

语言交际都必须凭借一定的媒体进行。文字的产生和印刷术的发明，使语言交际打破了时间空间的限制，文化产品可以批量复制。广播、电影、电视，使语言可以凭借电声技术传播，语音不通过留声机就能传向四方。20世纪50—70年代，我国的出版业和广播、电影、电视产业都不发达，书刊报纸获之不易，听广播、看电影也很艰难。1994年，我国实现与因特网的全功能连接，现代语言技术的发展，逐渐构建起一个虚拟性的网络空间，并开启了书写的键盘时代和印刷的激光照排时代。平面媒体、音像媒体、网络媒体迭代共进，即将进入融媒体的新时代。语言智能的成果也正在投入实用，开拓人与机器协同的语言新生活。

70年来，不仅语言媒体变化迅速，而且造就了使用新媒体进行语言活动的人。扫盲运动和教育普及，使得全国95%以上的人口可以利用平面媒体。据中国互联网络信息中心2019年2月28日发布信息，我国现有网民8.29亿，其中手机网民8.17亿，8亿多人口可以利用移动网络、智能手机及语言智能服务。这种语言生活是过去所难以想象的。

（三）普通话广泛传播

普通话由早年的国语发展而来，但当年只有少数人能讲普通话。1955年10月"全国现代汉语规范问题学术会议"和1956年2月国务院《关于推广普通话的指示》，定义了普通话，制定了推广普通话的各种举措。现在全国普通话普及率已达70%以上，成为中国和中国人最为重要的语言，与汉语方言、民族语言和外语共同承担起中国的语言生活重任。而且普通话与港澳的社区语言、台湾的"国语"、海外的华语相互接触、相互影响,形成了"大华语"这一全世界华人的共同语。

普通话在国际上也得到了广泛传播,许多国际组织把普通话作为官方语言或工作语言,汉语教学在170多个国家开展起来,其中70余国纳入了基础教育。普通话与国际上的一些大语言一起,服务于人类命运共同体的构建,在全球治理中发挥越来越大的作用。

(四)语言不断发展变化

语言是在使用中不断发展变化的。70年来,社会生活、社会观念发生了巨大变化,使用语言的人、语言媒体、语言间相互接触,带来了普通话的发展变化。

最大的变化是新词语的不断产生。这些新词语与一些特殊的表达格式相配合,成为一个时期一个时期的语言标志。近几十年来,字母词、网络新词语、表情包符号等较多地出现在语言生活中。根据近5年的统计,新词语平均每年产生450多个,其中字母词约6%,双音节词约14%,三音节词约23%。三音节词成为新词的多数,必然使词语长度增长,使词法有了层级构造且更加丰富多彩。

汉语的礼貌表达与时俱进。"文化大革命"时期,汉语的礼貌系统丧失殆尽。改革开放以来,汉语的礼貌系统经历了艰难的再造过程。而且,现代汉语是伴随着"打倒文言文"的口号形成的,先贤们追求"我手写我口",提倡"言文一致"。但是百年来的现代汉语实践告诉我们,只有一般口头语体和一般书面语体是不能满足现代语言生活需要的,还需借助于古代汉语构造现代汉语的"典雅语体",以用于庄重、典雅的语言交际。此外,早年的现代汉语文体也比较单调,基本上就是诗歌、小说、散文、报告文学、议论文等,随着报业的发达,报章文体开始发展起来。之后随着广播、电视的发展,业界又开始总结播音、主持人的不同文体(语体)。现在网络媒体出现,"网络文体"百花齐放,千姿百态,正在形成各种新文体。文体、语体是语言功能的格式化,其发展就是语言功能借助于不同媒体的大发展,是语言发展变化、功能提升的重要表现。

二 语言规划切合国情

语言生活的这些发展变化,与70年来中国语言规划有着密切的关系。纵览70年来中国语言规划,可以看出明显地迈出了三大步:

(一) 三大任务

1949年至1980年，语言规划主要完成三大任务：简化汉字，推广普通话，制定和推行汉语拼音方案。这是周恩来总理1958年在政协全国委员会的报告会上所做的报告《当前文字改革的任务》中提出来的。

简化汉字的任务，其实不只是简化汉字，还整理与规范了汉字，廓定了现行汉字的基本面貌。特别是《第二次汉字简化方案（草案）》的试行与废止，可以看作对1935年以来汉字形体简化的底线的实验。它让人们认识到，汉字形体不能无限简化下去，需要保持相对稳定。

推广普通话，是最为重要的语言地位规划。国家层面使用的语言具有两大功能，一是象征意义，一是工作通用。当年做地位规划时，不叫"国语"而叫"普通话"，后来又称"国家通用语言"，其规划理念一脉相承，显然都是着眼于"通用"这一语言交际功能，而不刻意强调其象征意义，或者说其象征意义是通过"通用"间接体现的。在地位规划的同时，通过普通话规范和推普方略，也在进行语言的本体规划、习得规划甚至是声誉规划；在60余年的推普实践中，还进行了语言的功能规划，注意处理普通话与方言、与民族语言、与海外华语的关系，构筑了国人语言能力的基础平台，在提升中华民族的语言认同、民族认同和国家认同中发挥了不可低估的作用。

制定和推广汉语拼音方案，不仅是制定和推行了拼写汉语、为汉字注音的工具，更是制定和推行了中国各民族创制文字、改良文字的一个共同基础，构筑了中国进入国际社会和信息化时代的一条通道。汉语拼音方案也是外国人学习汉语、了解中国文化的重要工具。

除了上述三大任务之外，当时还在民族识别的同时进行了民族语言的调查与识别，积累了语言识别的资料与经验。为一些民族设计了文字，为一些民族改良了文字。这些文字方案虽然后来没有都发挥文字功能，但是在"文字拉丁化"的进程中，包括计算机键盘的应用上仍起了一定作用。

(二) 标准化与法制化

1986年1月，全国语言文字工作会议召开。如果前一个时期主要任务是"改革"的话，自此语言文字工作则进入建设期。这一时期除"拨乱反正"之外，最为可贵的是紧盯远方的信息化目标而进行的语言文字的规范化、标准化，为此还专门成立了"语言文字信息管理司"。在西方语言规划学中，也有"编典"等关于本体规划的论述，但是语言文字信息化几乎没有进入他们的学术视野，这是中国语言规划的远见卓识之处。这一时期的规范化、标准化、信息化的"三化"工作，不仅进一步巩固了普通话的地位，提升了普通话的声誉，也为今日迅速发展的语言信息化奠定了汉语和民族语的语言文字基础。

过去，中国的语言管理主要靠经验、文件和领导讲话。这一时期随着国家法制建设的进步，国家和地方也制定了《国家通用语言文字法》及相关的各种法律法规，总计约有1400部。这些法律法规是依法治国的重要组成部分，在建立语言生活秩序、促进民族团结和国家统一等方面发挥着重要作用。此外，还有数百种语言文字的规范标准、难以统计的语言文字规范辞书，它们是语言文字法律法规的直接支撑；虽然这些法律法规、规范标准等，都还需要根据时代的进步而进行修订维护。

（三）语言生活治理

2005年前后，国家语言规划进入一个新的发展阶段。这一阶段的主要目标可以概括为：构建和谐的语言生活，提升公民和国家的语言能力。

构建和谐语言生活，是时任国家语委主任赵沁平同志在2005年中国语言生活状况报告新闻发布会上的讲话中首先提出、此后进入国家语委一系列文件中的。随着社会发展，语言矛盾也在不断积聚，并在一些地方曾经表现为"街头事件"。处理好语言关系、缓解语言矛盾成为此时期语言规划的主要任务。需要妥处的语言关系主要有：普通话与方言的关系，国家通用语言与民族语言的关系，简化字与繁体字的关系，普通话与海外华语的关系，本土语言与外语的关系，语言教育中英语与其他外语的关系，普通话的国内推广和国际传播的关系等。处理语言的关系，往往就是处理语言使用者之间的关系，就是处理语言的"社会关系"。在当今的语言规划中，要树立"语言生活""语言资源"意识，秉持"多语主义"，既要不断巩固普通话的主体地位，又要发挥其他语言及其变体的作用，保护好国家的语言资源，通过语言生活的和谐来促进社会和谐。

提升语言能力也是当下语言规划的重要任务。语言能力可以分为公民语言能力和国家语言能力。公民应具有三个层次的语言能力：方言或母语，这是文化传承层次的语言，常常是通过家庭和社区来习得、来发展；国家通用语言，这是国人一生活动半径中最为重要的语言，需要通过教育和语言实践来习得并熟练运用；外语，这是可以跨越国度的发展性语言，一般人掌握一门外语，有条件的还应当掌握两门或多门外语。纵使未来语言智能发展起来，外语能力作为当代人类的素养仍然十分重要。

国家语言能力是指国家处理海内外事务所需要的语言能力。据研究，吸收人类先进成果需要有20种语言的能力，这20种语言都是跨洲跨地区的活跃语言；当代国际社会沟通、全面处理好海内外事务、完成建立人类命运共同体的使命，需要200种语言的能力。我们距离这"20种-200种"的语言能力还有一段路程，需要持续努力。公民语言能力是国家语言能力的基础，但是公民语言能力的提升主要靠"语言市场"的力量，而国家语言能力的提升，不能只靠"语言市场"，还须有"社会计划"的力量。

三　语言研究成果丰硕

中国的语言研究源远流长，1898年《马氏文通》的出版意味着中国由传统语言研究进入现代语言学阶段。此后50多年的语言研究一直是小众冷门，1949年之后的语言研究虽仍说不上是大众显学，但也取得了较大进展，支撑着国家的语言教育事业和国家的语言规划。语言学门类繁多，此处只能俯瞰粗视。

汉语研究是中国语言学的重要任务。现代汉语、方言和汉语史的语言事实，已经基本清楚，海外华语的调查开始重视。20世纪以来国际上的许多语言理论，都被引进来研究汉语，汉语学界也不断提出自己的一些理论，使汉语得到了多种理论的观察分析。这些调查和研究，正在推进"汉语学"的建立；汉语研究取得的许多成果，对普通语言学也产生了一些影响。

民族语言的调查持续开展，了解了中国民族语言的基本面貌。跨境语言的研究正在展开。在民族语言的识别认定、谱系关系研究等方面形成了自己的理论和方法，虽然这些理论和方法与国际上还有所分歧。

外语教学研究是外语界的重心所在，国家已有开设近百种外语课程的能力。外语界致力于向国内介绍国外语言学的新理论、新方法，并正积极参与国际语言学界的工作，有望形成中外的学术共同体。

文字研究是中国语言学的传统，特别是随着地下文献的出土，一些古文字不断面世，为古文字研究源源不断地提供着新材料。随着科学技术的发展，研究古文字的手段也获得了巨大进步，而且正在利用计算机技术把文字由古到今的发展轨迹刻画出来。

中国语言学的传统工作领域是语言教学和社会语言规范，这也是语言应用的重要领域。应用语言学在中国是20世纪80年代正式诞生的，在此基础上发展出许多交叉性质的语言学，诸多社会领域、诸多学科都可以见到语言学的身影；特别是数理语言学，带来了语言信息处理、语言智能的诸多成果。但总的来看，我国应用语言学、交叉性质的语言学发展还不够理想，汉语、民语、外语等研究者之间的沟通十分不畅，语言学与相关学科的沟通十分不畅，学科设置也不尽合理，人才培养存在缺陷，这些都是在总结经验时必须重视的。

四　结束语

70年，中国语言文字事业有了巨大的发展变化。就语言规划而言，由"三大"语言任务发展到语言文字的规范化、标准化和信息化，语言文字工作的法制化，又发展到对语言生活的全面治理，构建和谐语言生活，提升语言能力。当前对语言规划影响较大的因素，是国际一体化、文化多元化、语言信息化，在新的时代如何做好中国语言规划，是一个需要研究也需要实践的大问题。就语言研究而言，汉语、民语等的语言事实基本掌握，理论、方法一直跟随国际语言学前行，交叉学科有所发展，汉语、民语、外语"三界"正努力沟通，国内国外的语言学人也正在加强合作，呈现出很好的发展局面。

语言规划、语言研究促进了中国语言生活的快速发展。双言双语人成为人群主体；语言媒体不断创新，在虚实两个语言生活空间中迭代共用、融合发展，特别是语言智能的进步将带来人与机器的语言协作；普通话穿越方言、穿越民族、穿越国界，由只有少数人会讲的"普普通通"的话，发展为国家通用语言和国际上的重要语言，普通话自身也在地域、文化的穿越中、在与汉语方言和其他语言的接触中丰富发展，礼貌系统再造，典雅语体重塑，各种新文体春笋般涌现，新词语以450个/年的速度增长，三音节词成为新词多数，字母词、表情包丰富着语言的应用。

回顾70年来路，是为了走好未来之路。未来不可随便断言，但有一点是明确的：语言规划的对象是语言生活，语言研究的土壤是语言生活；解决语言生活的问题，提升语言生活的品位，是语言规划和语言研究的共同任务。

目　　录

第一部分　特稿篇……………………………………………… 001

致世界语言资源保护大会的贺信………………………………… 003
世界语言资源保护大会开幕式致辞……………………………… 004
世界语言资源保护大会闭幕式讲话……………………………… 006
保护语言资源，推动构建人类命运共同体
　　——世界语言资源保护大会主旨报告……………………… 009
保护和促进世界语言多样性 岳麓宣言…………………………… 014
世界语言资源保护大会在湖南长沙召开………………………… 022

第二部分　专题篇……………………………………………… 025

纪念《汉语拼音方案》颁布60周年……………………………… 027
语言文字事业助力国家改革发展………………………………… 032
中国语言扶贫历程………………………………………………… 044
深圳特区的语言文字事业………………………………………… 052

第三部分　工作篇……………………………………………… 061

中共中央、国务院及相关部委公文中有关语言文字的内容…… 063
国家通用语言文字工作…………………………………………… 077
少数民族语言文字工作…………………………………………… 083

第四部分　领域篇……………………………………………… 087

粤港澳大湾区政府门户网站的语言服务………………………… 089
广州城中村语言景观多维透视…………………………………… 097
杭州良渚文化村的语言景观……………………………………… 106

目录

"洋留守儿童"语言生活状况个案调查……………………… 111
在京韩国人语言使用调查……………………………………… 119
国产动画片语言暴力调查……………………………………… 129
微信"标题党"现象调查………………………………………… 137
常用字母词中文译名使用调查………………………………… 145
医生告知"坏消息"策略观察…………………………………… 153
《壮文方案》颁布实施状况…………………………………… 159
手语"普通话"和盲文"规范字"……………………………… 165
听障学生书面语表达偏误调查………………………………… 170

第五部分　热点篇……………………………………………… 177

空军闽南话宣传片飞上蓝天…………………………………… 179
让"外婆"与"姥姥"握手……………………………………… 185
甲骨文遇上表情包……………………………………………… 192
热搜词语折射热门事件………………………………………… 200
汉语音译词走红海外…………………………………………… 208

第六部分　字词语篇…………………………………………… 215

2018，年度字词书写时代编年史……………………………… 217
2018，新词语里的社会热点…………………………………… 222
2018，流行语里的中国与世界………………………………… 228
2018，网络用语中的草根百态………………………………… 237
年度热词"改革开放四十年"…………………………………… 244

第七部分　港澳台篇…………………………………………… 253

香港南亚族群的语言使用状况………………………………… 255
澳门语言规划的两种取向……………………………………… 263
台湾语文生活状况（2018）…………………………………… 271

第八部分　参考篇……………………………………………… 281

日本的"平易语言"政策………………………………………… 283

美国国家安全语言教育项目新进展……………………………………… 289

海外语言政策与规划国际性会议主题扫描……………………………… 295

语言政策与规划类国际期刊扫描（2018）……………………………… 303

图表目录……………………………………………………………… 313

术语索引……………………………………………………………… 318

光盘目录

    2018年语言生活大事记

    2018年度媒体用字总表

    2018年度媒体高频词语表

    2018年度媒体成语表

    2018年度媒体新词语表

后记…………………………………………………………………… 325

Contents

Part I Special Report ·· 001
    Congratulatory Letter to the World Language Resources Protection
        Conference ·· 003
    Speech at the Opening Ceremony of the World Language Resou rces
        Protection Conference ·· 004
    Speech at the Closing Ceremony of the World Language Resources
        Protection Conference ·· 006
    Protecting World Language Resources as a Means of Building a Community
        of Shared Future for Mankind—A Keynote Speech at the World Language
        Resources Protection Conference ··· 009
    Yuelu Proclamation: Protection and Promotion of the World's Linguistic
        Diversity ··· 014
    The World Language Resources Protection Conference Was Held
        in Changsha, Hunan Province, China ·· 022

Part II Focused Topics ·· 025
    Commemorating the 60th Anniversary of the Promulgation of *Scheme of*
        the Chinese Phonetic Alphabet ·· 027
    The Undertakings of Language Affairs Contribute to China's Reform and
        Development ·· 032
    Poverty Alleviation via Language Planning in China— A Historical
        Sketch ··· 044
    Language Planning Work in Shenzhen Special Economic Zone ·········· 052

Part III Language Work ·· 061
    Regulations and Guidelines Concerning Language and Character Use in the

Official Documents of the CPC Central Committee, the State Council
and Some Ministries and Commissions in 2018 063
The Work on the National Standard Speech and Written Language
in 2018 077
The Work on Languages of the Ethnic Minorities in China in 2018 083

Part IV Special Fields 087
Language Services Provided by the Government Web Port
of Guangdong-Hong Kong-Marco Greater Bay Area 089
A Multidimensional Perspective of Language Landscape of Urban Villages
in Guangzhou 097
Language Landscape of Liangzhu Cultural Village in Hangzhou 106
A Case Study on the Language Life of Children Left Behind
by Parents Abroad 111
A Survey of Language Use by Koreans in Beijing 119
Language Violence in Chinese Animation 129
Investigation on the "Clickbait" on WeChat 137
A Survey of the Use of Chinese Translations of Frequently Used
Letter Words 145
An Observation of Doctor's Strategies in "Bad News" Informing 153
A Brief introduction to the Implementation of the *Zhuang Language
Alphabet System* 159
The Common Sign Language and Standardized Braille 165
Investigation on Written Errors of Hearing-impaired Students 170

Part V Hot Topics 177
Air Force's Promotional Video in Southern Min Dialect is on Air 179
The Compromise between "Waipo" and "Laolao" in the Competition
for Being Authentic "Grandma" 185
Oracle Bone Inscription Turning into Emojis 192
Hot Search Words in Weibo Reflect Hot Events 200
Chinese Transliterated Words Got More Salience in Overseas

Contents

    Communities ··· 208

Part VI   Words and Expressions ······································ 215

    Annual Survey of Chinese Words and Characters for 2018 ············· 217

    Hot Social Topics as Reflected in the New Words of 2018 ············· 222

    China and the World Seen from the Catchwords of 2018 ················ 228

    Grassroots Culture Reflected in Internet Expressions in 2018 ············ 237

    The Year-Expression "Fortieth Anniversary of Reform and Opening-up" ··· 244

Part VII   Hong Kong, Macau and Taiwan ····························· 253

    Language Use of South Asian Ethnic Groups in Hong Kong ············ 255

    Two Orientations of Language Planning in Macao ······················· 263

    Language Situation in Taiwan in 2018 ······································ 271

Part VIII   International Experience ······································· 281

    The Policy and Practices of "Plain Language" in Japan ·················· 283

    Latest Progresses of US *National Security Education Program* ·········· 289

    Themes of International Conferences on Language Policy and Planning ··· 295

    An Overview of Five International Journals on Language Planning and Policy
       in 2018 ·· 303

List of Figures and Tables ··· 313

Index of Subjects ··· 318

Contents of the CD
    Language Events in 2018
    Glossary of Media Words in 2018
    Glossary of High Frequency Media Words in 2018
    Glossary of Media Idioms in 2018
    Glossary of New Media Words in 2018

Postscript ·· 325

第一部分

特 稿 篇

致世界语言资源保护大会的贺信

联合国教科文组织总干事　奥德蕾·阿祖莱

2018 年 9 月 19 日

  语言多样性对构建人类命运共同体具有重要作用。语言各具独特之处，丰富了人类智慧。学习了解多种语言，有助于触发好奇之心，增进相互理解。联合国教科文组织致力于抢救濒危语言，保护并促进语言多样性。

  语言多样性并不止于理论。它对我们社会生活的方方面面都有立竿见影的效果，既能保存传统知识，又能促进当代文化表达。

  亚太地区拥有丰富的语言资源，本次会议将进一步彰显亚太地区语言多样性。

  本次会议围绕语言资源的保护、应用与推广开展研讨，介绍亚太地区关于语言资源保护的相关倡议，为助力 2019 年"国际本土语言年"有关工作提供了一个独特的平台。

  本次会议十分及时。我谨此表达对中华人民共和国教育部、中国联合国教科文组织全国委员会、中国国家语言文字工作委员会和湖南省人民政府等联合主办方的诚挚谢意。

  希望与会者集思广益，取得丰硕成果。

世界语言资源保护大会
开幕式致辞

中国教育部副部长、国家语委主任　杜占元

2018 年 9 月 19 日

  桂香菊灿的金秋时节，又逢中国传统节日中秋佳节来临之际，非常高兴与各位朋友相聚在中国历史文化名城长沙，共同研讨保护语言资源、推动构建人类命运共同体这一重要议题。这是世界人文领域的一件盛事，意义重大而深远。这次大会由联合国教科文组织、中国教育部、中国联合国教科文组织全国委员会、中国国家语言文字工作委员会、湖南省人民政府共同举办。在此，我谨代表中国教育部、中国联合国教科文组织全国委员会、中国国家语言文字工作委员会，对大会的召开表示热烈祝贺！向查楚克助理总干事和各位嘉宾、与会代表表示最诚挚的欢迎！

  女士们、先生们，语言是人类最伟大的创造。人类因语言而智慧，世界因语言而绚丽。语言决定了人类生存发展的基础、构建了人类的精神家园，并不断推动着人类发展的进程。随着现代科技与网络技术的迅速发展，语言日益成为信息化和智能化时代的重要基础，正在推动人类文明实现又一个新的飞跃。

  语言在人类发展中发挥着无可替代的重要作用。但不可忽视的是，由于各种因素的影响，世界语言资源正以惊人的速度衰减，语言的多样性受到威胁。语言濒危、语言多样性、语言资源保护等相关问题日益受到世界各国和各地区的广泛关注。联合国教科文组织和有关国家为保护语言资源和文化多样性付出了巨大的努力，取得了良好成效，产生了积极影响。对此，中国政府深表赞赏并将大力支持。

  中国政府一贯是教科文组织的坚定支持者和相关工作的积极参与者，双方在文化、教育、科学等诸多领域开展了卓有成效的合作，这是因为教科文组织的理念与中国政府的理念有很多相近之处，都是以维护世界和平、推进人类发展为根本追求。长期以来,联合国教科文组织十分关注语言的保护、使用与发展,着力推动各国文化交流合作,近年来更是致力于文化多样性和人类社会可持续发展。我们将一如既往地支持和参与联合国教科文组织的相关工作,加强与世界各国的交流合作,进一步提升语言文化领域的交流合作水平。

此次双方共同主办首届世界语言资源保护大会,并确定以"语言多样性对于构建人类命运共同体的作用:语言资源保护、应用与推广"为主题,就是携手践行双方共识的重要新举措。中国政府愿意与教科文组织和世界各国精诚合作,为维护世界语言文化多样性、构建人类命运共同体不懈努力。

女士们、先生们,我们生活在同一个地球,人类相互依存的程度不断加深,彼此利益交融,命运与共。世界绝大多数国家都期待加强合作,中国国家主席习近平提出,要推动构建人类命运共同体,携手共建持久和平、普遍安全、共同繁荣、开放包容、清洁美丽的世界。这是一个美好的世界梦。

语言是人类最重要的沟通交流工具,也是人类智慧和文明得以代代传承的载体,通过我们的共同努力,语言可以成为助力构建人类命运共同体的重要力量源泉。

中国有古训说:"海纳百川,有容乃大""人心齐,泰山移"。只有人类能包容,众人愿协力,世界才伟大,明天才更美好。我们期待这次会议能够顺利实现预期目标,齐心协力推进世界语言资源保护,为共创人类更加和谐、幸福、美好的未来做出新贡献。

最后,预祝世界语言资源保护大会圆满成功!祝各位宾朋在华期间身体健康、工作愉快!

世界语言资源保护大会闭幕式讲话

中国教育部部长　陈宝生

2018年9月20日

非常高兴在这样一个美丽的时节，与海内外朋友们相聚在历史文化名城长沙。首先，我谨代表中国教育部，向远道而来的朋友们表示诚挚的问候和良好的祝愿！

在与会代表的共同努力下，首届世界语言资源保护大会圆满完成了各项议程，即将落下帷幕。两天来，各国政府官员、专家学者围绕"语言多样性对于构建人类命运共同体的作用"这一主题，进行了深入交流和热烈研讨，达成了多方面共识，通过了重要的会议成果《岳麓宣言（草案）》。会议的召开和宣言的通过具有里程碑式的重要意义。

女士们、先生们、朋友们，语言是人类文明世代相传的载体，是相互沟通理解的钥匙，是文明交流互鉴的纽带。保护语言多样性对于实现联合国可持续发展目标具有至关重要的作用，将有助于促进人类发展、提升生命品质、改善环境、推动经济发展以及增强社会融入和社会合作。

中国一直有着注重语言文化保护的优良传统。作为一个多民族、多语言、多文种的语言资源丰富的国家，中国自古以来就大体保持着"雅言""通语"和各种民族语言及方言和谐共生的良好语言生态。新中国成立以来特别是改革开放40年来，中国政府高度重视语言文字工作，大力推广普及国家通用语言文字、科学保护各民族语言文字、全面促进语言文字应用法制化规范化标准化信息化、重视外语学习，走出了一条具有中国特色的语言文字事业发展之路，语言文字事业与经济社会同发展、与时代共进步，为推进国家现代化建设、保障人民政治经济社会文化权利，发挥了不可替代的重要作用。

女士们、先生们、朋友们,"一花独放不是春,百花齐放春满园"。世界如此丰富多彩,是因为各种文明的交相辉映。保护语言多样性是保护文化多样性的前提条件,任何一种语言的消亡,都是人类不可弥补的损失,维护语言多样性就是保护人类不可再生的文化基因,这是一项刻不容缓、迫在眉睫的重要工作。鉴于此,我们高度赞赏《岳麓宣言》这一成果,在此,我愿提出四点倡议。

一是加强语言交流互鉴,推动构建人类命运共同体。中国国家主席习近平强调:"要尊重世界文明多样性,以文明交流超越文明隔阂、文明互鉴超越文明冲突、文明共存超越文明优越。"语言文化交流有助于增信释疑,沟通情感,缔结友谊,为构建人类命运共同体打下坚实的民意基础。语言文化之间的相互碰撞和融合发展,能增强文化的包容性和活力,从而形成相互依存、相得益彰的世界文化共同体,构筑人类包容和谐的精神家园。为此,我们倡导尊重各国语言文化的特色和优势,互学互鉴、取长补短,促进各种文明和谐共生、相得益彰,共同为人类发展提供精神力量。

二是加强语言文化教育,更好促进人的全面发展。语言文化教育是保障语言文字传承发展的最好方式,也是提高人的素养、确保社会持续发展的重要方面。我们倡导进一步扩大语言文化教育的交流和合作,学习借鉴各国的先进理念和经验。不断优化语言文化教育体系,全面提升人的语言能力和人文素质。通过让青少年学生掌握和领略语言文字的魅力,激发学习兴趣、培养学习能力、提升文化自觉、提高跨文化能力。

三是加强方法手段创新,精心呵护多样语言资源。当前,随着新一轮科技革命和产业革命的来临,迅猛发展的现代科技为语言资源的保护带来了前所未有的重大利好。我们倡导抓住这一大好机遇,以服务人类生存和发展需要为宗旨,遵循语言规律,基于语言实际,以科学的思维和发展的眼光,采取多种行之有效的手段和新技术,实施科学保护、全面保护和规范保护,努力实现有效保护和持续保护。

四是加强资源合理利用,不断满足人民发展需要。语言是有生命的,是人类思想的凝结,语言保护工作积累的资源是潜能巨大的宝藏。保护语言资源,不是为保护而保护,而是为了更好服务于人民对美好生活的需要。我们倡导积极开发语言文化产品,开拓语言服务新领域和新途径,不断学会运用语言的力量去创造生命中的美好。开发更好更多样的翻译产品,让不同民族、种族之间的沟通更加无障碍。运用现代科技手段"复活"已消失的语言，让人们感受人类历史发展的厚重韵味。

女士们、先生们、朋友们，语言是人类文明的重要组成部分，是珍贵的非物质遗产，是不可再生的文化资源。让我们以本次大会召开和《岳麓宣言》为新起点，携手前行，务实合作，为保护世界语言资源、维护语言多样性、构建人类命运共同体做出新的更大贡献！

保护语言资源，推动构建人类命运共同体

——世界语言资源保护大会主旨报告

中国教育部副部长、国家语委主任　杜占元

2018 年 9 月 19 日

本次大会的主题是"语言多样性对于构建人类命运共同体的作用"，很有现实意义。宇宙只有一个地球，人类共有一个家园。一年多来，习近平主席提出的"构建人类命运共同体"理念，得到世界上越来越多国家的广泛认同和深入延展，在历史的无边长河里，世界各国人民正在携手开创一个前所未有的合作时代。语言是人类社会重要的基础性资源，凝萃智慧，折射文明，延续着各个国家和不同民族的精神血脉。只有各国多样语言的健康发展，才能构建和谐稳定的人类命运共同体。

全球已知的大约 6700 种语言构成了一幅色彩斑斓而鲜活温情的世界语言生态群像。一种语言的消亡，意味着人类失去了一种文化，一份珍贵的历史遗产。全球语言中目前有 40% 成为濒危语言，这是需要全人类共同面对、共同应对的危机和挑战，需要全球行动。联合国教科文组织的"世界语言地图"项目、欧洲"濒危语言记录"项目、中国的"语言资源保护工程"，以及英国、法国、荷兰、美国的"濒危语言基金会"等，已经为此做出了积极而卓有成效的探索与努力。未来，还需要各国加强交流与合作，共同推进世界语言资源保护，为构建人类命运共同体奠定文化基础。

中国是一个统一的多民族国家，也是一个多语言、多方言、多文种的国家。中国人有一种特殊的乡愁与故土情结，"少小离家老大回，乡音无改鬓毛衰"，乡音是一个人一辈子的记忆，更是重要的情感依托。我们将多样性的语言文字视作宝贵的国家资源，倍加珍惜，积极保护，通过大力推广和规范使用国家通

用语言文字、科学保护各民族语言文字、发展语言教育、完善语言服务、传承语言文化,使我国多样性的语言资源在促进经济发展、维护政治稳定、推动文化建设、保障国家安全等各方面发挥了积极作用。

中国的语言资源保护有着悠久的历史传统。对多样化的语言和方言进行调查记录,中国早在2000多年以前的周代就开始了。周天子每年八月都要派出使者到各地调查方言、习俗和民歌民谣。汉代的扬雄编撰了《𬨎轩使者绝代语释别国方言》,这是中国语言学史上第一部对方言词汇进行比较研究的专著,也是世界语言学史上一部重要的经典著作,更是汉语中"方言"这个词的来源。之后,中华民族调查、整理、记录语言的步伐从未停歇。新中国成立不久的50年代,我们就开展了全国范围的语言普查,帮助壮、布依、彝、纳西等15个民族创制或改进了文字方案。2015年,中国政府启动"中国语言资源保护工程"。利用现代化技术手段,收集记录汉语方言、少数民族语言和口头语言文化的实态语料,通过科学整理和加工,建成大规模、可持续增长的多媒体语言资源库,进而推进深度开发应用。工程用时5年,田野调查1500个地点,截至目前已经完成总体规划的2/3,全国已有超过350所高校和科研机构,1000多个专家团队、4500多名专业技术人员、3346位发音人参与工程建设。同时,工程的标志性成果《中国语言文化典藏》已出版发行,《中国濒危语言志》即将付梓,汇聚调查成果的"中国语言资源采录展示平台"也已研制完成。相比其他同类项目,中国语言资源保护工程是目前世界上规模最大、涉及范围最广、投入资金最大、参与人员最多的语言资源保护项目。工程得到了联合国教科文组织的高度关注和指导帮助。

中国的语言资源保护始终是与语言的本体和功能建设融为一体的。一种语言只有不断对其规范化标准化建设,完善其在社会交际中的功能,促进其广泛使用,才是最有效的保护。这种被称为"语言规划"的活动,中国也早在2000多年前就发生了。文字、音韵、训诂构成的传统语文学在中国已有数千年历史。秦汉时就有了第一部词典《尔雅》,第一部字典《说文解字》;孔子以雅言讲学,秦始皇以"书同文"统一全国。之后,历朝历代通过韵书、字书、词典等语言文字规范应用的实践持续不断。及至近代,无数文化巨匠、仁人志士为推动语言文字的现代化,潜心钻研、身体力行。新中国成立初期,我们提出并实施了简化汉字、推广普通话、制定和推行汉语拼音方案三大任务。改革开放40

年来，我们全面推进语言文字规范化、标准化、信息化建设。经过半个多世纪几代人坚持不懈的努力，已有超过70%的人口掌握了普通话使用能力，约70%的人口掌握汉语拼音，95%以上的识字人口使用规范汉字，并在汉语语音、文字、汉字计算机编码、汉语信息处理技术等方面颁布了100多项规范标准。我们特别重视语言技术的发展，成功地使汉语汉字及10多种少数民族语言文字进入了电脑，不断提高机器处理语言文字的能力，适应信息时代的要求。可以说，中华文明之所以成为人类社会唯一一种没有出现过断层而延续至今的古老文明，语言文字首居其功。

中国的语言资源保护始终是在文化的视角下展开的。 中国最古老的文字甲骨文就是在人类早期的文化活动中产生的，距今已有3000多年历史，具有无可替代的文化遗产价值，与泥版楔形文字、玛雅文字等共同成为世界古代文明的瑰宝。甲骨文也是世界上唯一没有失落的古典文字，正是有了从甲骨文一脉相承发展到今天的汉字，才使中华文明发展至今没有中断。甲骨文不但是中华民族的珍贵文化遗产，更是人类共同的宝贵财富，2017年10月甲骨文成功入选联合国教科文组织"世界记忆名录"，体现了联合国教科文组织对世界范围珍贵历史文化遗产的高度重视和卓有成效的努力。此外，中国历史上的语言保护总是与文化传承紧密相联。永乐大典、四库全书等中国历史上著名的文化工程，为语言文字的传承做出了重要贡献；近代语文现代化的探索，为新文化运动提供了强大动力；新中国成立之初语言文字工作的三大任务为积贫积弱的新中国迅速普及了文化教育。近年来，我们开展中华经典诵读行动、建设中华经典资源库，实施中华思想文化术语传播工程，在中小学加强书法教学，在主流媒体推出中国汉字听写大会、中国诗词大会等语言文化类电视节目，为保护传承中华语言文化营造了良好氛围。2011年中国颁布《中华人民共和国非物质文化遗产法》，之后全国多个地方将语言或方言列入当地的非物质文化遗产名录加以保护。

中国的语言资源保护始终是与保障人民的基本权利密切关联的。 随着语言事业的进步，中国人民的生活水平获得提升，中国的文盲率从最初的超过80%迅速下降到了目前的5%，超过13亿人口的基本权利得到了切实保障。当前，中国还有近30%的人口未能掌握普通话，个别农村地区、边远山区的普通话普及率还不到40%。为此，我们积极实施"推普脱贫攻坚"工程，到2020年，使贫困家庭新增劳动力人口全部具有国家通用语言文字沟通交流和应用能力。此外，为保障全体国民在就业发展、社会融入和社会参与等方面的均等机会和基本权利，我们在基础教育阶段全面普及了语文教育；为保障少数民族学习、使用和发展本民族语言文字的权利，国家颁布了一系列法律法规，各自治地方依法推进双语使用，在教育领域积极开展双语教学，在司法领域完善语言服务；为保障听力视力残疾人士的语言权利，制定颁布了国家通用手语和通用盲文，研发手语盲文计算机处理技术，在高校设立语言康复专业，不断提高特殊语言服务能力和水平。

中国的语言资源保护始终是在与世界文明的交流互鉴中进步的。我们珍视全人类的语言资源，努力加强外语服务，支持公民学习外语。国民基础教育中设有外语课程，高等院校设有外语专业，目前已覆盖100多个语种，在推进"一带一路"和人类命运共同体建设的过程中，通过"语言互通"推动"民心相通"。引导社会外语使用规范，制定颁布了英、俄、日等语种的《公共服务领域外文译写规范》，将中华思想文化术语进行整理诠释和译写，推动不同文明的交流互鉴。我们通过中德、中法、中俄语言年等系列活动，增进与各国人民的互信。此外，分布在146个国家（地区）的525所孔子学院和1113个孔子课堂，已成为加强中国人民与世界各国人民友谊合作的语言桥梁。

总之，中国语言文字事业稳步发展，语言多样性保护不断深入。不忘本来，中国政府汲取5000多年文明史的智慧，立足服务人民，创造美好社会的初心不改；吸收外来，中国积极吸取国际先进经验，携手联合国教科文组织，与世界各国一起持久努力；面向未来，身处世界大发展大变革大调整的时期，中国与世界各国一起，积极保护世界语言资源，推动构建人类命运共同体。

女士们、先生们、朋友们，世界语言资源多样性是我们的共同财富，人类文明多样性是世界的基本特征，也是人类进步的源泉。不同的语言承载了不同的文明，使世界更加丰富多彩。语言资源保护与建设是构建人类命运共同体的基础性、前提性工作，意义重大，任务艰巨，需要集全球之力，团结合作。

为此，我们倡议，各国政府切实履行语言资源保护建设的责任与义务，切实加强语言资源的调查记录、推广应用和相关基础建设，共同绘制世界语言地图，共同建设全球语言资源数据库。

我们倡议，各国政府继续坚持和平与发展的时代主题，积极顺应新一轮全球化浪潮，加强交流合作，全面提升民生福祉。语言具有社会属性，只有改善语言赖以存在的社会环境，语言的多样性才能得以持续，语言资源才能得到有效的保护。

我们倡议，各国政府积极落实本次会议成果文件《岳麓宣言》的内容，在联合国教科文组织世界语言地图基础上，承担起应尽的义务和责任，及时沟通濒危语言最新抢救与保护状况，分享可借鉴的国际经验，保护语言资源多样性。

女士们、先生们、朋友们："大道之行，天下为公"，早在两千多年前，中国的先贤哲人们就开始思考全人类的共同命运；"各美其美，美人之美，美美与共，天下大同"，中国当代著名思想家费孝通先生指出，天下大同的根本要义是在承认差别基础上的互相包容、互相尊重、互相欣赏、交流互鉴。这是对语言资源保护和语言多样性在人类命运共同体建设中的重要作用的深刻诠释，让我们为建设一个美美与共的语言世界共同努力！

保护和促进世界语言多样性岳麓宣言

联合国教科文组织
2019 年 1 月

引言

我们生活在不同语言、文化、种族、宗教和不同社会制度所组成的世界里，形成了你中有我、我中有你的命运共同体。语言是促进人类发展、对话、和解、包容与和平的重要前提之一。

人们需要通过语言与他人沟通，并且通过语言将知识、观念、信仰和传统代代相传，这对于人类的生存、自尊、幸福、发展以及和平共处必不可少。我们认识到，在代代相传的历程中，儿童时期的语言学习效果最佳。

同时，语言还是文化的基本特征之一，是记录并传承一个族群、一个地区乃至世界独特文化的主要载体，它有助于人们通过共享的行为模式、互动方式、认知结构和理解方式来交流，推动构建人类命运共同体。语言记录了人类千百年来积累的传统知识和实践经验。这一知识宝库促进人类发展，见证了人类改造自然和适应环境的能力。

来自世界各地的参会者代表政府，国家语言文字管理部门，学术界，文化、信息和记忆组织，公共部门或私人机构，濒危语言、少数民族语言、土著语言、非官方语言以及方言使用者，其他有关专家于 2018 年 9 月 19 日—20 日在中国长沙共同出席了世界语言资源保护大会，并且通过本宣言。本宣言：

遵守《世界人权宣言》（1948）提到的各项人权和基本自由，以及其他国际公认的法律文件。

回顾联合国教科文组织组织法序言里申明的："战争起源于人之思想，故务需于人之思想中筑起保卫和平之屏障"（1945 年 11 月 16 日），重申联合国教科文组织是一个积极促进语言多样性和多语主义的联合国系统机构。

基于其他支持语言权利的国际人权文件,包括:《消除一切形式种族歧视国际公约》(1965)、《经济、社会及文化权利国际公约》(1966)、《公民权利和政治权利国际公约》(1966)、《儿童权利公约》(1989)、《保护所有移徙工人及其家庭成员权利国际公约》(1990)、《在民族或族裔、宗教和语言上属于少数群体的人的权利宣言》(1992)、《残疾人权利公约》(2006)、《联合国土著人民权利宣言》(2007)以及国际人权条约和其他机构在这一领域的工作。

回顾了其他国际文件,包括《世界文化多样性宣言》及其行动计划(2001)、《保护非物质文化遗产公约》(2003)、《保护和促进文化表达多样性公约》(2005)、《关于普及网络空间及提倡和使用多种语言的建议书》(2003)。[①]

申明语言多样性政策必须首先尊重人民和社区作为语言守护者的尊严,尊重他们的权利,并就保护和促进语言多样性与他们真诚合作,探讨了为语言振兴、保护和促进所做出的努力,并获悉土著语言以及其他语言不断面临濒危困境的情况。

既考虑到语言和其承载的传统知识对于文化多样性和生物多样性极为重要,尤其在应对气候变化和环境恶化时至关重要,也考虑到拥有自己的语言是决定土著人民享有自决权的一个因素。

回顾绝大多数濒危语言是土著人民语言这一事实;也赞同联合国大会在关于"土著人民权利"的决议(编号71/178)中表达的紧迫感,该决议宣布2019年为"国际本土语言年"。

重申联合国大会2014年9月22日第69/2号决议通过的《世界土著人民大会成果文件》,"全系统行动计划"[②]及其之后的国家行动计划;土著人民权利专家会议及其有关研究和倡议等所达成的共识;[③]以及联合国土著问题常设论坛2016年会议(E/2016/43)的结论和倡议,其主题为:"土著语言:保护和振兴(《联合国土著人民权利宣言》第13、14和16条)"。

---

① 信息社会世界峰会宣言第15段。详见 http://www.itu.int/net/wsis/docs/geneva/official/dop.html。
② 确保以连贯一致的方式全面实现《联合国土著人民权利宣言》的全系统行动计划。详见 http://www.un.org/en/ga/search/view_doc.asp?symbol=E/C.19/2016/5。
③ 《关于落实土著人民受教育权的经验教训和挑战的研究》(2009),A/HRC/12/33,详见 http://undocs.org/A/HRC/12/33;《语言和文化在增进和保护土著人民权利及身份认同方面的作用》(2012),A/HRC/21/53,详见 http://undocs.org/A/HRC/21/53;以及《增进和保护土著人民的文化遗产权》(2015),A/HRC/30/53,详见 http://undocs.org/A/HRC/30/53。

本宣言申明

（一）国际社会通过了强调保护语言多样性的重要国际文件以及其他政策文件；尤其是，联合国大会关于"土著民族权利"的第71/178号决议宣布2019年为"国际本土语言年"，已再次引起世界范围内对语言及其相关问题的重视。

（二）《联合国土著人民权利宣言》第13、14、16条进一步完善了语言权利的规范性内容。

（三）目前在特别关注保护及振兴土著人民语言文化，保护并传承濒危语言、少数民族语言、非官方语言及方言等方面已有优秀典范。

（四）近年来多个关于土著语言的国际专家会议可为此领域的工作提供借鉴。这些专门的国际研讨会汇聚了跨学科专家、政策制定者、学者以及一线工作者。联合国教科文组织制定的"2019年国际本土语言年行动计划"也是本领域的重要文件。①

（五）"知识社会"这一概念建立在包容、开放、多样和多元等关键原则之上。文化多样性和多语主义在促进多元、公平、开放和包容的知识社会方面发挥着重要作用，也是普及教育、获取信息和实现表达自由的重要支柱。

（六）采用以人权为基础的方法，即：不歧视、人权相互依存和相互关联，关注最弱势群体，关注大众参与，基于国际人权规范的责任。

共识和倡议

共识一：保护和促进语言多样性对于可持续发展目标的实现至关重要，因此倡议：

1. 保护和促进语言多样性有助于促进人类发展。 保护语言多样性就是要保障各语言使用者在教育及其他基本的公共服务、就业、健康、社会融入、参与社会决策等方面机会均等，避免出现永久性文盲、失业、就医困难、受歧视和其他不公平现象，从而有利于实现消除贫困、消除饥饿和营造良好健康与福祉的人类发展目标。同时，语言多样性也是独特而古老的文化代代相传的基础。

2. 保护和促进语言多样性有助于提高濒危语言、少数民族语言、土著语言、非官方语言以及方言母语者的潜力、行动力和主动性。 这包括人们自儿童期便

---

① E/C.19/2018/8。

开始使用并传承母语、接受母语教育、获得互联网和其他公共空间的信息和知识，视障人士使用盲文、听障人士使用手语进行交流，增加优质教育和性别平等的机会。

3. 保护和促进语言多样性有助于改善环境。维护语言多样性与理解语言赖以生存发展的自然生态环境、生物多样性、生产生活方式息息相关。在全球化的背景下，应将保护语言多样性与保护具有重大或特殊历史文化价值的城市或村落紧密结合，为保护语言多样性提供必要的环境条件和服务，探索语言多样性、环境保护与经济增长共赢的可持续发展模式。

4. 保护和促进语言多样性有助于推动经济发展。语言多样性为不同的语言使用者在其教育背景、社会生活以及经济发展中争取相对平等的权利，增加濒危语言、少数民族语言、土著语言、非官方语言以及方言母语者平等和优质就业的机会，以此推动可持续的经济增长。

5. 保护和促进语言多样性有助于加强社会融入、社会合作。保护语言多样性有助于减少不同母语者之间的性别与社会不平等现象，保障濒危语言、少数民族语言、土著语言、非官方语言以及方言母语者接受教育的权利，通过鼓励其参与促进文化多样性、濒危语言保护、非物质文化遗产保护的系列行动，例如口传文化、表演艺术、社会实践、宗教民俗和节庆活动等，增强弱势群体的社会融入程度和社会决策能力，以此创建更为和平、包容的社会，促进可持续发展。

共识二：保护和促进语言多样性需要国际社会各方面积极作为，切实有效参与其中，因此倡议：

6. 联合国教科文组织肩负着倡议、引领、促进、普及、保护世界语言多样性的重要职责。

（1）应监测世界语言多样性现状，据此制定并落实与此相关的政策或措施；与持积极态度的政府和非政府组织、土著人民、公共和私人机构、社区和个人开展合作，支持相关合作者开展语言能力建设。

（2）联合国教科文组织应当鼓励并指导各成员国、有关学术机构及企业开展濒危语言保护工作，积极与濒危语言，包括少数民族语言、土著语言和其他弱势语言的社区建立联系。

（3）联合国教科文组织应当构建保护和促进语言多样性城市网络，探索将语言多样性作为可持续城市的重要标准之一。

（4）联合国教科文组织应当支持、鼓励和宣传以政策为导向的研究，系统全面地解决语言公正问题，并将其作为可持续发展的重要组成部分。

7. 联合国和其他国际人权机构和机制有责任继续从保障人权的维度监测语言权利行使状况。这包括人权条约机构和特别程序，例如：经济、社会和文化权利委员会、儿童权利委员会、文化权利问题特别报告员和土著人民权利问题特别报告员。

（1）应将保护和促进世界语言多样性纳入联合国相关发展议程中，确保其在构建人类命运共同体，促进全球范围内的平等、互鉴、理解、对话、包容，捍卫世界和平等方面发挥不可替代的重要作用。

（2）建议联合国大会宣布一项国际十年活动，名为"本土语言国际十年"。因为世界土著语言振兴需要各个国家、土著人民和其他方面的持续努力。

8. 国家和政府在保护和促进本国语言多样性方面应发挥主导作用，鼓励各成员国制定健全的语言政策和语言资源管理运营机制。

（1）应根据本国语言国情制定科学规划，及时有效地开展本国的语言资源调查保护，并让相关语言群体参与到有关工作中来。

（2）应组织开展教育和文化活动弘扬语言文化多样性和多语主义，通过让语言社区参与计划实施和相关项目评估工作，培育社会大众的语言自信和语言保护传承意识。

（3）应将负责语言项目规划、实施和评估的语言政策制定机制与本国专业技术和方法传统紧密结合起来。

（4）鼓励在国家层面根据《保护和促进世界语言多样性 岳麓宣言》和其他相关国际文件，制定行动计划，并鼓励相关方面参与其中。

9. 鼓励国家语言文字管理部门、学术界、非政府组织、公共和私人机构以及个人通过科研、媒体、课程、艺术、文化产品和信息通信技术等多种方式保护并促进语言多样性。

（1）鼓励所有相关方面，包括国家语言文字管理部门、学术界、非政府组织、公共组织、私人组织和个人，认识并进一步提高对"语保人/语言达人/语言推广大使"等称谓的认识。无论他们是社区、组织、机构或是个人，他们都在通过科学研究、媒体、课程开发、艺术、文化生产和信息通信技术等手段，为保护和促进语言多样性努力。

（2）支持社会大众，尤其是青少年，包括他们中的社会边缘化群体，开展语言保护、振兴和传承的教育活动和文化活动。

（3）鼓励在世界范围内成立以保护国家和世界语言多样性为目标的青年联盟或青年组织，通过举办青年论坛、会议研讨和志愿者活动等方式，加强语言资源人才建设。

（4）鼓励城市积极促进当地语言多样性，并将其转化为知识或生产力，实现在全球化背景下保护和促进语言多样性的目标。

（5）保护与促进语言多样性的国际标准文件应能明显缩小现有规范标准与近年来积极开展的各项语言保护行动之间的差距。

（6）建议制定一份新的国际规范标准文件，以契合目前各国及国际社会上多项积极主动的语言保护行动的需求。

（7）鼓励各国政府、私人机构、非政府组织、学术界和其他相关者，为保护和促进土著语言及其他濒危语言提供资金资助和相关资源。

（8）学术机构和土著组织是帮助鉴定并提供资源的关键。应积极设立语言资源保护项目，共享由高校、语言学家调查采集而得的语言数据，以减少土著语言的流失。同时，土著社区可以为这些方案的具体实施提供宝贵意见，并提供更多口语流利的发音人。

（9）"2019国际本土语言年"是一个向多元文化世界发起全球性号召的重要时间节点。应建立专家培训方案，培训有资质的专家，通过鼓励专家进入公共组织、私人机构或民间社团工作，促进文化可持续发展。

（10）积极汇聚语言振兴的经验和方法，将有助于国际社会和各国家践行上述各项倡议。联合国教科文组织、联合国土著问题常设论坛秘书处应能够引领这项工作的开展。

共识三：保护和促进语言多样性应当与科技发展相结合，因此倡议：

10. 语言是一种宝贵的、不可再生的社会文化资源。应重视利用科技进步来推动各语言及其文化之间的交流合作，促进文明交流互鉴。

11. 建议制定语言资源保护的国际标准，包括语言资源调查、整理、加工、保存的技术标准，也包括在全世界范围内共建、共享、共同开发利用语言资源大数据的标准。这需要国际标准化组织（如ISO）和从事语言资源保护的专业部门（如大学和科研机构）、专家以及其他利益相关者共同制定并执行。

12. 成员国应制订科学稳妥的政策，采取积极有效的措施，**让科技发展惠及各语言使用者**，使之平等地拥有接受教育和传承文化的权利，享受科技产品的服务和便利。

13. 成员国、公共组织、学术界、非政府组织和民间团体、联合国实体和相关机构、私人机构、语言使用者和其他相关人士，应与土著人民和其他语言团体合作，**在全球信息网络环境中促进语言多样性**，营造多语言使用及多语言自由转换的互联网空间。

14. 成员国、公共组织、学术界、非政府组织和民间团体、联合国实体和相关机构、私人机构和其他相关人士，应与土著人民和其他语言团体合作，**通过人工智能、信息通讯等技术推动语言文化的创造性转化、创新性发展和有效传播**，寻求濒危语言、少数民族语言、土著语言、非官方语言以及方言保护传承的新途径。同时，应认识到语言是人工智能的重要资源之一，人工智能的发展也离不开语言资源。

15. 成员国、公共组织、学术界、非政府组织和民间团体、联合国实体和相关机构、私人机构和其他相关人士，应与土著人民和其他语言团体合作，**积极研发语言数据采集分析工具**，以及多模态语料转写标注、文化展示互动的先进工具；利用语音识别、机器翻译技术提高语言教育和语言学习的效率。

16. 鼓励联合国实体、政府间组织、国家、政府和非政府组织、公共和私人机构、土著人民和社区以及来自全球、国家到地方各个层级与语言多样性工作相关的个人，**关注语言多样性相关措施并付诸实施**。

17. **参与建设新型"世界语言地图"项目**，与中国以及其他国家的语言研究机构、相关高校合作，建立专家工作组或合作伙伴关系，鼓励其在联合国教科文组织"世界语言地图"的框架下，参与或支持本国家或本地区语言地图的建设。

18. 成员国、私人机构、学术界和其他相关人士，应与土著人民和其他语言社区合作，**为语言振兴、语言复活和语言维持而加强国家基础设施建设**，包括建设语言振兴机构、语言委员会、语言博物馆或语言典藏和数字化的实体机构。

19. 博物馆是保存、保护、展示、共享语言资源的最佳载体之一。鼓励国际组织、政府、公共组织或非政府组织、土著人民、私人机构、社区或个人积极建设语言博物馆，特别鼓励建设与语言社区紧密结合的生态博物馆或语言文化体验区。**信息、记忆、档案和文化组织（如博物馆），无论是实体的还是虚拟的，都将对保护和促进语言多样性发挥积极作用。**

20.鼓励成员国通过项目合作、学术交流等方式**共享语言资源保护的规范标准、技术工具和前沿理念，**包括开源免费的资源。特别是应当促进国家和地方上的语言调查、保护、传承、发展。鼓励从事保护和促进语言多样性工作的研究机构、专家赴各国、各地区开展项目合作和学术交流。

致谢

感谢联合国教科文组织和中华人民共和国政府于 2018 年 9 月 19 日—21 日在中华人民共和国湖南省长沙市成功举办世界语言资源保护大会。

世界语言资源保护大会
在湖南长沙召开

2018年9月19日—21日,以"语言多样性对于构建人类命运共同体的作用"为主题的首届世界语言资源保护大会在湖南长沙召开。本次会议由联合国教科文组织、中国教育部、中国联合国教科文组织全国委员会、国家语言文字工作委员会、湖南省人民政府联合主办,湖南省语言文字工作委员会、湖南省教育厅、湖南省长沙市人民政府、北京语言大学、湖南大学联合承办。湖南省委副书记、省长许达哲,中国教育部副部长、国家语委主任杜占元,联合国教科文组织助理总干事穆兹·查楚克(Moez Chakchouk),罗马尼亚胡内多阿拉省省长勃勃拉·米尔恰-弗拉维乌(Bobora Mircea-Flaviu)出席大会开幕式并致辞。中国教育部部长陈宝生,湖南省副省长吴桂英,联合国教科文组织驻华代表欧敏行(Marielza Oliveira),长沙市市委副书记、市长胡忠雄出席闭幕式并讲话。

本次大会的召开,得到了中国政府的高度重视,受到了联合国教科文组织和有关国家政府、学者的高度关注和热情参与。包括10位外国部长级官员和13位驻华使节在内,来自全球40多个国家和地区相关领域的官员、专家学者共200多人参加本次大会。

大会期间,共有7位代表在大会全体会议上做主旨发言,分别为:中国教育部副部长、国家语委主任杜占元,联合国经济社会事务部包容性社会发展司官员、联合国土著问题常设论坛秘书处负责人钱德拉·罗伊-亨里克森(Chandra Roy-Henriksen),沙特阿拉伯王国常驻联合国教科文组织大使易卜拉欣·阿尔巴拉维(Ibrahim Albalawi),中国语言资源保护研究中心主任曹志耘,厄瓜多尔常驻联合国教科文组织大使马可·帕特里西奥·桑布拉诺·雷斯特雷波(Marco Patricio Zambrano Restrepo),中国著名媒体人、民间语保人汪涵,联合国土著问题常设论坛副主席张小安(Zhang Xiao'an)。各国政府官员、专家学者围绕语言资源保护的理念与经验、政策与措施、规范与技术、语言资源开发应用与推广等分议题进行深入交流和热烈研讨,达成多方面共识,通过了重要的会议成果——《保护和促进世界语言多样性 岳麓宣言(草案)》。

会后联合国教科文组织会同起草工作组对宣言做进一步完善修改,在世界范围内征求、吸取意见,并于 2019 年 1 月 18 日在官网发布《保护和促进世界语言多样性 岳麓宣言》。2 月 21 日,中国教育部、联合国教科文组织驻华代表处、中国联合国教科文组织全国委员会、国家语言文字工作委员会在北京共同召开《岳麓宣言》发布会,向社会正式发布。

本次大会的召开和《岳麓宣言》的发布,有助于增进国际社会对构建人类命运共同体重要理念的理解认同,促进全球国家和地区进一步形成保护和促进语言多样性的共识,推动专家学者的对话与交流,促进文明交流互鉴,是世界人文领域的一件盛事,意义重大而深远。本次大会向其他国家和地区展示了中国语言资源保护工程的成功经验做法,向世界传递了中国声音、贡献了中国智慧。

(黄晓东、黄拾全)

第二部分

专 题 篇

纪念《汉语拼音方案》颁布60周年

2018年是全国人民代表大会批准颁布《汉语拼音方案》(下文或简作"《方案》")60周年。60年来,作为国家通用语言文字的法定的拼写和注音工具,《方案》在促进语文教育、服务语言生活、促进国家文化建设和信息化建设以及国际交往等方面发挥了重要作用,影响深远。为了总结《方案》60年来的历史性贡献,探讨新时代的新使命,教育部门、语言文字工作系统和语言学界举行了系列纪念活动。

一　活动概述

5月10日,教育部、国家语委在京召开《汉语拼音方案》颁布60周年纪念座谈会,时任教育部副部长、国家语委主任杜占元出席座谈会并讲话,国家语委成员单位及国家语委咨询委员、教育部相关司局负责同志,有关大中小学及科研机构专家学者等100多人参加了座谈会。

5月10日至11日,教育部语用司、语信司指导,北京语言大学、教育部语用所在京召开纪念《汉语拼音方案》颁布60周年学术研讨会,国内相关领域的50多名专家学者参加会议。

另外,教育部语用所、中国语文现代化学会、中国语文报刊协会主办,中共常州市委统战部、中国剪报社协办,常州大学承办的纪念《汉语拼音方案》颁布60周年学术研讨会,以及浙江大学周有光语言文字学研究中心主办的第四届周有光语言文字学学术研讨会暨纪念《汉语拼音方案》颁布60周年会议也先后举行;全国多地还举办了学术报告会等纪念活动。

除纪念座谈会、学术研讨会外,《语言文字应用》《语文建设》《北华大学学报》等学术杂志设"汉语拼音研究""纪念《汉语拼音方案》颁布60周年专题"等专栏,刊发系列学术文章;《人民日报》《光明日报》《中国教育报》《语言文字报》《语言文字周报》等报纸也设专栏和专题,刊出多篇系列文章或纪念专文。《汉语拼音方案》颁布60周年系列纪念活动成为我国2018年语言生活中的"现象级"事件。

二 要点"盘点"

（一）《汉语拼音方案》的历史贡献和精神财富

时任教育部副部长、国家语委主任杜占元在纪念座谈会讲话中指出："《汉语拼音方案》是中国文化发展史上具有代表性的成就之一，是社会主义先进文化的典型代表和重要组成部分，是中国特色语言文字事业的开山之举、奠基之作。它造福社会，服务世界，联结古今，融通中外，影响深远"；他还进一步阐释了《方案》的巨大作用："一是为新中国基础教育普及和国家文化事业发展奠定基础""二是为中华语言文化在信息化时代的传承发展提供支撑""三是为提升国家文化软实力和深化国际交流发挥重要作用"。这是着眼于历史文化发展大视野和国内国际大格局，对《方案》历史贡献的高度概括。

不少学者如陈章太、吴本渊、彭泽润、岳长顺、施麒麟、王诚、汪惠迪、熊怀苑等撰文，对研制《方案》的重要代表人物如吴玉章、黎锦熙、罗常培、周有光等的理论建树和可贵精神进行探讨，尤其是周有光成为探讨和纪念的焦点人物；也有学者如马庆株、李蓝、赵贤德、汤志祥、周荐、史定国、曹文、王晖等，把思考延伸至四百年来汉语拉丁化特别是百多年来语文现代化的进程中，对为《方案》提供学术滋养和实践探索的卢戆章、王照、吴稚晖、钱玄同、赵元任、瞿秋白等先贤给予肯定，具有学术史意义和现实意义。

刘利阐述了《方案》蕴涵的精神：第一，"体现了中国共产党领导语言文字事业所秉持的高度的民主精神"；第二，"凝聚了中国知识分子通过文字改革强国启民的伟大的革新精神"；第三，"体现了新中国语言文字学者作为'当代仓颉'追求卓越的工匠精神"。"三种精神"的表述富有理论概括意义。李宇明认为："把《方案》放在国家和民族的事业当中来看，才更能够看清楚它的意义；把《方案》放在人类历史的进程当中来看，才更能够看清楚它的价值""以这样的视角来看待我们的前辈，就会发现：第一，确实是有学识；第二，确实有眼光；第三，确实有担当。这是我们后辈学人应当感恩、铭记、继承和发扬的宝贵精神"。

（二）《汉语拼音方案》的学术成就和应用价值

专家们对《方案》的理论价值、实践价值给予了充分阐发和高度评价。陆俭明、苏培成、袁钟瑞、史定国等学者对吕叔湘、王均两位先生"《汉语拼音方案》是最佳方案"的论断进行了进一步的理论阐释；王理嘉提出应从"《方案》跟普通话语音的关系"角度和"字母学原则"角度科学认识《方案》，这对于进一步厘清模糊认识具有很强的理论阐释力。专家们认为《方案》的科学性、合理性毋庸置疑，主张"慎言修订《方案》"。王开扬认为仅"从语言学、文字学，从科学性、技术性、实用性去评价《方案》"还不够充分，提出"从人类学、文化学、符号学、政治学、经济学的角度来观察评价《方案》"，理论视角更为宏阔。

陈章太先生用"前后两个30年"来评价和概括《方案》颁布60年来的实践价值。他认为，前30年主要是为汉字注音，拼写普通话，扫除文盲，普及基础教育，促进社会经济文化发展，为国家现代化创造了条件，打下了基础；后30年则主要体现在为满足国家改革开放和大数据时代的需求，在信息化、网络化、智能化、国际化等方面发挥了重要作用。

众多学者从语言生活不同应用领域深刻阐发《方案》的应用价值。苏培成、马庆株、袁钟瑞等阐述了《方案》对推广普通话的巨大助力作用；顾之川、徐轶、王晖、郑万峰、翟京华、冼锦维等探讨了《方案》在语文教育领域的基础性作用；陆俭明、赵国成、郭伏良和王丽霞等论述了《方案》在国际汉语教学领域的不可替代作用；俞士汶、朱学锋、马庆株、李蓝等充分肯定了《方案》对中文信息化的奠基作用；李志江、刘一玲等阐明了《方案》对辞书编纂的依据性、规范性作用；黄行、李旭练等总结了《方案》对国家各民族新文字拉丁化字母设计的统一范式作用；冯志伟、陆俭明、苏培成、王丹等分析了《方案》的国际价值和海外传播作用；张伟、肖航探讨了《方案》对盲文和手语规范化、信息化的支撑作用；杨亦鸣、范诗银论述了《方案》对诗词创作音韵的标准参照作用；吴晓芳、卜祥忠探析了《方案》对国家统一发挥的积极建设性作用。

（三）《汉语拼音方案》面临的问题和不足

学者们既充分肯定《方案》的学术功绩，主张维护《方案》的法定地位和"最佳方案"的学术论断，同时指出"最佳方案"与"不断完善"并不矛盾。

"《汉语拼音方案》是最佳方案"是吕叔湘和王均先生立足于字母学原则和汉语拼写技术层面做出的科学论断,这已成为学界主流共识。《方案》在具体的推行应用中,也面临一些现实问题和不足,学术界对此也并未回避。

一是《方案》本身内容表述问题。《方案》某些规则的表述不够明晰,王理嘉指出,"y/w用法的规定、加点字母的问题、拼写规则省写"是三个比较突出的问题,在教学和其他应用领域有不少改进呼声。另外,多位专家论及的《方案》字母表中的字母名称音问题、"ü"的大写问题等,也是应用领域讨论的热点。

二是《方案》的依法推行实施问题。《方案》作为汉字注音工具的作用发挥得较为理想,但作为国家通用语言拼写工具的作用发挥得不够理想。《国家通用语言文字法》规定"《汉语拼音方案》是中国人名、地名和中文文献罗马字母拼写法的统一规范",但是依据《方案》制定的国家标准《汉语拼音正词法基本规则》《中国人名汉语拼音字母拼写规则》,以及《中国地名汉语拼音拼写规则》和国际标准《ISO 7098 信息与文献工作——中文罗马字母拼写法》,在实施层面都未尽如人意。

三是《方案》的研究创新和实践创新问题。《方案》在母语教育领域、二语教育领域、信息化领域、日常生活领域既有研究还不够充分,也存在不少空白;在围绕为国家发展新战略开展《方案》研究方面,还面临众多新课题、新挑战。李宇明指出,当前是急需汉语拼音的新时期,却是《方案》研究和推行的一个低谷期,语言文字工作部门和学术界亟待加强系统谋划和有力推进,人才梯队建设也是值得重视的突出短板。

(四)《汉语拼音方案》在新时代的新使命

"凡益之道,与时偕行",当前中国特色社会主义进入新时代,新时代赋予了语言文字事业发展新内涵,提出了新使命新要求。经济社会发展、文化强国建设、信息技术革命、中文国际影响力提升、实现人民群众对美好语言生活的向往,都呼唤《方案》推行、应用和研究工作的新作为。

不少专家对此有深入思考:陆俭明提出汉语拼音要在构建人类命运共同体当中担当起重要使命;苏培成提出《方案》在中华民族伟大复兴进程中将发挥重要作用;赵世举提出汉语拼音应在"联通语文、联通方言、联通民汉、联通中西、联通残障人士、联通人机"中发挥更大的作用;李宇明提出汉语拼音应在服务国家战略上和法治化、信息化、全球化建设中担当起新的时代责任,并呼吁对"语言智慧时代的教育"给予特别关注;杨亦鸣提出《方案》和汉语拼音应在中华新诗韵研究和韵文创作中充分展现作用,促进中华优秀文化的传承和发展繁荣。以上学者的思考具有语言战略意义,充分体现出学术界在《方案》研制历程中形成并赓续至今的优秀传统——"立足本土、面向世界、国家意识、民族情怀、融入时代、面向未来"。

三 几点建议

(一)工作谋划方面,《方案》推行、应用和研究应该结合新时代面临的新形势新要求新任务,围绕杜占元同志讲话提出的重点任务,聚焦以下工作:第一,推动普通话基本普及,开展推普脱贫工作;第二,提升语言文字信息化水平,强化科技支撑;第三,深化基础研究,进一步推动汉语拼音推广应用;第四,推动中文国际交流传播,助力文化强国建设。

(二)实施应用层面,应该站在国家法律的高度依法推行《方案》,全面落实《国家通用语言文字法》的要求。建议加强《方案》及配套国家标准、国际标准的解读和宣传,全面提升公众规范意识和规范应用能力;以国民语文教育和国际汉语教学为基础应用阵地,以与大众息息相关的人名、地名规范应用为工作切入点,以出版传媒和大型活动(如"一带一路"峰会、冬奥会等)规范应用为示范领域,切实加强对社会应用的指导和监管。

(三)科学研究层面,建议相关单位建立从事《方案》研究的专门学术机构,设立长线科研项目,系统梳理和研究《方案》存在的应用问题和解决路径;加强与《方案》配套的《汉语拼音正词法基本规则》《中国人名汉语拼音字母拼写规则》以及《中国地名汉语拼音拼写规则》的实效研究和跟踪研究;尤其是作为国际标准的《ISO 7098 信息与文献工作——中文罗马字母拼写法》属于中国,也属于世界,我们要牢牢把握该标准制订、修订、应用研究的话语主导权;注重规范标准研究人才队伍建设,复合型、国际化人才的培养迫在眉睫,亟待改善。

(王 晖)

语言文字事业助力国家改革发展

语言文字是人类最重要的思维工具和交际工具，也是重要的文化载体，凝萃智慧，传续文明。语言文字事业是服务、支撑中国特色社会主义各项事业发展的重要基石，对国家建设具有基础性、广泛性、长久性的影响和贡献。推广普及国家通用语言文字、加强语言文字规范化标准化信息化建设、保护多样性语言资源、提升语言服务能力、促进中华优秀语言文化传承和国际传播，有利于国家统一、民族团结、社会和谐，有利于人员流动、信息沟通、科技进步、经济增长，有利于中华优秀文化的创造性转化、创新性发展，有利于国际交流与合作、建设人类命运共同体。

党和国家始终高度重视语言文字工作。新中国成立以后，简化汉字、推广普通话、制定和推行汉语拼音方案"三大任务"的提出与落实，在全国迅速普及文化教育方面厥功甚伟。改革开放以来，经过几代人的不懈努力，语言文字事业的思想理念不断进步，事业格局不断扩大，工作任务不断拓展，为国家改革发展、全面建成小康社会做出重要贡献。特别是党的十八大以来，语言文字事业坚持以服务国家发展战略需求为核心，向国家战略聚焦，向农村和民族地区攻坚，向社会应用推进，向现代治理转型，向国际领域拓展，为建设与综合国力相适应的语言强国，为新时代中国特色社会主义事业新发展，奠定了坚实基础。

一 国家通用语言文字推广普及

我国的国家通用语言是普通话。改革开放以来，国家坚持把推广普通话作为语言文字工作的首要任务。1992年，《国家语言文字工作十年规划和"八五"计划纲要》将推普方针由1957年的"大力提倡，重点推行，积极普及"调整为"大力推行，积极普及，逐步提高"，着力提高普通话的普及率和国民使用普通话的水平。1994年起，我国开始开展普通话水平测试；1998年起，每年都组织全国推广普通话宣传周活动。同时，各级政府部门通过宣传教育、指导督促、检查评估等，积极推动普通话成为教育教学用语、新闻宣传用语、公务活动用语、公共服务用语，并培训了一大批推普业务骨干。目前，全国已有7100多万人次接受普通话水平测试，推普宣传周活动已连续举办21届，全国普通话普及率超过70%。相比改革开放初期，国民的普通话水平和语言文字能力大幅度提高，各民族交往交流更为便利，为建立社会主义市场经济体制、形成全国统一的大市场、促进全国范围内的人员大流动提供了重要支撑。党的十八大以来，打赢脱贫攻坚战对推广普通话提出了新的更高的迫切要求，为此国家正在实施"普通话普及攻坚工程"和"推普脱贫攻坚行动计划"，努力改变农村地区、边远山区、民族聚居地区普通话普及率较为低下的情况，力争在2020年使全国的平均普及率提高到80%，使贫困家庭新增劳动力人口全部具有国家通用语言文字沟通交流和应用能力，现有贫困地区青壮年劳动力具备基本的普通话交流能力，为实现中国政府关于"到2020年消除绝对贫困"的庄严承诺贡献力量。

我国的国家通用文字是规范汉字。研究和整理现行汉字，制订各项规范标准，同时规范社会各领域的汉字使用，是改革开放以后我国汉字规范化工作的基本方针。1986年，国务院批准重新公布《简化字总表》；1988年，国家语委颁布《现代汉语常用字表》和《现代汉语通用字表》。之后，经济、社会的快速发展对汉字使用不断提出新需求。为贯彻落实《国家通用语言文字法》，满足信息化时代对汉字规范的新需求，国家语委于2001年启动研制新的规范汉字表，并广泛征求海内外专家学者意见，历经10余年。2013年，《通用规范汉字表》由国务院正式发布，这是继国务院1986年批准重新发布《简化字总表》后又一重大汉字规范。此外，40年来，各级人民政府对社会上滥用繁体字、乱造简化字、随便写错别字的现象，采取有力措施，予以纠正和规范。目前，我国95%以上的识字人口使用规范汉字，社会用字规范化水平比改革开放初期大幅提升。

汉语拼音是我国国家通用语言文字的拼写和注音工具，是识读汉字、语文教学的"拐棍"，是改革和创制少数民族语言文字以及编制盲文、手语、旗语、灯语的重要依据，广泛用于中文文献排序检索、工业科技领域的型号和代号、计算机汉字输入等多个方面。改革开放以来，我国通过"注音识字、提前读写"小学语文教改实验等措施，不断加强基础教育阶段汉语拼音教学，有力促进了汉语拼音的全面普及。比如，目前人们通过计算机和手机处理中文信息时，拼音输入法的使用比例达到95%以上。随着改革开放的深入和国际交往的发展，汉语拼音对国际语言生活也产生了深远的影响。1982年，国际标准化组织信息与文献标准化技术委员会（ISO/TC46）第19届会议正式通过《ISO 7098 文献工作——中文罗马字母拼写法》，汉语拼音成为国际标准；之后该标准又于1991年和2015年进行了两次修订完善。当前，汉语拼音的国际影响日益提升：一是成为拼写中国人名、地名的国际标准。二是很多国际组织、图书馆、情报资料机构等以汉语拼音为标准给中文文献排序。另外，很多中国特色词语的拼音形式得到了越来越多的国际认可，比如"少林""阴阳""人民币""福娃"等。

二 语言文字规范化标准化信息化建设

制订并推行语言文字规范标准，促进语言文字规范化标准化，是改革开放以后我国语言文字事业的核心任务之一。40年来，我国在普通话语音、汉字、汉语词汇、语法、拼音，语言文字信息处理，语言文字水平测试、手语盲文、外文应用等方面，先后制定颁布了200多项规范标准，形成了包括国家标准（GB）、语言文字规范（GF）和软规范等在内的语言文字规范标准体系，为改革开放新形势下语言文字的健康发展与规范使用，为满足新时期社会各领域语言文字使用需求，发挥了重要作用。比如，汉字定量工作为教育系统确定基础教育阶段的识字量提供了重要依据，小学阶段2500个字、中学阶段扩展到3500个字，就是随着《现代汉语常用字表》的颁布而确定下来的。又比如，汉字定序工作为全国重大政治活动、各类重要会议，以及各级党政机关、人大和政协机关的人名排序提供了重要依据，1999年颁布的《GB13000.1 字符集汉字字序（笔画序）规范》由中共中央办公厅信息中心和国家语委联合研制，该规范一揽子解决了之前反复困扰人名排序工作的诸多难点问题，如"八、人、入""士、土""未、末""景、晾"等的排序难点。

语言文字信息化是国家信息化战略的重要基础，是指让语言文字进入计算机，使机器能够高效、快捷、智能地处理语言文字信息。20世纪80年代初，为实现"让古老的汉字进入计算机"这样一个"科学的梦"，中央领导同志指示：中国文字改革委员会负责解决汉字进入计算机的问题。文改会等部门之后在全国范围内组织专家开展集中攻关，在短时间内，先后成功解决了汉字在计算机中的输入输出和信息交换用编码问题。这为后来计算机和手机的全面普及、国家信息化进程的启动与腾飞奠定了重要基础，对维护我国在汉字信息处理方面的技术主权、文化主权、经济主权立下了汗马功劳。之后，我国制定了一大批面向信息处理的语言文字标准和技术标准，大力推动语言文字信息处理从字处理向词句处理、语篇处理、语音处理迈进，积极建设语言文字数据资源并促进资源的开发利用，取得了一系列重要成果，推动汉语汉字在信息时代继续焕发出蓬勃的生命力。当前，云计算和大数据发挥着日益重要的作用，智能搜索、机器翻译、语音识别与合成等已获得广泛应用。语言文字信息化进入语言智能开发阶段，这是人工智能的基础与核心。在这一形势下，2016年颁布的《国家语言文字事业"十三五"发展规划》指出，要支持推动自然语言处理、语音识别与合成、文字识别等智能化理论研究和技术研发；支持不同语种间的机器翻译研究以及国家通用语言文字智能辅助学习和评测的技术产品研发；推进互联网环境下的语言计算技术创新，在信息技术新一轮发展中掌握主动权。同时，要加强语言资源建设，努力形成"有序开发、多元投入、社会共享"的语言资源建设与管理机制；建设国家语言资源服务系统，促进语言资源的开放与共享；建设适应面广、影响力大、权威性强的全球中文学习网络平台；构建层次分明、结构科学、功能完备的语言文字宣传教育、益民服务网络。

三 语言资源科学保护

我国的语言资源保护始终是与保障人民的基本权利紧密联系在一起的。《宪法》和《少数民族区域自治法》等为我国各民族使用和发展自己的语言文字提供了法律保障。同时，国家帮助壮、布依、彝、苗、哈尼、傈僳、纳西、侗、佤、黎等十几个民族创制或改进了文字方案；在重大的全国性活动中提供蒙古语、藏语、维吾尔语、哈萨克语、朝鲜语、彝语、壮语等少数民族语言翻译；在少数民族地区推行国家通用语和民族语双语教育；每年出版大量少数民族文字出版物，制作播出大量少数民族语言广播电视节目和电影；大力推动民族语文的规范化、标准化和信息化建设，颁布了义字编码字符集、键盘、字模等一系列规范标准，并成功地使蒙古、藏、维吾尔、哈萨克、朝鲜、彝、壮、柯尔克孜和锡伯等文字进入了计算机文字处理系统。

正式将语言视作资源，充分认识语言文字在经济、政治、文化、社会、生态、国防、外交等各领域的多重价值并加强科学保护，是新世纪以来我国语言文字事业发展理念的重要进步。改革开放以来，特别是新世纪以来，我国在语言资源保护和语言权利保障方面开展的一系列工作，为维护中华文化的多样性、维护社会稳定、促进民族团结，做出了重要贡献。

2007年，《国家语言文字工作"十一五"规划》指出，"将语言作为一种国家资源加以保护和利用，支持濒危语言的保存抢救和弱势方言保护工作，探索将语言文字作为非物质文化遗产加以保护的有效途径"；2008年，国家语委启动建设"中国语言资源有声数据库"；2011年2月，国家颁布《中华人民共和国非物质文化遗产法》，明确非物质文化遗产包括"传统口头文学以及作为其载体的语言"；2011年10月，党的十七届六中全会通过《中共中央关于深化文化体制改革推动社会主义文化大发展大繁荣若干重大问题的决定》，提出"大力推广和规范使用国家通用语言文字，科学保护各民族语言文字"；2012年，《少数民族事业"十二五"规划》设立"少数民族濒危语言抢救与保护工程"；2015年，教育部、国家语委启动实施"中国语言资源保护工程"。

中国语言资源保护工程是目前世界上规模最大、涉及范围最广、投入资金最大、参与人员最多的语言记录保存与展示类项目。工程利用现代化技术手段，收集记录汉语方言、少数民族语言和口头语言文化的实态语料，通过科学整理和加工，建成大规模、可持续增长的多媒体语言资源库，并开展语言资源保护研究工作，形成系统的基础性成果，进而推进深度开发应用，全面提升国家语言资源保护和利用水平。工程计划5年完成，覆盖1500个调查点，目前已经完成总体规划的2/3，全国已有超过350所高校和科研机构，1000多个专家团队、4500多名专业技术人员、3346位发音人参与工程建设。同时，工程的标志性成果《中国语言文化典藏》已出版发行，《中国濒危语言志》即将付梓，汇聚调查成果的"中国语言资源采录展示平台"也已研制完成，并已收录汉语方言和少数民族语言类音频资源195万余条、视频资源141万余条。

四 语言服务能力建设

随着改革开放的不断深入以及互联网的快速普及，进入新世纪后，我国社会语言生活日益活跃，新的语言问题不断出现，人们的语言态度、语言观念逐渐多元，语言学习和使用需求急速增长并日益多样，语言矛盾和语言冲突时隐时现。服务、引导社会语言生活健康发展，成为新世纪以来语言文字事业的重要任务。

2006年11月,国家语委"十一五"科研工作会议首次提出"构建和谐的语言生活"。"构建和谐的语言生活"就是指不同的语言和谐发展,以"主体多样"为原则,既"共存共用",又区分不同场合"分层使用",各自发挥彼此具有互补性的不同功能。2007年,《国家语言文字工作"十一五"规划》将"构建和谐的语言生活"确立为语言文字工作的新任务,提出要"树立科学的语言发展观和规范观,坚持主体化方向,积极普及国家通用语言文字;正确认识语言生活的多样性,依法保障少数民族语言文字的学习和使用,妥善处理方言及繁体字使用问题,处理好外国语言文字的学习和使用问题,关注虚拟空间语言生活的状况"。十八大以来发布的《国家中长期语言文字事业改革和发展规划纲要(2012—2020年)》和《国家语言文字事业"十三五"发展规划》,都将"构建和谐的语言生活"作为重要的指导思想和工作目标。2006年以来,为构建和谐的语言生活,我国采取了一系列服务、引导性措施。国家语委先后组编出版了《中国语言生活状况报告》(语言生活绿皮书)、《中国语言政策研究报告》(语言生活蓝皮书)、《世界语言生活状况报告》(语言生活黄皮书)、《中国语言文字事业发展报告》(语言生活白皮书),形成了语言生活皮书系列,通过对社会生活中各类语言问题的调查研究,为社会的语言使用释疑解惑,同时推动社会理性思考语言问题,建立对语言问题的理性态度。每年在岁末年初开展"汉语盘点"活动,鼓励全社会积极评选年度字和年度词,用语言记录生活,以彰显汉语的魅力、记录社会的变迁,让人们在关心中国和世界的同时,体会汉语丰富的文化内涵,这一活动成为我国独特的语言年俗。同时,我国不断加强外语服务,高等院校设立的外语专业逐年增长,目前已覆盖100多个语种,为在"一带一路"和人类命运共同体建设中通过"语言互通"促进"民心相通"奠定了基础;颁布施行包括英、俄、日等语种的《公共服务领域外文译写规范》,以提高我国公共服务领域外语服务质量。此外,我国坚持"以人为本",高度关注视障、听障人士的语言权利,推动面向特殊人群的信息无障碍建设,制定颁布了国家通用手语和通用盲文,同时建设手语盲文数据库,研发手语盲文计算机处理技术,开发实施专门针对听力残疾人士和视力残疾人士的普通话水平测试,在高校设立手语、盲文及语言康复专业,并在重要会议活动中提供手语翻译,在全国范围大量开办手语电视节目、设立盲文阅读设施,不断提高特殊语言服务的能力和水平。

五 语言文化传承传播

语言自身就是一种重要的文化现象，同时又是其他文化现象的重要载体。习近平总书记指出，"一个国家文化的魅力、一个民族的凝聚力主要通过语言表达和传递。掌握一种语言就是掌握了通往一国文化的钥匙"。促进中华优秀语言文化的历史传承和国际传播，是语言文字事业的文化自觉和使命担当。

2007年以来，国家语委先后在全国开展了以"雅言传承文明，经典浸润人生"为主题的中华诵·经典诵读行动，通过举办经典诵读大赛、汉字书写大赛、诗词歌赋创作大赛、中小学生作文大赛、古辞新韵创作大赛、港澳经典诵读展演交流、两岸学生书法夏令营等搭建平台、打造品牌、辐射大众，通过建设"中华经典资源库""中小学语文示范诵读库"、开展经典诵读骨干教师培训、书法教师研修、诵读和书法名家进校园、教学观摩研讨、经典诵读行动试点校建设等培育人才、聚集队伍、服务师生，吸引了数千万师生和社会大众参与，激发了全社会对中华优秀语言文化的学习和热爱。尤其是自2013年以来，国家语委与中央电视台先后联合举办《中国汉字听写大会》《中国成语大会》和《中国诗词大会》等语言文化类电视节目，运用群众喜闻乐见的传播形式传承弘扬中华优秀传统文化，促进文化认同、增强文化自信，传播正能量、锻造精气神，累计收视人数超过30亿人次，得到中央领导的高度肯定和社会各界的广泛关注。

党的十八大以来，我国在中华优秀传统语言文化的研究、整理、传承、传播方面连续推出了一系列重大工程和项目。

——2014年，我国启动中华思想文化术语传播工程，整理、释义、翻译中华思想文化术语，并通过政府、民间的各种社会组织、传媒机构及各种传媒手段向国内国际进行广泛传播。中华思想文化术语是由中华民族主体所创造或构建，凝聚着中华哲学思想、人文精神、思维方式、价值观念，以词或短语形式固化的概念和文化核心词。工程遴选并确定术语备选条目共900余条，包括哲学术语、历史术语和文艺术语三大类。目前已完成600条术语的整理、编写，出版了《中华思想文化术语》第1—6辑，每辑收录100条术语，每条术语下列出中英文对照的词目和释义。在此基础上，工程进一步通过输出该图书的版权向全球传播中华思想文化术语，已输出的版权涵盖了15个外国语种。

——2016年,我国启动研制《中华通韵》,以《国家通用语言文字法》《汉语拼音方案》《通用规范汉字表》等语言文字法律法规和规范标准为依据,以音韵学理论为依据,以诗词创作实践为依据,研制一部以国家通用语言普通话为语音基础的权威实用韵书。《中华通韵》的研制以知古倡今、双轨并行为原则,坚持面向教育、面向现代化、面向未来,服务广大师生阅读和创作诗词等韵文的广泛需求,是弘扬中华优秀传统文化的重要举措,是语言发展变化和时代发展的必然结果,也是加强诗词教育和普及的迫切需求。目前,《中华通韵》(征求意见稿)已发布,正在广泛征求社会各界意见。

——2017年,我国启动甲骨文研究与应用专项工作,制定了《甲骨文研究与应用专项实施方案》,明确了研究原则、途径方法、预期成果和具体研究任务。2017年10月30日,联合国教科文组织网站发布消息,我国申报的甲骨文顺利通过联合国教科文组织世界记忆工程国际咨询委员会的评审,成功入选"世界记忆名录"。这标志着世界对甲骨文的重要文化价值及其历史意义的高度认可,对传承与弘扬中华优秀传统文化具有里程碑意义。

六 语言文字交流合作

以全球视野、世界眼光做好语言文字工作,是我国国际化发展赋予语言文字事业的时代使命。改革开放以来,特别是党的十八大以来,我国不断深化语言文字交流合作,有力促进了大陆和台湾、内地和港澳的语言文字交流融合,促进了中华文化的"走出去",促进了我国与世界各国语言文化的交流互鉴,为港澳台工作、外交工作做出重要贡献。

在两岸语言文字交流合作方面,开展了两岸合作编纂中华语文工具书工作,先后出版《两岸常用词典》《两岸通用词典》《两岸科技常用词典》等工具书,并正在推进《中华语文大词典》编纂工作,《中华科学技术大词典》分学科卷也在陆续出版。同时,成立两岸语言文字交流与合作协调小组,开展了一系列语言文字学术交流活动;连续举办两岸大学生诵读书法交流夏令营、汉字文化创意大会等语言文化交流活动。在港澳语言文字交流合作方面,对累计超过12万人次的港澳居民开展了普通话培训和水平测试,并连续组织内地大学生赴港澳开展诵读展演与交流活动。2016年,还研发了转换准确率高达99%以上的"汉字简繁文本智能转换系统"。这些工作的开展,有效发挥了语言文字凝聚国家认同与民族认同的功能。

在中华文化"走出去"方面，新世纪以来，我国大力推进汉语国际教育事业和华文教育事业，努力提升汉语在全球的影响力。汉语国际教育是面向海外非华裔人士的汉语教育事业，由国家汉办规划实施，主要通过在各国建设孔子学院的方式推进。华文教育是面向海外华侨华人的汉语教育事业，由国务院侨办规划实施，主要通过在教材、师资、标准等方面帮扶全球各地华文学校的方式推进。2004年，全球第一所孔子学院在韩国正式揭牌；到2017年年底，已在146个国家（地区及国际组织）设立孔子学院525所，孔子课堂1113个，其中"一带一路"沿线有52国设立140所孔子学院和135个孔子课堂。同时，分布在世界近200个国家（地区）的6000多万华侨华人创办了近2万所华文学校。

在语言文字国际交流合作方面，党的十八大以来，通过"中德语言年""中法语言年""中俄语言年"等系列活动，增进了与各国的人文交流，促进了与各国人民的互信与友谊。我国还先后发起召开了"世界语言大会"（2014年）和"世界语言资源保护大会"（2018年），成功举办国际语言文化博览会，为全球语言生活治理贡献中国智慧、提出中国方案、发出中国声音，为人类命运共同体建设夯实语言文字基础。同时，积极推动语言文字学术成果国际出版，组织实施语言文字国际高端专家来华交流项目。

七 语言治理体系建设

加强语言治理体系建设，是语言文字事业贯彻党的十八届三中全会"推进国家治理体系和治理能力现代化"精神的必然要求，也是落实《国家语言文字事业"十三五"发展规划》提出的"向现代治理转型"的重要任务。我国的语言治理体系建设主要包括以下五个方面：

一是语言文字法治建设。2000年10月31日第九届全国人民代表大会常务委员会第十八次会议审议通过《中华人民共和国国家通用语言文字法》，2001年1月1日起施行。该法明确了普通话、规范汉字作为我国国家通用语言文字的法律地位，规定了哪些场合应当使用普通话、哪些场合应当使用规范汉字，规定了方言和繁体异体字在什么样的情况下可以使用或保留，规定了信息技术领域语言文字使用的规范问题，明确了国家通用语言文字规范标准的制定主体、公共场所广告招牌等语言文字使用的管理主体，对相关职业人群的普通话水平提出了明确要求，同时明确了语言文字工作的职能部门。该法具有划时代的里程碑意义。在国际上，它标志着我国成为为数不多的为语言文字专门立法的国家之一，凸显了我们在语言政策领域的先进理念；在国内，它为完善社会主义法律体系、全面实施依法治国方略填补了重要空白。2001年以来，我国29个省、自治区、直辖市先后制定颁布了规范国家通用语言文字使用的地方性法规或规章，结合各自实际，进一步细化了《国家通用语言文字法》的相关规定。同时，各民族自治地方颁布了一系列少数民族语言文字地方性法规或规章。此外，我国还有一大批法律、法规、规章、规范性文件含有关于语言文字的法条规定，内容涉及推广普通话、规范社会用字、岗位人员的语言能力（包括外语）要求、国家通用语和少数民族语双语教学、对外汉语教学等。

二是语言文字工作机构队伍建设。 1985年，国务院决定将"中国文字改革委员会"改名为"国家语言文字工作委员会"，全面负责推广普通话、推行规范汉字、推行汉语拼音以及语言文字规范化标准化信息化建设工作；1998年，国家语委并入教育部，在教育部设语言文字应用管理司和语言文字信息管理司，对外保留国家语委的牌子，少数民族语言文字规范化标准化信息化职能由国家民委划归国家语委。在地方，各省、区、市都设有由省级政府分管领导兼任主任的省级语委，办事机构设在同级教育行政部门，同时还设有普通话水平测试机构，基本落实了专职工作人员。地、县两级设有议事协调性的语委机构的约占78%。为加强队伍建设，各级语委每年都举办大量面向语言文字工作干部的培训班，提高他们的政策水平和业务能力。

三是语言文字工作体制机制建设。 语言文字工作是一项涉及面很广、学术性很强的基础性、社会性工作。改革开放以来，我国逐步形成了"政府主导、语委统筹、部门支持、社会参与"的语言文字管理体制。20世纪，我国先后召开了两次全国语言文字工作会议，动员方方面面的力量共同参与语言文字工作。1986年的会议确立了新时期语言文字工作的方针、政策和任务；1997年的会议提出了跨世纪语言文字工作的奋斗目标。1998年以后，我国主要通过发挥语委的议事协调作用，协调协同各相关部门开展语言文字工作。随着改革开放的深入和经济社会发展，为更好地面对新时代带来的新形势新挑战，应对新时代提出的新任务新要求，国家语委成员单位不断拓展，目前已增加到29个，确立了高站位、全覆盖、广动员、深合作的"大语言文字工作"格局。为推进相关工作开展，国家语委还成立了一系列咨询协调机构，包括国家语委咨询委员会、全国推广普通话宣传周领导小组、国家语委语言文字规范标准审定委员会、国家语委科研规划领导小组、外语中文译写规范和中华思想文化术语传播部际联席会议制度等，形成上下联动、分管共推的大语言文字工作机制。

四是语言文字工作措施体系建设。1997年，我国明确了"一个中心，四个重点领域，三项基本措施"的语言文字工作思路，提出"以城市为中心，以学校为基础，以党政机关为龙头，以新闻媒体为榜样，以公共服务行业为窗口，通过目标管理、量化评估，普通话水平测试，推广普通话宣传周等为基本措施，逐步建立起依法管理监督的体制机制，推动全社会提高语言文字规范化水平"。其中，"目标管理、量化评估"，是推动地方各级政府及其有关部门依法落实语言文字工作职责的重要举措。新世纪以来，我国先后开展了城市语言文字工作评估和语言文字工作督导评估。城市语言文字工作评估启动于2001年，目的是提高城市语言文字应用规范化水平及其管理水平，对象是省级（包括副省级）、地级和县级三类城市的地方政府，目前已处于收官阶段。城市评估对我国各级各类城市实现1997年第二次全国语言文字工作会议提出的"普通话初步普及，汉字的社会应用基本规范"的跨世纪奋斗目标，完善语言文字工作体制机制，发挥了巨大的促进作用。语言文字工作督导评估启动于2015年，督导内容包括语言文字事业发展的制度建设、条件保障、宣传教育、发展水平等方面。启动以来，先后在河北、甘肃、新疆等8个省（区）16个区县进行了国家级督导试点，极大促进了地方政府对语言文字工作的重视与支持。此外，2004年起，国家语委还开展了语言文字规范化示范校创建活动，截至目前全国共创建示范校4.1万多所。

五是语言文字科研保障体系建设。语言文字科学研究是保障国家语言文字事业科学发展、创新发展的重要支撑，是语言治理体系建设的重要方面。1950年中国科学院成立时就设有语言研究所，1977年该所划归新成立的中国社科院。1984年，我国又成立语言文字应用研究所，目前直属教育部。两大研究所是我国语言科研领域的国家级研究机构，多年来为语言文字事业的科学发展提供了强有力的支撑。2004年以来，国家语委在全国范围内与有关高校、科研院所等共建了一批"问题驱动，以决策咨询研究为导向"的语言文字科研机构，目前共有20家，研究方向涉及"语言战略与语言政策规划""语言资源""语言规范""语言能力与语言教育""语言文字信息处理与语言智能"等领域，每年产出包括论文、著作、资政报告等在内的一大批科研成果。通过近20年的发展，国家语委科研规划逐步发展为具有重要学术影响的省部级科研规划，每年均设立一大批资助课题，取得了一系列重大研究成果。

八　结语

中国特色社会主义事业已迈入新时代。展望未来，语言文字事业使命光荣、任务艰巨。实现教育现代化、全面提高国民素质和社会文明程度、促进人的全面发展，对进一步提升国家通用语言文字普及质量提出新期盼；新一代信息技术的发展，对语言文字信息化建设及社会应用提出新要求；扩大对外开放、加强国际合作、促进和平发展、维护国家利益和安全，特别是推进"一带一路"和人类命运共同体建设等，对增强语言文字事业的服务保障和国际交流合作水平提出新任务；文化大发展大繁荣，培育践行社会主义核心价值观，为传承、发展和弘扬中华优秀语言文化开辟了新领域。

"风雨砥砺鼓征帆，快马扬鞭自奋蹄。"在党中央和国务院的坚强领导下，立足改革开放四十年的辉煌成就，相信新时代的语言文字事业在保障国家重大战略实施、建设与综合国力相适应的语言强国、服务新时代中国特色社会主义事业发展方面一定能取得更多的成果，做出更大的贡献！

（傅永和、张日培）

中国语言扶贫历程

一 引言

新中国成立70年来,中国的扶贫减贫事业取得了举世瞩目的成就。从1978年到现在,已经有7亿多人口摆脱了贫困,贫困发生率也由97.5%下降到2017年年底的3.1%,创造了人类减贫史上的中国奇迹。[①] 作为扶贫事业的组成部分,语言扶贫成效卓著。中国的成人识字率[②]从1982年的65%左右[③]上升到了2015年的96.4%[④],普通话普及率从2000年的53%提高到2015年的73%。"当前,我们国家脱贫攻坚战略正在全面实施,作为扶贫攻坚的一个重要切入点,我们的语言扶贫攻坚战也已经全面打响。"[⑤]

二 中国语言扶贫事业：1949—2011

1955年10月26日,《人民日报》发表了题为"为促进汉字改革、推广普通话、实现汉语规范化而努力"的社论；1956年1月28日,国务院第23次全体会议通过了《关于公布〈汉字简化方案〉的决议》和《关于推广普通话的指示》,决定分批推行方案中的简化字和推广普通话；1958年2月11日,第一届全国人民代表大会第五次会议批准颁布《汉语拼音方案》。由此,简化汉字、推广普通话、推行《汉语拼音方案》、汉语规范化等工作也就构成了从中华人民共和国成立之初直至今天的语言文字工作的几大重点任务。1949年到2011年的语言扶贫事业在整体上正是聚焦于这几个点的工作,在间接效应上为中国的扶贫减贫工作默默助力。

[①] 国务院扶贫办网,http://www.cpad.gov.cn/art/2018/12/8/art_624_91743.html?tdsourcetag=s_pcqq_aiomsg。
[②] 成人识字率是指全国15岁以上的人口中识字者的百分比。
[③] 世界银行网,https://data.worldbank.org/indicator/SE.ADT.LITR.ZS?locations=CN。
[④] 国家统计局网,http://data.stats.gov.cn/files/lastestpub/gjnj/2018/zk/indexch.htm。
[⑤] 教育部语信司司长田立新于2018年5月29日在"2017年中国语言文字事业发展状况发布会"上答记者问时的回答。参见国务院新闻办网,http://www.scio.gov.cn/xwfbh/gbwxwfbh/xwfbh/jyb/Document/1630260/1630260.htm。

（一）普通话推广

普通话推广工作，一直以来都是中国语言扶贫事业的核心部分。《关于推广普通话的指示》印发之后，在国家政策引导和扶持、社会经济发展的客观需求、人民群众的自愿学习、大规模下乡串联等形式的人口流动、广播通信技术的长足发展等因素的共同作用下，普通话的覆盖范围大幅拓展、普及率得到了大幅提升，特别是为改革开放之后区域经济的协调发展、生产力的更大释放以及中国社会经济的整体进步搭建了坚实的沟通桥梁、提供了雄厚的人力资本基础。1982年，"国家推广全国通用的普通话"写入《宪法》，推广普通话成为中国的基本国策；1998年，经国务院批准，将每年9月第三周设为"全国推广普通话宣传周"；2001年，《国家通用语言文字法》实施，规定"国家通用语言文字是普通话和规范汉字"，进一步明确了普通话和规范汉字的法定地位。此外，教育、广播影视、旅游等系统与行业也都出台了与普通话相关的规定与文件。①

第十二届全国人大代表、第四届全国道德模范热汗古丽·依米尔用她的切身经历告诉我们："如果不能掌握普通话，在工厂里掌握技术技能各个方面都会遇到很多困难。普通话给了我用知识、用技能改变命运的机会。"②用普通话扶贫，用扶贫推广普通话，不仅具有重要的经济意义，而且具有深远的政治意义。③

（二）汉字简化与规范

1952年2月5日，中国文字改革研究委员会成立；1954年12月，中国文字改革委员会成立④；1956年，《汉字简化方案》的颁布和推广开启了简化和规范化汉字扶贫减贫的历史。改革开放之后延续了这一任务，比如1986年10月10日重新发表《简化字总表》；1988年1月26日，国家语委、国家教育委员会发布《现代汉语常用字表》的联合通知；2002年6月7日，教育部、国家语委发布在教育系统试行《第一批异形词整理表》的通知；2009年8月12日，教育部就刚刚研制出的《通用规范汉字表（征求意见稿）》面向社会公开征求意见，并

---

① 参见教育部语言文字应用管理司编《新时期语言文字法规政策文件汇编》，北京：语文出版社，2005年。
② 柴如瑾《书同文 语同音 人同心——写在第二十个"全国推广普通话宣传周"之际》，《光明日报》2017年9月12日。
③ 朱维群《把推广普通话纳入扶贫攻坚战》，《环球时报》2017年8月26日。
④ 1985年12月16日，改名为国家语言文字工作委员会。

于 2013 年 6 月 5 日正式颁布。

尽管有人认为几十年来中国大部分人摆脱文盲状态是义务教育的功劳，但显而易见的是规范的简体字是大幅提高中国人识字率、大幅降低文盲率的强大工具之一。从这个意义上来说，汉字的简化和规范为教育的发展和扶贫减贫事业贡献良多。

（三）推行《汉语拼音方案》

《汉语拼音方案》的产生过程虽然很是艰辛，但是 60 多年的历史表明，方案在给汉字注音、帮助学生学习、作为少数民族创制和改革文字的基础、降低文盲率、提升教育效率和效果等方面有着特殊的作用。1984 年 5 月，教育部和中国文字改革委员会联合发出《关于小学"注音识字，提前读写"实验的几个问题的通知》，开始进行小学语文"注音识字，提前读写"教学实验。1986 年国家在制定新时期语言文字政策时明确指出："现行的《汉语拼音方案》不是代替汉字的拼音文字，它是帮助学习汉语、汉字和推广普通话的注音工具。"也是从 20 世纪 80 年代，人们开始逐渐认识到：电子计算机等现代化技术的发展和应用的普及，为《汉语拼音方案》作用的发挥开辟了一个应用的新天地。

（四）创制文字

自 1956 年起，中国政府在全国少数民族语言普查的基础上，陆续为壮、布依、侗、黎、苗、彝、纳西、傈僳、哈尼、羌、佤、土等 13 个民族创制了 17 种拉丁字母形式的拼音文字，改革和改进了已有的傣、苗、景颇、拉祜等少数民族文字。①改革开放后，1980 年国务院批准推行《彝文规范方案》，1986 年国家民族事务委员会批准试验推行《土文方案（草案）》，1991 年 8 月四川省人民政府批准了《羌族拼音文字方案》。新创制和改革的少数民族文字在扫除少数民族成人文盲、发展民族教育、培养少数民族人才、传承和发展少数民族文化等方面发挥了巨大作用。②

（五）扫盲事业

中华人民共和国成立时，全国 5.4 亿人口中文盲总数高达 80% 以上；在广

---

① 黄行《汉语拼音与少数民族文字拼音化》，《语言教学与研究》2012 年第 5 期。
② 王爱云《中共与少数民族文字的创制与改革》，《中共党史研究》2013 年第 7 期。

大农村地区，文盲比例更是超过了95%。1949年到2010年，中国人口从5.4亿人增长到13.4亿人，全国文盲人口却从1949年的4.32亿减少到了2010年的0.55亿，累计扫除约2.73亿文盲，使全国文盲率从80%以上降低到了4.08%。[1]上述几项语言文字工作无疑为扫盲事业的发展提供了必要的条件准备和学术支撑。

（六）规范标准

据中国语言文字规范标准研究中心的统计，目前面向社会应用的国家通用语言文字规范标准共6类47种。[2]这些规范标准为国家通用语言文字的教学和使用提供了准绳，也为语言扶贫事业的发展提供了参照。

（七）法制建设

中华人民共和国成立尤其是改革开放以来，中国制定颁布了一系列语言文字法律法规，同时有一大批法律法规包含关于语言文字问题的条款规定。据统计，截至2016年有近2200项，覆盖宪法、法律、法规、规章和规范性文件。[3]语言文字法制建设为语言文字服务于扶贫减贫和国家发展提供了法律依据。

几十年来，上述工作作为社会主义建设事业的组成部分，有领导、有组织、有计划、有步骤地持续推进，取得了很大进展。特别是在改革开放的新时期，国家明确提出了"促进语言文字规范化标准化""构建和谐语言生活"的工作方针，为语言文字工作在现代化建设中更好地发挥作用指明了方向。普通话、规范汉字、汉语拼音及其他语言文字规范化标准化的成果广泛应用于经济建设和社会生活，为提高识字和教学效率、扫除文盲、普及教育，发展广播电视、新闻出版、现代通信，加速国家信息化进程，提供了基础条件。

三 中国语言扶贫事业：2012—2019

2011年5月中共中央、国务院印发的《中国农村扶贫开发纲要（2011—2020年）》中提到"在民族地区全面推广国家通用语言文字"，这是国家层面的

---

[1] 吴雪钰《当代汉语母语教育政策发展研究》，北京语言大学博士学位论文，2016年。
[2] 国家语言文字工作委员会组编《中国语言文字事业发展报告》，北京：商务印书馆，2017年，13—16页。
[3] 国家语言文字工作委员会组编《中国语言文字事业发展报告》，北京：商务印书馆，2017年，123—130页。

扶贫政策中首次出现语言文字的措施表述。2012年中共十八大之后，中央提出了"精准扶贫""精准脱贫"的重要思想，开启了中国扶贫减贫事业的新征程。语言扶贫事业从《中国农村扶贫开发纲要（2011—2020年）》开始直接参与到了国家脱贫攻坚的整体规划中，自此也迈进了中国语言扶贫事业直接参与、系统推进的新阶段。

新阶段语言扶贫的内容和特点至少包括以下几个方面。

（一）党的领导和高层重视是根本保证

中国扶贫减贫事业最大的政治优势和制度优势就是始终坚持中国共产党对脱贫攻坚的全面领导。中共十八大以来，习近平总书记在不同场合的讲话中多次论及语言文字以及以之为基础的教育工作在扶贫减贫事业中的重要性。2014年9月28日，总书记在中央民族工作会议上的讲话中指出："语言相通是人与人相通的重要环节。语言不通就难以沟通，不沟通就难以达成理解，就难以形成认同。在一些有关民族地区推行双语教育，既要求少数民族学习国家通用语言，也要鼓励在民族地区生活的汉族群众学习少数民族语言。少数民族学好国家通用语言，对就业、接受现代科学文化知识、融入社会都有利。要积极推进民汉合校、混合编班，形成共学共进的氛围和条件，避免各民族学生到了学校还是各抱各的团、各走各的圈。"2017年3月23日，在中央政治局常委会会议审议《关于二〇一六年省级党委和政府扶贫开发工作成效考核情况的汇报》时的讲话中指出："对民族地区、游牧地区、'直过民族'地区，对语言不通的地方和语言通的地方，对文化背景不同的地方，工作要因地制宜。可以多提供一些脱贫攻坚工作方面的好经验好做法，给大家启发。"2017年6月23日，在深度贫困地区脱贫攻坚座谈会上的讲话中指出："由于历史等方面的原因，许多深度贫困地区长期封闭，同外界脱节。有的民族地区，尽管解放后实现了社会制度跨越，但社会文明程度依然很低，人口出生率偏高，生病不就医、难就医、乱就医，很多人不学汉语、不识汉字、不懂普通话，大孩子辍学带小孩。"这些论述道出了语言文字与扶贫事业之间的重要联系，还为语言扶贫实践指明了路径和努力的方向。

（二）政策扶持和精准方略是核心要义

《中国农村扶贫开发纲要（2011—2020年）》是中共中央、国务院根据扶贫新形势而制定的指导该十年农村扶贫开发工作的纲领性文件。从语言扶贫的角度来说，比起《国家八七扶贫攻坚计划（1994—2000年）》和《中国农村扶贫开发纲要（2001—2010年）》，新《纲要》最大的变化是在第五部分第二十三条"发展教育文化事业"中提到"在民族地区全面推广国家通用语言文字"。这是国家层面的扶贫政策中首次出现语言文字的措施表述。以此为开端，随后的《"十三五"脱贫攻坚规划》《关于加强贫困村驻村工作队选派管理工作的指导意见》等文件中的语言文字政策表述比重增强，部委层面更是出台了专门的语言文字扶贫规划和方案，比如《国家语言文字事业"十三五"发展规划》《国家通用语言文字普及攻坚工程实施方案》《推普脱贫攻坚行动计划（2018—2020年）》等。这一系列政策表述和方案的出台显示：语言扶贫事业在数十年默默助力之后，开始在中国扶贫事业的新阶段被赋予了更大的责任和使命，已经成了中国整个扶贫减贫事业不可或缺的有机组成部分。尤其是《推普脱贫攻坚行动计划（2018—2020年）》，可以说吹响了三年语言扶贫攻坚战的号角，是助力打赢攻坚战的纲领性文件。

（三）五级联动和加大投入是基本保障

中共十八大之后的语言扶贫体现出了省、市、县、乡、村"五级联动"的工作模式。特别是在落实《推普脱贫攻坚行动计划（2018—2020年）》的过程中，许多特困地区的五级政府互相配合、落实到位，把推广普通话纳入脱贫攻坚工作，把普通话普及率纳入地方扶贫工作绩效考核，从而提升了语言扶贫的效率和效果。比如河南省教育厅、河南省扶贫开发办公室[1]、三门峡市教育局、三门峡市扶贫开发办公室[2]，海南省澄迈县仁兴镇人民政府[3]等各级单位和部门对行动计划的落实。

（四）协调整合和凝聚合力是强大动力

与其他扶贫措施相配合、相协调，从而在整体上发挥作用也是当前中国语言扶贫的另一特点。《"十三五"脱贫攻坚规划》提出了包括"旅游扶贫、科技扶贫、教育扶贫、产业发展扶贫、转移就业扶贫、易地搬迁扶贫、健康扶贫、

---

[1] 河南教育新闻网，http://news.haedu.cn/shengnazixun/2018/0919/1042014.html。
[2] 三门峡教育信息港，http://www.smxjy.cn/zwgk/view.aspx?id=128456。
[3] 海南省人民政府网，http://xxgk.hainan.gov.cn/cmxxgk/rxz/201809/t20180925_2771884.htm。

生态保护扶贫、提升贫困地区区域发展能力、社会扶贫、开展职业培训"等在内的多种产业扶贫措施。语言作为人力资本的核心因素之一，提升贫困地区人们的通用语语言能力，无疑可以为这些措施的传达和实施提供必要的基础和保障。① 比如在广西恭城，普通话助力恭城百姓走上了农旅结合的新路子，不仅为生态旅游发展营造了良好语言环境，而且为年轻人开网店销售当地土特产提供了便利。②

（五）方式多样和确保质量是实施路径

当前中国的语言扶贫方式和路径呈现出了方式多样、系统配合、质量确保的特点。比如：由国务院扶贫办、教育部发起和指导的面向学前儿童的"学前学会普通话"行动③；农民利用"村级夜校""新时代农民讲习所"等学习包括普通话在内的知识和政策法规，助力推普脱贫攻坚行动计划的实施④；充分考虑贫困地区不通普通话的青壮年劳动者的需求，为成年普通话学习者编写了《普通话1000句》的专门教材；运用前沿科技，设计"语言扶贫APP"帮助少数民族群众学说普通话，学习生产生活技能⑤；开展"推普脱贫攻坚"全国大学生暑期社会实践专项活动，深入中西部地区、少数民族聚居区和欠发达地区，充分发挥大学生在国家通用语言文字宣传、推广、教育等方面的优势，深入开展推普脱贫攻坚活动，推动推普脱贫攻坚工作向纵深发展⑥；第21届推普周活动中，团中央学校部联合教育部语用司在11个西部省区对30个国家级贫困县给予重要支持；把推广普通话纳入脱贫攻坚，把普通话普及率纳入地方扶贫工作绩效考核，列入驻村干部和驻村第一书记的主要工作任务，力求实效⑦。

（六）深入调研和因地施策是工作策略

"没有调查就没有发言权"，各级部门在当前的语言扶贫工作中都非常重视

---

① 王春辉《论语言因素在脱贫攻坚中的作用》，《江汉学术》2018年第5期。
② 柴如瑾《书同文 语同音 人同心——写在第二十个"全国推广普通话宣传周"之际》，《光明日报》2017年9月12日。
③ 搜狐网，http://www.sohu.com/a/270220962_802269。
④ 搜狐网，http://www.sohu.com/a/250341124_312708；涟源新闻网，http://www.hnlyxw.com/Info.aspx?ModelId=1&Id=28782。
⑤ 教育部语用司网，http://www.moe.edu.cn/s78/A18/moe_807/201804/t20180418_333531.html。
⑥ 教育部语用司网，http://www.moe.edu.cn/s78/A18/moe_807/201806/t20180611_339133.html。
⑦ 新华网，http://education.news.cn/2018-05-30/c_129883113.htm。

一线调研。比如教育部语用司就先后赴四川省凉山彝族自治州布拖县和喜德县、云南怒江傈僳族自治州泸水市和福贡县、甘肃临夏回族自治州和甘南藏族自治州等地开展了座谈会、发放问卷、实地走访等形式的推普脱贫攻坚专项调研①，从而为推普脱贫攻坚规划的制定和实施提供了坚实基础。比如基于四川省凉山彝族自治州昭觉县的调研，提出了民族高度聚居地区语言扶贫的新路径②；再比如基于云南省的调研，总结出了语言扶贫工作取得重大成绩的经验③。

其他部门的调研也有许多都涉及了语言问题，比如全国政协扶贫调研小组的调研，国家发改委国际合作中心的南疆调研④等。这些调研工作为不同地区因地定策、因地施策提供了坚实的基础。

（七）学术研究和广泛研讨是理论支撑

随着中国脱贫攻坚方略的深入展开和实施，学术界也开始了对语言与贫困的关系、语言扶贫等论题的系统性研究和探讨。比如《中国语言生活状况报告（2018）》刊发了两篇报告；《语言战略研究》杂志在2019年第1期刊出了由七篇文章组成的"语言与贫困"研究专题；江苏师范大学于2018年6月份承办了"推普脱贫攻坚研讨会"，并紧接着在《语言科学》杂志第4期推出了一组笔谈；《人民日报》《光明日报》《中国社会科学报》《语言文字报》等媒体也刊发了一些学者的评论文章。这些研究和研讨就为中国语言扶贫事业的稳步推进提供了必要的学术支撑。

扶贫首要扶智，扶智应先通语。语言扶贫是中国扶贫减贫事业的有机组成部分，70年来它经历了从间接效应到直接效应、从分点发力到系统推进的历史进程。2020年后打赢脱贫攻坚战，消除的只是绝对贫困现象，中国相对贫困问题依然存在，中国的扶贫减贫事业、中国的语言扶贫事业也将继续为中国的发展、为人类的反贫困事业做出应有的贡献。

（王春辉）

---

① 教育部语用司网，http://www.moe.edu.cn/s78/A18/A18_ztzl/tptpgj/。
② 袁伟《力推民族高度聚居深度贫困地区推普脱贫》，《语言文字报》2018年6月15日。
③ 袁伟《上下联动 多方协同——云南省全面打响推普脱贫攻坚战》，《语言文字报》2018年7月11日。
④ 中国扶贫在线网，http://f.china.com.cn/2016-09/14/content_39299351.htm。

深圳特区的语言文字事业[*]

深圳，我国第一个经济特区。1979年，深圳市设立；1980年，深圳经济特区设立。2019年适逢建市40周年，经过40年的风雨兼程，深圳从一个小渔村跃变为生产总值突破2.4万亿元、同比增长7.6%，经济总量居亚洲城市前五，成为粤港澳大湾区城市经济总量第一的大都市。[①] 在特区经济繁荣发展的大背景下，梳理深圳语言文字事业发展脉络，对深圳未来发展有重要现实意义。

一 历史回顾

（一）拓荒与推广（1984—1989年）

深圳特区创办初期，社会方言以及用字非常混乱。语言交流问题是对外开放、对内交往和特区自身建设能否顺利进行的大问题。时任广东省委第一书记任仲夷同志每次到深圳视察都检查推普工作，并多次写信"希望深圳在推广普通话方面给全省带个好头，影响全省、影响港澳"。1984年8月，深圳市委、市政府根据国家宪法规定和省委省政府有关指示，提出了"用普通话统一深圳语言"的口号，[②] 同年9月，市政府成立常设机构"深圳市推广普通话办公室"，由市政府副秘书长李定兼任办公室主任，配备5名专职干部，专门负责推普工作。1985年，市政府发布《关于我市干部职工定级、晋升以及在新招、调进中需考普通话的意见》，采取行政强制手段，要求"各单位都要把会不会讲普通话作为干部职工新招、调进的条件之一""现有干部职工定级、晋升、订聘用合同也要进行普通话考试，从1986年1月1日开始，凡不能听懂和不会讲普通话者不予定级、晋升和订合同"。[③] 为加强普通话培训工作，1985年市政府批准成

---

[*] 深圳市语委办为本文撰写提供了大量宝贵资料，在此深表谢意。
[①] 陈如桂《政府工作报告》，2019年1月18日深圳市第六届人民代表大会第七次会议。
[②] 江谭瑜主编《深圳，八方共一语》，深圳市语言文字工作委员会办公室，1999年。
[③] 常艳彩《深圳市语言文字工作报告》，《深圳语言文字》2015年第1期。

立"深圳市普通话培训中心"。1985年7月，为了整合民间推普力量，深圳市成立推广普通话协会。原深圳市机关事务管理局局长严振洋担任第一届推广普通话协会会长。成立时仅80余人，1986年年底达到300多人。1986年，市政府发布《关于加强社会用字管理的意见》，随后多次就加强社会用字管理问题发布通告。1989年，市政府批准"深圳市推广普通话办公室"（简称"市推普办"）加挂"深圳市语言文字工作办公室"（简称"市语委办"）牌子，加强对社会用字管理。①

从1985年开始，市语委办连续举办5届全市普通话大赛以及面向农民、家庭、幼儿教师、小学教师、中学师生、公务员、旅游行业等特定群体的普通话朗诵、演讲、歌咏比赛，筹划、组队参加5届经济特区普通话大赛，2届深港普通话比赛。20世纪80年代中期，深圳特区的显著路口都竖有"同志，请您讲普通话"的永久性大幅标牌。在蛇口工业区，它与"时间就是金钱，效率就是生命"的口号同样深入人心。

（二）普及与提高（1990—2006年）

经深圳市政府批准，自1990年开始，每年的10月为深圳"推普宣传活动月"。1998年国务院决定每年9月第三周为"全国推广普通话宣传周"，为了配合全国推普周活动，市政府把推普月改为9月。

1993年，根据深圳市编制委员会办公室的发文《关于文化局"三定"方案的批复》（深编〔1993〕089号），深圳市推普办及下属的深圳市普通话培训中心由市文化局代管。1996年"深圳市普通话培训中心"更名为"深圳市普通话培训测试中心"，强化测试工作。1997年，市政府批准成立"深圳市语言文字工作委员会"（简称"市语委"），明确由分管市领导兼任语委主任，市政府分管副秘书长和市教育局、文化局领导兼任副主任。市语委下设办公室（简称"市语委办"），编制5名，作为市语委常设机构。②2002年为了适应依法行政的要求，市语委办改为行政事务机构，赋予依法管理语言文字工作的职能。2005年，各区、各街道依据市语委架构，相继建立健全了本区、本街道语言文字工作机构。

2006年5月20日，深圳市政府办公厅印发《深圳市语言文字工作评估实施

---

① 常艳彩《深圳市语言文字工作报告》，《深圳语言文字》2015年第1期。
② 同上。

方案》(深府办〔2005〕52号),面向全市各区、各市政府直属单位,启动深圳城市语言文字评估迎检工作。市语委办编印《深圳市语言文字工作简报》,每月一至两期,对照各阶段工作任务,介绍各区、受检部门和单位的工作进度及动态,推广经验。在全市10条主要公交线路的公交车车体上做了大型宣传广告。在400辆公交车车尾张贴了宣传口号,为迎检工作营造氛围。2006年6月8日至10日,国家语委和广东省语委对深圳市语言文字工作进行评估检查。在对深圳市党政机关、学校、新闻传媒和主要公共服务行业的16个单位和1条街道进行抽查后,评估组认定:深圳市城区现阶段语言文字的社会应用基本达到了"普通话初步普及、汉字的社会应用基本规范"的新世纪初叶语言文字目标要求,初步营造了与经济特区整体形象基本适合、有利于经济和社会全面协调发展的语言文字环境。[①]深圳市语言文字工作取得了显著成绩,创造了宝贵经验,为全省做出了榜样。

(三)拓展与创新(2007—2018年)

进入新世纪,深圳语言文字事业在党和国家语言政策的引领下,拓展语言生活领域,以创新谋发展。2002年6月,深圳大学普通话水平测试站获广东省教育厅、省语委批准正式成立。同年11月,深圳大学成立普通话水平培训测试中心。2018年1月,深圳职业技术学院普通话水平测试站获省教育厅、省语委批复正式成立。同年11月,深圳职业技术学院成立语言文字水平测试中心。2013年12月,国家汉语口语水平测试考试委员会正式批准深圳市语委办、市测试中心成立国家汉语口语水平测试深圳市考点。

2008年7月,市语委办创办内刊《深圳语言文字》,创刊即获时任国家语委副主任、语信司司长李宇明称赞,专门致信市语委办,希望能"更多地关注深圳语言文字工作的实际,创造经验。并且因深圳特殊的地位,关注全省及港澳的语言文字状况,使语言文字工作更好地为国家的全面发展服务,为当地的经济文化建设做出更大贡献"。刊物设政策传真、要闻简讯、语言表达艺术、理论探讨、社会语言生活、咬文嚼字等栏目,不定期刊出,截至2018年年底,总共刊出22期。同年,深圳启动语言文字规范化示范校创建活动。至今,共创建市级示范校26所,省级示范校22所,国家级示范校3所。2013年,深圳启动

---

① 唐骏主编《规范语言文字 构建和谐深圳——深圳市语言文字工作评估纪实》,深圳市语言文字工作委员会办公室,2007年。

规范汉字书写教育特色学校的创建工作，目前，共创建市级特色学校14所，省级特色学校10所。

2011年，为适应深圳机构改革和新形势下国家对语言文字工作的要求，深圳新一届语言文字工作委员会调整到位，成员单位由15个增加到21个，突出了对社会语言文字工作的管理功能。2013年，深圳举办首届"小金话筒少儿语言才艺大赛"。大赛由市语委办与市文化企业公司联合举办，首届报名人数即达2500人之多，2014年增至5000人。迄今为止，已成功举办6届，参与赛事的少儿人数达2万人次，被深圳市委宣传部甄选为深圳市重点文化传统比赛项目。2010年12月，深圳市朗诵艺术家协会成立，现有协会成员102人。协会广泛开展、发动、参与深圳市各社区各学校的朗诵活动，仅在市图书馆举办公益性朗诵活动就达50场次，观众人数达4万人次以上。近两年，深圳南山区朗诵艺术家协会、宝安区朗诵艺术家协会、龙岗区朗诵艺术家协会相继成立，积极推动全民中华经典诵读活动。2014年，市语委办举办深圳市首届中小学生"我最喜爱的课外书"活动，连续举办5届。政府主导、社团参与、企业运作、全民参与的语言文化活动呈良好发展态势。例如：2018年11月，由福田区委宣传部和福田区公共文化体育发展中心主办，福田区朗艺文化发展中心承办"书香福田诗意栖居"首届福田故事朗读大赛。2018年12月，南山区委宣传部主办"企业朗读者"活动，由深圳市三禾文化科技有限公司承办，来自南山区企业的近百名员工参加朗读比赛活动。

2000年11月，深圳举办首届"深圳读书月"。2010年，深圳市委出台《关于深入开展全民阅读活动加快学习型城市建设的若干意见》，率先在全国推动全民阅读工作。2013年，深圳市被联合国教科文组织授予"全球全民阅读典范城市"称号。2016年，国内第一部全民阅读地方性法规《深圳经济特区全民阅读促进条例》颁布实施。开创城市阅读指数的研究、制订和发布。在多个阅读指标上保持全国第一，如年人均借书量、家庭藏书量、人均购书量均稳居全国第一。深圳读书月每年推出的"十大好书榜"成为出版业的风向标。2012年11月，深圳市阅读联合会成立，成为国内第一个跨行业全民阅读的民间组织。2016年4月，深圳发布首个《深圳全民阅读发展报告》即"深圳阅读蓝皮书"。2018年，深圳第三次被评为"全国十大数字阅读城市"。深圳本土的有声阅读"懒人听书"APP，于2018年6月完成了C轮2亿元融资，数据显示"懒人听书"平台注册用户达3.2亿，月活、日活用户已经达到4000万、1500万。2018年10月，由文化学者胡野秋主编、著名设计师韩湛宁设计的《微观深圳》，由商务印书馆出版。该书通过350条微博体词条，以碎片化的文字描绘深圳人文风景，讲述深圳故事，从不同侧面反映深圳的前世今生，传达这座年轻现代都市的风土与精神。

二 发展特色

（一）率先制定并发布《普通话三级标准》

1983年9月，时任国家语委副主任陈章太先生在美国夏威夷举行的"华语社区语文现代化和语言计划学术会议"上，对国家通用语言普通话的规范与水平，提出了分三级要求的设想（详见《中国语文》1983年第6期发表的《略论汉语口语的规范》）。1986年1月，时任国家语委主任刘导生在全国语言文字工作会议上，做《新时期的语言文字工作》报告，提出普通话的标准只有一个，初步设想可以分为三级。同年7月，在时任深圳市机关事务管理局局长、市推普办副主任严振洋的推动下，深圳市政府办公厅率先制定并发布《关于普及普通话三级标准的意见》（深府办〔1986〕484号），发到全市处级以上单位，要求各单位遵照执行。① 深圳最早颁布和实施《普通话三级标准》，为陈章太先生的创意和设想，以及国家普通话水平测试等级标准的制定提供了理论和实践参考。该标准对每一等级都有详细的描述。测试采用口试、笔试两种形式。一级、二级水平采用口试、笔试相结合的方式测试，由市普通话培训中心负责。三级水平仅以口试方式进行测试，由普通话水平达到二级以上的推普骨干主持，市普通话培训中心最后审核、发证。到1994年年底，共测试14.3万人次，其中，16%的应试者取得二级水平证书，84%的应试者取得三级水平证书。党政机关、学校、新闻媒体、公共服务行业四大重点领域的干部、职工80%以上考取了普通话等级证书。为了达到以测试促培训，以培训促提高的目的，市普通话培训中心为各区、各部门、各大集团公司培训推普骨干；推普骨干取得合格证后，培训下属基层单位、处室的骨干；基层单位、处室的骨干再对本单位干部、职工进行培训。三级培训网络的建立，加速了普通话的普及进程。此外，还将培

---

① 常艳彩《深圳普通话水平测试三级标准的出台前后——严振洋同志访谈录》，《深圳语言文字》2015年第1期。

训工作与各行业业务工作密切结合。以各行业工作用语为语料,编写有针对性的普通话教材,并将其作为测试内容。截至1990年年底,通过三级培训网络,党政机关干部、教师、公共服务行业工作人员培训率达到80%。

(二)率先加强社会用字管理

1991年,国家教委、国家语委、共青团中央下发《关于组织中小学生开展城市社会用字宣传和调查活动的通知》后,深圳开展了全市中小学生社会用字大检查和1992年全市范围内的汉字应用大检查、大整治。21个社会用字协调联席会议成员单位全部参加了检查工作。同年,市政府颁布《深圳市人民政府关于加强用字管理的通告》。根据市政府指示,市语委办对社会用字依法进行管理,规定使用汉字应以《简化汉字总表》(1986年)为标准,不得使用已被简化了的繁体字,不得随意写不规范字,不得使用被淘汰的异体字(姓氏除外)。1993年,广东省委、省政府办公厅下发《关于对党政机关、事业单位名牌用字进行检查的通知》,同年,深圳又两次发出《关于加强社会用字管理的通知》。开展了对全市党政机关、事业单位、人民团体、企业集团公司、驻深办事处以及部分学校共94个单位的名牌用字检查整治。1994年,广东省发布《关于对经济特区、沿海开放城市社会用字管理工作进行检查的通知》,[①]深圳选择深圳火车站、深圳机场、深圳会堂、深圳特区报社、深圳商报社、深圳师专、深圳实验学校和深圳小学为样板点,华强北商业街和深南东路一段800米街道为样板街,以样板为突破口,进行社会用字整治。经过责任单位自查整改和市语委办两次检查,样板点用字规范率达到95%,混乱现象大为改观。同年,深圳市政府颁布《深圳市语言文字使用管理暂行规定》,明确规定了国家机关工作人员、各行各业从业人员、各级各类学校、新闻媒体以及音像出版单位在使用普通话方面的具体要求以及责任与奖惩,确立了市语委办依法管理语言文字工作的职能和权利,并要求各级机关、企事业单位必须有1名领导负责语言文字工作,指定1个部门和1名干部具体负责语言文字使用管理工作。《深圳经济特区户外广告管理规定》和《深圳经济特区市容和环境卫生管理办法》也把语言文字的规范化、标准化要求写进了条文。2001年,《国家通用语言文字法》颁布实施,深圳语言文字工作全面进入依法管理的轨道。2011年,第26届世界大学生运动会在深圳举行,市语委办把"对不规范汉字的整治"作为全年中心工作,对大运场馆及城市景观

---

① 张毅主编《广东省经济特区语言文字使用状况调查与研究》,广州:广东高等教育出版社,2017年。

中的用语用字情况进行检查，取得成效。2016 年，深圳科学高中的教师和学生开展社会用字调查活动，集中展示了一批公共场合用字不规范情况。11 月，市委市政府主要领导批示：要高度重视对社会用字使用的管理。语言文字的规范，对提升城市形象，增强城市核心竞争力，提高市民科学文化素质，具有重要意义。会议要求各单位在自查自纠的基础上，明确专人负责，建立和完善长效工作机制。2017 年 9 月，市语委办召开市语委成员单位联系人会议，商讨城市语言景观中不规范用字治理问题，要求各单位加强归口辖区内的社会用字检查，并对重点街道、区域进行抽查。市语委办每年拨出专款，委托社会组织如深圳市硬笔书法协会对公共场所用字进行检查，并将有关情况通报责任单位。

（三）率先开展双语双方言研究

特区成立之前，深圳是广东宝安一个较为封闭的边陲小镇，人口只有 31 万，粤语人口和客家人口各 15 万，大鹏话、疍家话等其他方言人口不到 1 万，粤语和客家话为主要交际用语。1980 年特区成立之后，全国各地的建设者如潮水般涌入，同时也带来了全国七大方言区的方言。据 1985 年初抽样调查，当时粤语和客家话人口各占 25%，潮州话人口占 20%，说普通话的占 20%，其他方言人口占 10%，一时间，深圳语言"百花齐放、姹紫嫣红"，给人们交流造成障碍，外商来洽谈业务，往往同时找几个翻译。随着语言文字事业的推进，1987 年 3 月，深港语言研究所（简称"语研所"）在深圳教育学院成立，率先在全国开展双语双方言研究。成立语研所的目的之一是"巩固和提高双语双方言地区的普通话水平，为正确对待和科学处理双语双方言问题提供理论依据"。1988 年 8 月 23 日—26 日，语研所在深圳教育学院召开首届"深港片语言问题研讨会（国际）"；1991 年 8 月 5 日—7 日第二届会议后更名为"第 X 届双语双方言研讨会（国际）"，每两年一届，以后一直沿用。① 语研所以双语双方言交际活跃的深圳为基地，从复杂而有典型意义的深港片语言问题切入，联系内地，与港、澳、台同仁密切合作，开展国际学术交流和双语双方言研究。深圳教育学院陈恩泉任所长，中山大学傅雨贤和香港大学缪锦安任副所长，许嘉璐、陈章太、邢福义、詹伯慧为学术顾问。1999 年，该所更名为深港澳语言研究所。迄今为止，市语委办与语研所合作，已成功举办 11 届双语双方言国际学术研讨会，提交论文累计约 800 篇，出版 10 册《双语双方言》论文集，2 册精选本《双语双方言与现代中国》《双语

---

① 陈恩泉、黄永坚《深圳开展双语双方言研究回眸》，《学术研究》2017 年第 1 期。

双方言与现代中国续集》以及《双语双方言用语论集》。30年来，语研所坚持双语双方言的开拓性学术研究，从语言描述比较而发展到语言间和方言间内外部纵横比较研究，从语言教育和民族共同语普及推广逐步拓展到脑医学、民俗行为、行政执法、网络应用等社会语言学多个领域，取得了丰硕成果。

三 结语

随着中共中央、国务院《粤港澳大湾区发展规划纲要》的出台，深圳将引领经济特区、全国性经济中心城市和国家创新型城市建设，推动建成现代化国际化城市，努力成为具有世界影响力的创新创意之都。[①] 2018年，深圳经济总量跃居亚洲第五，面临着更为复杂的语言环境和居住人口，经济发展促进语言文字规范化建设，语言文字事业反哺经济发展。在教育部、国家语委"大语言文字工作"发展思路的引领下，深圳语言文字事业面临新机遇、新发展，深圳人将秉承"敢为天下先"的拓荒牛精神，努力构建与一流湾区和世界级城市群相适应的和谐语言生活，服务国家战略，为粤港澳大湾区的繁荣和稳定做出贡献。

（胡明晓）

---

① 中共中央、国务院《粤港澳大湾区发展规划纲要》第三章"空间布局"第二节"完善城市群和城镇发展体系"。

第三部分

工作篇

中共中央、国务院及相关部委公文中有关语言文字的内容

一　中共中央

（一）中共中央、国务院关于全面深化新时代教师队伍建设改革的意见（2018年1月20日）

根据基础教育改革发展需要，以实践为导向优化教师教育课程体系，强化"钢笔字、毛笔字、粉笔字和普通话"等教学基本功和教学技能训练，师范生教育实践不少于半年。

加强紧缺薄弱学科教师、特殊教育教师和民族地区双语教师培养。

（二）中共中央、国务院关于打赢脱贫攻坚战三年行动的指导意见（2018年6月15日）

加大贫困地区推广普及国家通用语言文字工作力度。开展民族地区学前儿童学习普通话行动。

（三）中共中央、国务院印发《乡村振兴战略规划（2018—2022年）》（2018年9月1日）

继续实施特殊教育提升计划。科学稳妥推行民族地区乡村中小学双语教育，坚定不移推行国家通用语言文字教育。落实好乡村教师支持计划，继续实施农村义务教育学校教师特设岗位计划，加强乡村学校紧缺学科教师和民族地区双语教师培训，落实乡村教师生活补助政策，建好建强乡村教师队伍。

加强农村科普工作，推动全民阅读进家庭、进农村，提高农民科学文化素养。

（四）中共中央办公厅、国务院办公厅印发《关于建立"一带一路"国际商事争端解决机制和机构的意见》（2018年6月）

注重培养和储备国际化法律人才，建立"一带一路"建设参与国法律人才库，鼓励精通国际法、国际商贸规则以及熟练运用外语的国内外法律专家参与到争端解决中来。

（五）中共中央办公厅、国务院办公厅印发《关于深化项目评审、人才评价、机构评估改革的意见》（2018年7月3日）

按照深化职称制度改革方向要求，分类完善职称评价标准，不将论文、外语、专利、计算机水平作为应用型人才、基层一线人才职称评审的限制性条件。

二　国务院

（一）国务院关于上海市进一步推进"证照分离"改革试点工作方案的批复（国函〔2018〕12号，2018年1月31日）

改革涉外调查机构资格认定。取消涉外调查机构资格认定中国家认可的外语类水平考试人员证书和用以证明申请机构有从事涉外调查管理能力的人员证书准入条件。

（二）国务院关于在全国推开"证照分离"改革的通知（国发〔2018〕35号，2018年9月27日）

精简审批材料，在线获取核验营业执照等材料，取消涉外调查机构资格认定中国家认可的外语类水平考试人员证书和用以证明申请机构有从事涉外调查管理能力的人员证书准入条件。

（三）国务院办公厅关于改革完善全科医生培养与使用激励机制的意见（国办发〔2018〕3号，2018年1月14日）

基层全科医生参加中级职称考试或申报高级职称时，外语成绩可不作为申报条件，对论文、科研不做硬性规定，侧重评价临床工作能力，将签约居民数量、接诊量、服务质量、群众满意度等作为职称评审的重要依据；申报高级职称实行单独分组、单独评审。

（四）国务院办公厅转发证监会关于开展创新企业境内发行股票或存托凭证试点若干意见的通知（国办发〔2018〕21号，2018年3月30日）

试点红筹企业及其控股股东、实际控制人等相关信息披露义务人在境外披露的信息应以中文在境内同步披露，披露内容应与其在境外市场披露内容一致。

（五）国务院办公厅关于促进"互联网＋医疗健康"发展的意见（国办发〔2018〕26号，2018年4月25日）

研发基于人工智能的临床诊疗决策支持系统，开展智能医学影像识别、病理分型和多学科会诊以及多种医疗健康场景下的智能语音技术应用，提高医疗服务效率。支持中医辨证论治智能辅助系统应用，提升基层中医诊疗服务能力。

（六）国务院办公厅关于全面加强乡村小规模学校和乡镇寄宿制学校建设的指导意见（国办发〔2018〕27号，2018年5月2日）

统一中心学校和小规模学校课程设置、教学安排、教研活动和教师管理，推进教师集体教研备课，统筹排课，音乐、体育、美术和外语等学科教师可实行走教，并建立相应的政策支持机制。

加强民族地区寄宿制学校管理，积极开展有利于促进民族团结和融合的教育教学活动，创造条件引导学生在学校生活、学习中广泛使用国家通用语言文字。

推进"互联网＋教育"发展。各地要积极创造条件，加强硬件建设，充分利用卫星、光纤、移动互联网等，加快实现两类学校宽带网络全覆盖。结合国家课程和地方课程要求，以外语、艺术、科学课程为重点，涵盖所有学科，引进或开发慕课、微课等课程，提供丰富优质在线教育资源，保障两类学校开齐开足开好课程，弥补师资力量不足等短板。

（七）国务院办公厅关于加强行政规范性文件制定和监督管理工作的通知（国办发〔2018〕37号，2018年5月16日）

确需制定行政规范性文件的，要讲求实效，注重针对性和可操作性，并严格文字把关，确保政策措施表述严谨、文字精练、准确无误。

（八）国务院办公厅关于规范校外培训机构发展的意见（国办发〔2018〕80号，2018年8月6日）

在境外上市的校外培训机构向境外公开披露的定期报告及对公司经营活动有重大不利影响的临时报告等信息，应以中文文本在公司网站（如无公司网站，应在证券信息披露平台）向境内同步公开、接受监督。

（九）国务院办公厅关于推进政务新媒体健康有序发展的意见（国办发〔2018〕123号，2018年12月7日）

做准做精做细解读工作，注重运用生动活泼、通俗易懂的语言以及图表图解、音频视频等公众喜闻乐见的形式提升解读效果。

三 相关部委

（一）国家发展和改革委员会

国家发展改革委关于印发《海南省建设国际旅游消费中心的实施方案》的通知（发改社会〔2018〕1826号，2018年12月12日）

提升旅游服务国际化水平。培养旅游消费领域外语人才，促进旅游外语服务水平提升。

（二）教育部

1. 教育部、国务院扶贫办关于印发《深度贫困地区教育脱贫攻坚实施方案（2018—2020年）》的通知（教发〔2018〕1号，2018年1月15日）

四、面向"三区三州"实施推普脱贫攻坚行动

1. 组织开展基层干部和青壮年农牧民普通话培训。通过集中学习、"一对一"互帮互学等方式，加强"三区三州"基层干部国家通用语言文字意识的培养和应用能力的培训，帮助所有在职干部都能具备使用国家通用语言文字开展工作的能力。结合"三区三州"旅游服务、产业发展、劳务输出等需求，对不具备普通话沟通能力的青壮年农牧民进行专项培训，使其具有使用普通话进行基本沟通交流的能力。由驻村扶贫干部负责组织教师、返乡大学生等对村民集中开展普通话专项学习培训，在每个行政村举办"人人通"推普脱贫培训班，

带动推普工作进村、入户、到人。

2. 同步推进职业技能培训与普通话推广。结合"国家通用语言文字普及攻坚工程",统筹经费面向"三区三州"青壮年农牧民提供更加精准的公益性培训,把普通话推广与职业技能培训相结合,重点支持少数民族学习掌握使用普通话,显著提高应用通用语言文字能力和职业技术技能水平,解决因语言不通而无法就业创业脱贫的问题。

3. 强化学校推广普及国家通用语言文字的基础性作用。在学前和义务教育阶段全面推广国家通用语言文字授课,确保少数民族学生基本掌握和使用国家通用语言文字。强化"三区三州"的学校校长和教师自觉规范使用国家通用语言文字的意识和能力,努力使普通话成为校园语言,为学生创设良好的国家通用语言文字学校使用环境。严把教师入口关,所有新进教师的普通话水平应达到国家规定的相应等级。加大对现有双语教师国家通用语言文字培训力度,大力提高使用国家通用语言文字进行教育教学的能力,普通话水平达到相应等级。

2. 教育部、国务院扶贫办、国家语委关于印发《推普脱贫攻坚行动计划（2018—2020年）》的通知（教语用〔2018〕1号,2018年1月15日）

为贯彻落实习近平总书记关于脱贫攻坚工作的重要指示精神,充分发挥普通话在提高劳动力基本素质、促进职业技能提升、增强就业能力等方面的重要作用,采取更加集中的支持、更加精准的举措、更加有力的工作,为打赢脱贫攻坚战、全面建成小康社会奠定良好基础,特制定本计划。

一、目标定位

扶贫先扶智,扶智先通语。到2020年,贫困家庭新增劳动力人口应全部具有国家通用语言文字沟通交流和应用能力,现有贫困地区青壮年劳动力具备基本的普通话交流能力,当地普通话普及率明显提升,初步具备普通话交流的语言环境,为提升"造血"能力打好语言基础。

二、基本原则

（一）坚持政府主导,健全机制。落实地方政府主体责任,动员社会各方面力量参与贫困地区国家通用语言文字推广普及工作。引导和支持有条件的企业向贫困地区转移产能,形成"造血"能力,提供更多的就业机会。将普通话普及率的提升纳入地方扶贫部门、教育部门扶贫工作绩效考核,列入驻村干部和驻村第一书记的主要工作任务,力求实效。

（二）坚持精准聚焦,精准发力。综合人口、经济、教育、语言等基础因素和条件保障，聚焦普通话普及率低的地区和青壮年劳动力人口，将普通话学习掌握情况记入贫困人口档案卡，消除因语言不通而无法脱贫的情况发生。

（三）坚持因地制宜，分类指导。综合考虑地域差别和文化差异，制定适合不同地区、不同情况的具体推普措施，统筹规划，稳步实施。"三区三州"等深度贫困地区，要率先行动，统筹安排好普通话培训所需经费，以确保攻坚目标如期实现。

（四）坚持统筹兼顾，融合发展。结合乡村振兴战略，在大力推广普及国家通用语言文字的同时，尊重各民族使用本民族语言文字的自由，创造性地发展当地特色文化产业，促进各民族交流交往交融，牢固树立中华民族共同体意识。

三、具体措施

（一）组织开展青壮年农牧民普通话培训。要创造学习条件，创新学习方式，结合当地旅游服务、产业发展、劳务输出等需求，对不具备普通话沟通能力的青壮年农牧民进行专项培训，使其具有使用普通话进行基本沟通交流的能力。每个行政村举办"人人通"推普脱贫培训班，由驻村干部和村民委员会负责组织村民集中开展普通话专项学习培训。鼓励村民借助信息化学习工具和资源自主学习普通话。由当地县级教育（语言文字工作）部门协助组织师资定期给培训班授课。经过培训考试合格的学员，落实相关资助政策，并由扶贫部门优先推荐就业、学习机会。

（二）同步推进职业技术培训与普通话推广。在各级各类扶贫职业技能培训项目中，要把学习掌握普通话作为培训的重要内容，把普通话推广与职业技能培训相结合，显著提高国家通用语言文字应用能力和职业技术技能水平，提高就业竞争力，促进就业脱贫。

（三）切实发挥公务员的表率作用。各级新录用公务员应当具备相应的普通话水平，同时要加强基层干部国家通用语言文字意识的培养和应用能力的培训。采取多种措施，通过集中学习、"一对一"互帮互学等有效方式，对不具备国家通用语言文字沟通能力的县以下基层干部进行专门培训，力争在"十三五"期内使所有在职干部具备国家通用语言文字应用能力。

（四）大力加强学校语言文字工作。将国家通用语言文字方针政策、法律法规和基本规范标准纳入各级各类校长综合培训和教师业务培训，强化校长、教师和学生自觉规范使用国家通用语言文字和自觉传承弘扬中华优秀语言文化的意识。确保国家通用语言文字作为教育教学的基本用语用字，尊重和保障少数民族学生接受本民族语言文字教育的权利，按期完成语言文字规范化达标建设任务，确保各民族中学毕业生具有较好的国家通用语言文字应用能力，能够熟练使用普通话进行沟通交流。

（五）严把教师语言关。新录用的各级各类学校教师普通话水平必须达到国家规定的等级标准。大力提升教师的国家通用语言文字应用能力，通过脱产培训、远程自学、校本研修、帮扶结对等方式，使所有现任教师的普通话达标，少数民族双语教师具有使用国家通用语言文字进行教育教学的能力，普通话水平达到相应等级。

（六）加强普通话培训资源和培训能力建设。支持各地教育（语言文字工作）部门组织编写针对当地语言和语音特点的普通话培训教材，免费向村民和有学习需要的人群发放。研究开发或引进普通话学习辅助学具或软件，帮助提升学习效率。依托各地师范院校，加强培训基地建设，确保学有所教、教有所据。

（七）加强对口地区语言文字工作支援。参与东西扶贫协作、对口支援建设的省市、高校和有关单位，要将语言文字工作列入援助工作的内容，摸清受援地教师、学生、干部、青壮年农牧民的普通话培训需求底数，制订时间表和路线图，保证人员和经费，力争在"十三五"期内帮助受援地完成各项培训任务，切实促进当地普通话普及率的提升。

（八）积极发挥各方面力量。积极发挥学校对社会和家庭的辐射带动作用，鼓励学生帮助家长学习提高普通话水平。制定政策，提供条件，鼓励教师、播音员主持人、寒暑假返乡大学生等积极参与"人人通"推普扶贫培训工作。搭建平台网络，鼓励和吸引企事业单位、社会团体和个人支持语言文字扶贫工作。

（九）加强督导检查。教育部、国家语委会同国务院扶贫办对各地执行情况进行不定期检查或抽查，对行动迅速、措施得当、成效显著的地区给予表扬，对推诿卸责、措施不力、进展缓慢的地区通报批评。

3. 教育部关于印发《教育部2018年工作要点》的通知（教政法〔2018〕1号，2018年1月31日）

出版《习近平教育思想》，组织编写《习近平教育思想讲义》《习近平教育思想学习辅导读本》《习近平总书记论学校思想政治教育读本》《平易近人——习近平的语言力量（教育卷）》。

推进外语能力测评体系建设。

发布实施《孔子学院发展行动计划》。

启动义务教育阶段课程修订调研，有序推进义务教育道德与法治、语文、历史三科教材统一使用培训工作，2018年覆盖全国所有小学和初中一、二年级。

加快普通高中思想政治、语文、历史等科目必修教材修订工作并在2018年秋季学期投入使用。

印发《中小学少数民族文字教材编写审定管理办法》。设立若干个国家课程教材研究基地。

加强语言文字工作。继续实施国家通用语言文字普及攻坚工程，实施"推普脱贫攻坚行动计划"。实施"中华经典诵读工程"，发布第五期中华经典资源库。构建信息化条件下的语言文字规范标准体系，发布《普通话异读词审音表（修订）》《中华通韵》。加强语言文字工作督导评估。开展县域语言文字情况监测调查。推进语言文字信息化关键技术研究与应用工程，实现通用汉字全息属性数字化。深化甲骨文研究与应用。推进中国语言资源保护工程，推动召开世界语言资源保护大会，深化语言文字国际交流合作。

修订印发《少数民族双语教育指导意见》。

结合高考综合改革，统筹实施和推进修订后的普通高中课程方案和语文等学科20个课程标准。

4. 教育部关于印发《来华留学生高等教育质量规范（试行）》的通知（教外〔2018〕50号，2018年9月3日）

第一部分　人才培养目标

语言能力

以中文为专业教学语言的学科、专业中，来华留学生应当能够顺利使用中文完成本学科、专业的学习和研究任务，并具备使用中文从事本专业相关工作的能力；毕业时中文能力应当达到《国际汉语能力标准》五级水平。

以外语为专业教学语言的学科、专业中，来华留学生应当能够顺利使用相应外语完成本学科、专业的学习和研究任务，并具备使用相应外语从事本专业相关工作的能力；毕业时，本科生的中文能力应当至少达到《国际汉语能力标准》四级水平，硕士研究生、博士研究生的中文能力应当至少达到《国际汉语能力标准》三级水平。

第二部分　招生、录取和预科

1. 入学标准

高等学校应当依照国家有关规定和本规范，根据学校来华留学生人才培养目标和培养能力合理规定学校的来华留学生入学标准，包括学历背景、学术水平、语言能力、身份资格、经济能力等。

1.2 语言能力要求

来华留学生入学标准中，以中文为专业教学语言的学科、专业的中文能力要求应当至少达到《国际汉语能力标准》四级水平。对于以外语为专业教学语言的学科、专业，高等学校在来华留学生入学标准中应当明确规定应有的外语能力要求。

3. 预科教育

高等学校可开设预科教育项目，招收符合适当标准的来华留学生，进行汉语和学科基础知识教学，使来华留学生达到本科入学标准、适应在华学习生活。

第三部分　教育教学

6. 培养方案

6.2 汉语和中国概况类课程

来华留学生的专业培养方案应当包含汉语能力水平要求和中国概况类课程的必修要求；不应设置国防教育环节和军事课程（含军事理论教学和军事技能训练）。高等学校应当安排充足、适用的汉语课程和中国概况类课程，满足来华留学生修课需求。

6.4 学位论文

高等学校应当鼓励和支持来华留学生使用中文撰写学位论文。高等学校的学位评定委员会应当依照《学校招收和培养国际学生管理办法》，规定来华留学生在学位论文撰写和答辩等环节中所使用语言文字的具体要求。

7. 师资队伍

7.1 专业水平和教学能力

高等学校应当在来华留学生教学岗位标准中规定必要的教学资质、专业水平、外语能力和跨文化能力要求，确保教师胜任来华留学生教学工作。

7.2 师资队伍建设

高等学校应当有计划地采取考核、激励等措施保护和提高教师承担来华留学生教学工作、改进教学效果的积极性；应当有计划地以培训、交流等形式提升教师的外语水平和跨文化能力，提高师资队伍国际化水平；应当保障汉语和中国概况等基础课程的师资发展。

第四部分　管理和服务支持

12. 管理体制和工作机制

12.3 工作队伍建设

高等学校应当为来华留学生教育配备充足的工作人员，配备比例和岗位待遇不低于国家有关规定要求。高等学校应当依照《学校招收和培养国际学生管理办法》建设面向来华留学生的辅导员队伍，确保辅导员配备比例不低于面向中国学生的辅导员配备比例；应当制定辅导员岗位标准，确保来华留学生辅导员达到综合素质、外语水平、跨文化能力等方面要求，能够针对来华留学生特点提供有效的指导和服务，促进来华留学生的全面发展。高等学校应当有计划地采取培训等措施，提高工作队伍的业务能力、外语水平和跨文化能力。

12.4 制度建设

高等学校应当建立健全来华留学生管理和服务制度。高等学校的来华留学生教育管理制度应当以国家通用语言文字表述；提供外国文字翻译件作为参考时，应当明确注明翻译件不作为管理依据。

5. 教育部、中央政法委关于坚持德法兼修实施卓越法治人才教育培养计划2.0 的意见（教高〔2018〕6 号，2018 年 9 月 17 日）

鼓励跨学院、跨院校培养能够熟练运用至少一门少数民族语言文字从事法治实务工作的双语法治人才。

6. 教育部关于完善教育标准化工作的指导意见（教政法〔2018〕17 号，2018 年 11 月 8 日）

标准是可量化、可监督、可比较的规范，是配置资源、提高效率、推进治理体系现代化的工具，是衡量工作质量、发展水平和竞争力的尺度，是一种具有基础性、通用性的语言。

加快制定、修订各级各类学校设立标准、学校建设标准、教育装备标准、教育信息化标准、教师队伍建设标准、学校运行和管理标准、学科专业和课程标准、教育督导标准、语言文字标准等重点领域标准，加快建成适合中国国情、具有国际视野、内容科学、结构合理、衔接有序的教育标准体系，实现教育标准有效供给。

研制双语教师任职资格评价标准。

语言文字标准。建设信息化条件下的语言文字规范标准体系。研制相关语音标准、文字标准、语汇标准、语法标准、少数民族语言文字标准和外语应用标准。

（三）工业和信息化部

工业和信息化部关于工业通信业标准化工作服务于"一带一路"建设的实

施意见（工信部科〔2018〕231号，2018年11月5日）

在涉外培训中强化标准培训，支持相关行业协会、集团公司、标准化专业机构开展相关培训，培养一批熟悉相关国家标准化政策法规、宗教文化、民风民俗和语言，懂技术、精通标准化业务的人才队伍。

（四）公安部

公安部关于印发《DNA鉴定文书规范》的通知（公刑〔2018〕349号，2018年1月17日）

鉴定文书的语言表述应当使用符合国家通用语言文字规范、通用专业术语规范和法律规范的用语。

使用少数民族语言文字的，应当符合少数民族语言文字规范。

（五）司法部

国家统一法律职业资格考试实施办法（司法部令第140号，2018年4月28日）

在民族自治地方组织国家统一法律职业资格考试，应试人员可以使用民族语言文字进行考试。

（六）财政部

财政部关于印发《国际化高端会计人才培养工程实施方案》的通知（财会〔2018〕12号，2018年5月17日）

选拔条件：沟通能力强，能够熟练应用英语进行专业讨论。

（七）人力资源和社会保障部

1. 人力资源和社会保障部、应急管理部关于印发《国家综合性消防救援队伍消防员招录办法（试行）》的通知（人社部规〔2018〕5号，2018年12月23日）

心理测试主要考察招录对象的心理承受和自我调节能力；面试主要考察招录对象的身体形态、仪容仪表、语言表达、交流沟通能力等内容。

2. 人力资源和社会保障部办公厅、财政部办公厅关于深入推进12333发展促进人力资源社会保障公共服务便民化的意见（人社厅发〔2018〕116号，2018年10月29日）

电话咨询服务应使用普通话，根据需要提供少数民族语言和方言服务。

（八）住房和城乡建设部

住房和城乡建设部关于印发城市管理执法行为规范的通知（建督〔2018〕77号，2018年9月5日）

第二十二条　城市管理执法人员应当礼貌待人，语言文明规范，不得对行政相对人使用粗俗、歧视、训斥、侮辱以及威胁性语言。

第二十三条　城市管理执法人员实施执法时，一般使用普通话，也可以根据行政相对人情况，使用容易沟通的语言。

（九）商务部

1. 反倾销和反补贴调查听证会规则（商务部令2018年第2号，2018年4月4日）

听证会使用的工作语言为中文。以其他语言发言的，应当自行配备翻译，发言内容以翻译为准。

2. 反倾销问卷调查规则（商务部令2018年第3号，2018年4月4日）

答卷应当以规范汉字和符合国家标准的数字符号填制，并按要求提供相关证据材料。所有证据材料均应注明来源和出处。证据材料原件是外文的，应当按照外文原文的格式提供中文翻译件，并附外文原件或复印件。

（十）国家卫生健康委员会

国家卫生健康委、国家发展改革委、工业和信息化部、国家民委、财政部、生态环境部、水利部、农业农村部、国家市场监管总局、国务院扶贫办关于印发地方病防治专项三年攻坚行动方案（2018—2020年）的通知（国卫疾控发〔2018〕47号，2018年11月29日）

针对不同的病种，制作不同语言版本的宣传品。

发挥政府、防治机构、学校、医院等各自工作优势，运用广播、电视、报纸等传统媒体以及微博、微信等新媒体，采用人民群众喜闻乐见的语言和方式，广泛开展地方病防治知识的健康教育和科普宣传。

（十一）中国人民银行

1. 全国银行间债券市场境外机构债券发行管理暂行办法（中国人民银行、财政部公告2018年第16号，2018年9月8日）

境外机构公开披露的发行文件应为简体中文或提供简体中文译本。

2. 中国人民银行、国家外汇管理局关于人民币合格境外机构投资者境内证券投资管理有关问题的通知（银发〔2018〕157号，2018年6月11日）

本通知要求报送的材料为中文文本。同时具有外文和中文译文的，以中文文本为准。

（十二）国家税务总局

关于发布《税务检查证管理办法》的公告（国家税务总局公告2018年第44号，2018年8月7日）

税务检查证的皮夹和内卡文字均使用中文。民族自治区可以同时使用当地通用的一种民族文字。

（十三）国家广播电视总局

广播电视设备器材入网认定管理办法（2018）（国家广播电视总局令第1号，2018年7月16日）

提交的入网认定申请书一律用中文填写。外文的文件资料，应当具有中文对照文字。

生产企业可以在获得入网认定证书的广播电视设备器材外包装上标注入网认定证书编号和有效期，以及产品名称、型号、产地等符合国家有关规定的中文标识的质量标志。

（十四）中国证券监督管理委员会

证券基金经营机构使用香港机构证券投资咨询服务暂行规定（中国证券监督管理委员会公告2018年第23号，2018年6月27日）

前款规定的文件应当使用简体中文，相关用语应当符合内地市场惯例和语言使用习惯；原件为其他语言的，应当提供真实、准确、完整的简体中文翻译件。

证券公司转发的港股研究报告应当使用简体中文，相关用语应当符合内地市场惯例和语言使用习惯。

（十五）国家铁路局

国家铁路局关于印发《内地与香港过境铁路机车车辆驾驶人员资格管理办法》的通知（国铁设备监〔2018〕69号，2018年7月30日）

申请人应当符合以下条件:(二)身体健康,符合《铁路机车车辆驾驶人员职业健康检查规范》(TB/T3091)规定的职业健康标准,具有良好的汉字读写能力,并能够熟练运用普通话交流。

申请人应当提交以下材料:(三)加盖港方企业公章的本人体检表或体检合格的证明文件(中文版。如原版为英文,应同时提供翻译为对应中文的中文版);(四)本人汉字读写和普通话交流能力证明材料。

港方企业铁路机车车辆驾驶人员持有的铁路机车车辆驾驶证有效期满需换证时,持证人应当向国家铁路局考试中心提交下列材料:(4)加盖港方企业公章的本人体检表或体检合格的证明文件(中文版。如原版为英文,应翻译为对应的中文)。

(十六)国家中医药管理局

国家中医药管理局、国家民族事务委员会、国家发展和改革委员会、教育部、科学技术部、财政部、人力资源和社会保障部、商务部、文化和旅游部、国家卫生健康委员会、国家医疗保障局、国家药品监督管理局、国家知识产权局关于加强新时代少数民族医药工作的若干意见(国中医药医政发〔2018〕15号,2018年7月12日)

支持少数民族医医院信息化基础设施建设,完善医院信息系统基本功能。积极研发双语管理信息系统和少数民族医电子病历,参照《中医电子病历基本规范》制定少数民族医电子病历基本规范。

(十七)国家药品监督管理局

1. 关于发布创新医疗器械特别审查程序的公告(国家药品监督管理局2018年第83号,2018年11月2日)

申报资料应当使用中文。原文为外文的,应当有中文译本。

2. 关于发布药品医疗器械境外检查管理规定的公告(国家药品监督管理局2018年第101号,2018年12月26日)

境外检查工作语言为中文,持有人提交的申报资料、整改报告等材料应当为中文版本,检查期间应当配备可满足检查需要的翻译人员。

(许小颖)

国家通用语言文字工作

一 制度建设与督导评估

加强工作部署和贯彻落实。召开2018年全国语言文字工作会议和国家语委全体委员会议,研究语言文字事业发展思路并做出工作部署。参与全国政协"加强国家通用语言文字普及,促进各民族交往交流交融"第十二次双周协商座谈会筹备调研工作,对座谈会提出建议意见进行工作分工。

推进语言文字法制和规范化建设。修订《国家通用语言文字法》和起草实施办法,围绕繁体字、方言、外语政策等召开专题座谈会,广泛征求意见建议,完成第一轮意见征求和修改。会同工信部等有关部门完成《信息技术产品语言文字使用管理规定》调研起草工作,并推动进入立法程序。规范网络语言文字应用,加强"微语言"传播治理。加强行业语言文字规范化工作,与文化和旅游部联合研制文化场馆、A级旅游景区语言文字规范化标准建设指标体系,与卫健委联合起草提高卫生系统工作人员语言表达能力、加强医患沟通的规范性文件。加强政策研究和指导,引导地方规范使用"国家通用语言文字"等相关名称表述。

健全督导评估工作机制。语言文字工作纳入省级政府履行教育职责评价办法实施细则,语言文字规范化要求纳入全国"文明城市"评价指标体系。印发《语言文字工作督导评估工作手册》,规范督导操作流程,细化评估指标,明确督导纪律。对内蒙古、浙江等7省区14个区县开展督导评估,推动地方政府履职尽责。调整充实国家语委督导评估专家库,举办三期督导评估培训班,培训战线和高校语言文字专家300人。

二 国家通用语言文字推广普及与宣传培训

推动落实推普脱贫攻坚行动计划。印发《推普脱贫攻坚行动计划（2018—

2020年)》,推动实施推普脱贫攻坚。印发《教育部办公厅关于印发〈推普脱贫攻坚行动计划(2018—2020年)部内分工方案〉的通知》,落实工作内容和责任,确保各项目标如期实现。印发《关于落实推普脱贫攻坚行动计划有关工作的通知》,要求各地尽快制定本地区具体实施方案并报送基本数据。联合国务院扶贫办等单位先后赴四川凉山州、云南怒江州和澜沧县、甘肃临夏州和甘南州开展推普脱贫攻坚专项调研,了解推普脱贫实际效果。以"说好普通话,迈进新时代"为主题开展第21届全国推普周活动,突出推普脱贫、经典诵读两个重点,营造全社会推普氛围。指导各地开展县域普通话普及情况调查工作,建立并完善全国普通话普及情况调查平台。制定《关于做好推普脱贫攻坚对口支援工作的意见》,构建语言文字对口支援机制。组织语文出版社编写出版成年普通话学习者的入门用书《普通话1000句》、幼儿普通话入门用书《幼儿普通话365句》。联合中国移动、科大讯飞开展"推普脱贫攻坚"战略合作,开发普通话学习手机APP项目。联合共青团中央开展"推普脱贫攻坚"全国大学生暑期社会实践活动,2018年共有130支实践团队1360名大学生参加。

加强国家通用语言文字应用培训。举办语言文字管理干部培训班、中华优秀传统文化教育培训班、藏语文工作者国家通用语言文字素养培训班、港澳教师普通话能力提升培训班等。在内蒙古等10个少数民族聚居较多的省区举办民族地区双语教师普通话国培班和委培班,培训约2000人。在贵州、陕西、甘肃等省举办中西部地区农村骨干教师语言能力提升培训班,培训约300人。实施"民族地区干部和青壮年农牧民国家通用语言文字培训计划",重点支持内蒙古、湖南、广西等10省区开展青壮年农牧民普通话培训,为青壮年农牧民提高生产就业能力、脱贫致富、获得更大发展空间提供帮助。

三 国家通用语言文字规范标准与信息化建设

加强顶层设计和制度建设。适应信息化时代要求,制定并发布《信息化条件下语言文字规范标准体系建设规划》。完善制度建设,修订印发《国家语委语言文字规范标准管理办法(2018年修订)》和《国家语委语言文字规范标准审定委员会章程(2018年修订)》。

推进语言文字规范标准制修订工作。与中国残联共同制定并发布《国家通用手语常用词表》《国家通用盲文方案》,为3300余万听力视力残疾人制定自己的"普通话"和"规范字"。服务英语教学、学习和测试等需要,发布《中国英语能力等级量表》。组织研制的公共服务领域俄文、日文译写规范作为国家标准于7月1日正式实施。《普通话异读词审音表》报送国家标准委获立项。召开外语中文译写规范部际联席会议专家委员会第六次审议会，审议通过第六批、第七批外语词中文译名。推进少数民族语术语标准化工作，配合相关部委协同开展少数民族人名地名的规范化、标准化工作。

推动语言文字规范标准的宣传实施。 配合重要规范标准的发布，分别与中国残联、教育部考试中心等联合召开专题新闻发布会。与中国残联等部委共同召开国家通用盲文手语推广部署电视电话会。完善语言文字规范标准查询服务，"百年语言文字规范标准文献数字化系统网站"和"语标"微信公众号研制完成并上线。制定语言文字规范标准3年培训计划，举办5期语言文字规范标准培训班，为贫困地区培训中小学语文教师、教研员900余人。开展纪念《汉语拼音方案》颁布60周年系列活动，进一步做好汉语拼音使用推广。

推进语言文字信息化建设。 实施语言文字信息化关键技术研究与应用工程，重大项目"语言文字使用规范化智能监测系统研发与应用"等结项，全球中文学习平台、北京语言文化数字博物馆系统等初步完成并向社会展示，智能语音、智能写作和批改等关键技术取得重要进展，在教学和中高考语言类考试中得到实际应用。科研项目"藏汉神经机器翻译模型及系统实现"研制完成，该系统在第十三届全国机器翻译研讨会机器翻译评测中获第一名，并已上线免费提供社会使用。立项开展"人工智能与语言文字""面向'一带一路'文化传播的机器翻译研究与互译系统平台开发""纳西象形文信息处理及识别研究"等系列语言文字信息化科研项目，探索解决多语种沟通、语言学习等问题。促进语言资源共享，进一步完善国家语委语言资源网。

四 语言文化建设与语言资源保护

着力实施中华经典诵读工程。 印发《中华经典诵读工程实施方案》，确定中华经典诵读工程顶层设计和总体规划。印发《国家语言文字推广基地管理办法（试行）》，规范现有基地管理和考核，继续遴选一批优质基地。联合中央电视台举办第三季"中国诗词大会"，节目在互联网电视、网络、手机客户端等多终端累计覆盖人数超过21亿人次。联合中国书法家协会举办"2018年全国中小学师生书法篆刻展示交流活动"，万余名师生参与活动。联合中华诗词学会举办"2018中华通韵诗词创作征集活动"，2.3万人参与活动。组织编写《中华经典诗词分级诵读读本》(1—6册),为中小学生提供权威学习和诵读读本。与中央广播电视总台共同建设"中小学语文示范诵读库",5月和12月分别向社会发布了两批共200篇作品,社会反响非常强烈。完成并发布第五期"中华经典资源库"项目,制作诵写讲视频资源2700分钟,向甘肃等"一带一路"地区免费赠送。研究制定基于普通话语音系统的《中华通韵》规范标准,已完成向全国各省(区、市)、诗词创作界征求意见工作。

推进中华思想文化术语传播工程。扎实做好中华思想文化术语选译工作,出版《中华思想文化术语》第六辑。加强宣传推广,继续建设中华思想文化术语网,举办"中华思想文化术语国际传播与中国话语体系建设"学术研讨会,举办"2018中华思想文化术语大赛"。继续推动版权输出,面向"一带一路"沿线国家,已开展22个国家和地区的版权推荐输出工作,积极主动向世界讲好中国故事,为中国话语体系构建提供有力支撑。

建设并发布通用汉字全息数据库。通用汉字全息数据库建设是国家语委重大基础资源建设项目,数据库收录了8105个通用规范汉字和2万多个古籍印刷通用汉字,内含形、音、义、码、用等属性信息130多万条,清晰呈现不同发展阶段字际关系,以及从甲骨文到现代汉字的字形源流演变信息。成果内容丰富,理念先进,对于服务教育现代化、服务文化强国建设、传播中华优秀传统文化都具有重要的基础作用。2019年1月,项目的标志性成果——"汉字全息资源应用系统"在北京发布并上线供社会使用。

做好甲骨文研究与应用专项工作。广泛开展调研,根据国务院批准的《甲骨文研究与应用专项实施方案》,研究制定"甲骨文研究与应用专项工作推进计划",做好顶层规划。加强机制建设,成立由古文字、历史、文化、考古等相关领域专家组成的甲骨文等古文字研究与应用专家委员会。注重学术基础,设立科研专项,对甲骨文等古文字的研究与应用给予立项支持,年度批准立项15项,其中重大项目3项、重点项目9项。协同各方力量,统筹协调相关部门,积极筹备甲骨文发现120周年纪念活动。

打造中国语言资源保护工程标志性成果。截至2018年年底,工程已完成1491个点的调查任务,达到总体规划的99.4%。举办10期培训班,培训课题负责人及主要成员700余人。工程形成一系列标志性成果,"中国语言资源采录展示平台"研制完成并上线,《中国语言文化典藏》系列丛书20册出版发行,《中国濒危语言志》系列丛书30册获得国家出版基金资助并将出版。联合国教科文组织高度重视工程的成功经验和做法,并于9月与中国教育部、湖南省人民政府等联合在湖南长沙举办首届世界语言资源保护大会,通过重要成果性文件《岳麓宣言》,倡导推动保护语言资源和语言文化多样性,这是联合国教科文组织首个以"保护语言多样性"为主题的宣言,具有重要里程碑意义,也为其他国家和地区提供有益借鉴。

五 语言生活监测引导与服务

开展语言生活监测。发布2017年度中国语言文字事业发展状况,出版《中国语言文字事业发展报告(2018)》(白皮书)、《中国语言生活状况报告(2018)》(绿皮书)、《中国语言政策研究报告(2018)》(蓝皮书)、《世界语言生活状况报告(2018)》(黄皮书),推动出版《北京语言生活状况报告(2018)》《广州语言生活状况报告(2018)》,服务国家、服务社会、服务学术。开展"汉语盘点2018"等文化品牌活动,发布2018年度字词及十大新词语、十大流行语、十大网络用语,引导社会语言生活。

助力北京冬奥会。继续实施《北京冬奥会语言服务行动计划》,编写《迎接冬奥会:语言与文化》市民培训普及读本,助力营造冬奥文化氛围、普及冬奥语言文化知识;发布语言技术集成及服务一期成果"冬奥术语平台V1版"并正式交付冬奥组委,该平台共收集整理冬奥术语数据近7.8万条,涵盖了中、英、法、俄、日、韩、德等多个语种。

六 语言文字科学研究

发挥科研立项保障作用。以"大语言文字工作"思路为指导,以服务国家发展需求为核心,广泛征集选题,科学制定科研指南。聚焦国家通用语言文字普及攻坚、中华优秀语言文化传承保护、语言文字信息化等"十三五"规划重点任务,设立科研项目99项,其中重大项目3项、重点项目24项,完成2018年度国家语委科研项目申报立项工作。

加强科研机构和人才队伍建设。进一步完善国家语委科研机构体系,与郑州大学共建成立"汉字文明传承传播与教育研究中心"。加强对科研机构的管理,召开国家语委科研机构工作会,规划各机构发展方向。完成国家语言文字智库建设试点工作,构建科学适用的评价体系。支持国家通用手语、通用盲文研究中心和推广基地建设,推进国家通用手语和通用盲文试点工作。不断完善中青年人才队伍的培养举措，举办国家语委第四期语言文字应用研究优秀中青年学者研修班和第四期全国民族语文应用研究中青年学者研修班，实施第二期"语言文字中青年学者出国研修项目"，建设国家语委中青年专家库，支持中青年学者协同创新联盟举办第四届学术研讨会并强化机制建设。

七　语言文字交流与合作

举办第二届语博会。以"语言，让世界更和谐，文明更精彩"为主题，举办第二届中国北京国际语言文化博览会，系统回顾和集中展示改革开放40年来的语言文字工作成就，进一步拓展语言文化的国际交流，促进中华语言文化的传播弘扬，助推国家软实力的提升。博览会期间，举办"语言服务与人类生活"国际语言文化论坛，以及人工智能时代的语言科技论坛、"一带一路"语言文化高峰论坛、"一带一路"语言文化共兴发展论坛和第二届中国语言康复论坛等系列论坛。

深化与港澳地区语言文字交流活动。组织高校师生赴港澳开展"中华经典诵读港澳展演交流活动"，充分展示普通话和语言文字魅力，增进港澳师生对中华优秀语言文化的熟悉认同。组织港澳中小学和幼儿园教师普通话能力提升培训，120名教师参加培训，有效提升港澳教师国家通用语言文字的规范使用与表达能力。

推进两岸语言文字交流合作。发挥两岸语言文字交流合作协调机制作用，支持召开第十一届海峡两岸现代汉语问题学术研讨会和首届两岸文字学会交流研讨会。举办两岸中学生"海上丝绸之路书法之旅"夏令营、"传承与创造"2018海峡两岸与港澳大学生汉字创意设计项目成果展等活动，在丰富多彩的交流讲座、创意工作坊、创作点评、专家研讨、文化考察等活动中增强交流、增进理解、增加认同。组织编写《中华语文大辞典》和《中华科学技术大词典》，建设两岸"中华语文知识库"网站。

加强语言文字国际合作交流。"支持和推进中法语言交流与合作""支持每两年召开中法语言政策与规划比较国际研讨会"写入中法高级别人文交流机制第四次会议联合宣言。在俄罗斯圣彼得堡国际文化论坛框架下，举办首届中俄语言政策论坛。继续组织实施语言文字国际高端专家来华交流项目。

（周道娟、李　强）

少数民族语言文字工作

1. 国家民委牵头启动大学生民汉双语志愿服务团建设

国家民委联合中央宣传部、中央文明办、教育部、共青团中央等部委，认真贯彻落实党的十九大"完善公共服务体系，保障群众基本生活，不断满足人民日益增长的美好生活需要"重要精神，立足城乡居民汉双语学习公共服务需求，启动大学生民汉双语志愿服务团建设工作。经组织申报、专家评审、研究审核、部委审批等环节，统筹考虑区域分布、高校类别、语种覆盖、主要服务对象、资金保障等因素，研究确定了2年内在国家层面建立12支大学生民汉双语志愿服务团。截至2018年年底，已完成6支服务团建设任务，并积极深入民族乡村和社区，开展大连市"爱我中华"关爱各族青少年夏令营、吉林省新时代金达莱红文化进社区等志愿活动，受到基层欢迎和肯定。

2. 国家民委开展全国高校民族语文相关专业建设及人才培养专题调研

国家民委聚焦长期以来民族地区双语人才缺乏和有关高校民族语文相关专业学生就业难两方面的问题和难点，按照供给侧改革思路，对双语人才供需矛盾进行专题调查研究。调研覆盖17个省、市、自治区的42所高校，召开13场座谈会，与近300位与会代表座谈，单独访谈27名学生、14名教职工，收回2000余份学生问卷。调研基本摸清全国高校民族语文相关专业建设和人才培养情况，找到存在的突出问题及成因，并提出了有针对性的对策建议。

3. 国家民委通报表扬中国民族语文翻译局参加十九大翻译工作人员

首次在国家民委层面上，对中国民族语文翻译局参加十九大民族语文翻译的125名工作人员进行通报表扬，有效地鼓励了先进，促进了民族语文翻译工作发展，服务了党和国家工作大局。

4. 国家民委指导有关地方推进民汉双语方式宣讲党的十九大精神

国家民委指导贵州、西藏、内蒙古、青海、吉林、甘肃等地民族工作部门和云南民族大学、青海师范大学等单位，紧密结合当地部分群众不通国家通用语言文字的实际，探索以民汉双语方式开展党的十九大精神宣讲工作。各地坚持提高站位、发挥优势、服务大局，上承天线、下接地气、精心组织，创新宣讲载体和形式，讲群众听得懂的话，说群众关心的事，使群众听得懂、能领会，促进了少数民族群众对党的十九大精神的理解和掌握，深化民族团结进步教育，促进铸牢中华民族共同体意识。

5. 举办第 11 期全国民族语文翻译工作业务骨干高级研修班

2018 年 9 月 17 日至 21 日，国家民委联合人力资源和社会保障部在中央民族大学举办第 11 期全国民族语文翻译工作业务骨干高级研修班，来自全国 12 个省、自治区和 9 个相关单位，包括蒙古、藏、维吾尔等 16 个民族的 69 名学员参加研修。研修班突出"政治建设""以文化人""专业素质""管理创新"等四个方面内容，同时就民族语文政策与民族语文翻译工作、钟扬"种子精神"等进行深入研讨，提出了有针对性和建设性的意见建议，促进了民族语文翻译人才队伍建设及民族语文翻译事业发展。

6. 举办新时代民族语文应用研究创新发展专题研讨班

2018 年 7 月 16 日至 20 日，国家民委联合教育部在上海师范大学举办新时代民族语文应用研究创新发展专题研讨班，筛选前三期全国民族语文应用研究中青年学者研修班中表现突出的学员共计 33 名"回炉深造"。通过研讨，学员增强了站在服务党和国家事业发展大局谋划民族语文应用研究工作的意识，坚定了以钟扬"种子精神"投身民族语文应用研究的决心，进一步增强了民族语文应用研究能力。

7. 指导加强全国民族语文翻译业务工作

国家民委指导中国民族语文翻译局完成全国两会有关重要文件的 7 种少数民族语文翻译。指导中国民族语文翻译局先后在北京、黑龙江、甘肃、贵州、四川、广西等地召开蒙古、藏、维吾尔、哈萨克、朝鲜、彝、壮等 7 个语种新词术语翻译专家审定会。研发民族语文大数据分析平台、藏文语音输入法等 10 款民族文应用软件，在四川、青海等地成功举办 6 场软件发布会，向内蒙古、广西等地赠送民文智能语音翻译系统和电子词典。国家民委指导内蒙古召开 2018 年度新词术语审定会议，发布四期"蒙古语名词术语公报"，推进蒙古语文规范化标准化建设。指导青海等地举办民族语文翻译业务骨干研修班，提升民族语文翻译工作者的业务能力和翻译水平。

8. 指导推进民族语文工作智库建设与发展

国家民委指导中国民族语文应用研究中心组织召开 2018 年度专家咨询会、

《民族语文工作通讯》通联会，指导中心工作人员赴中国人民大学民族语言文化心理重点研究基地考察学习，促进中心建设水平提升。指导中心独立编辑出版《民族语文工作通讯》，与中国语言文字规范标准研究中心共同编辑《语言规划学研究》，以两份刊物为平台和媒介，扩大民族语文应用研究学术阵地和中心的学术影响力。指导中国民族语文应用研究院加强基础建设，并完成相关科研任务。指导国家语言资源与研究少数民族语言中心常态化开展相关语言资源监测研究工作，形成多篇资政报告，提供有关部门作为决策参考。

（审稿人：田联刚

撰稿人：王学荣、杨　静、朴美仙）

第四部分

领 域 篇

粤港澳大湾区政府门户网站的语言服务[*]

粤港澳大湾区包括香港特别行政区、澳门特别行政区和广东省广州市、深圳市、珠海市、佛山市、惠州市、东莞市、中山市、江门市、肇庆市（以下称珠三角九市），总面积5.6万平方千米，2017年末总人口约7000万人，是我国开放程度最高、经济活力最强的区域之一，在国家发展大局中具有重要战略地位。2019年2月18日，党中央、国务院正式发布《粤港澳大湾区发展规划纲要》，标志着粤港澳大湾区规划建设取得实质性进展。粤港澳大湾区行政区划政府间的协同合作，需要政府提升服务水平，提升政务服务能力。

政府门户网站是政府信息发布、政务服务、对外宣传和对接世界的重要方式和平台，是政府建设的重要组成部分，政府门户网站的语言服务反映了政府机构的服务意识、开放意识和国际化水平。本文对粤港澳大湾区11个行政区域的政府门户网站进行调查，内容包括门户网站的语言文字使用、英文版网站的板块设置和内容更新、机器人服务等，以全面考察大湾区政务网站的语言文字使用情况。

一 语言文字使用

粤港澳大湾区11个行政区域政府门户网站的语言文字使用情况包括网站命名、网站首页语言文字和网站多语版本三个方面。

（一）网站命名

11个网站名称大体可以分为两种类型。

1.单标题。单标题的网站名称大部分与政府名称相一致，格式为"城市+人民政府"。如广州市的"广州市人民政府"、佛山市的"佛山市人民政府"、

---

[*] 本文为教育部人文社会科学研究青年基金项目"粤港澳大湾区语言服务体系建设研究"（19YJC740073）阶段性成果。

惠州市的"惠州市人民政府"、肇庆市的"肇庆市人民政府"、中山市的"中山市人民政府"。深圳市和珠海市的政府网站名虽然也是单标题，但名称与政府名称略有差异，深圳市的为"深圳政府在线"，珠海市的为"中国珠海政府"。

2. 复合标题。这类标题由两部分组成，体例分为两种。一种体现在文字上，标题由中英两种文字构成，香港和澳门政府网站名称都采用这种形式，分别为"GovHK 香港政府一站通"和"GOV.MO 澳门特别行政区政府入口网站"；一种体现在符号上，即标题以加入符号的形式分为两部分，例如东莞市的"中国东莞丨东莞市人民政府"和江门市的"中国·江门"。可以看出，11个政府门户网站在命名上有共性，也有差异。

（二）首页语言文字

首页语言文字是指打开网页后首先呈现的语言文字。表4-1显示，11个政府门户网站中，除澳门政府网站的首页语言是繁体中文外，其他10个网站都是简体中文。根据《国家通用语言文字法》和原国家新闻出版广电总局相关政策的规定，珠三角九市政府门户网站的首页语言文字需要使用规范汉字，即简体中文。

（三）多语服务

粤港澳大湾区具有"三种语言制度"和多语生态。"简体中文＋繁体中文＋英文"几乎成为粤港澳大湾区各政府官方网站语言文字的"标准配置"。11个政府门户网站中，除了佛山市人民政府网站提供了简体中文和繁体中文两种汉语字形外，其他网站都提供了"双语三文"，即汉语、英语双语，以及简体中文、繁体中文和英文三文。表明珠三角九市和香港、澳门在文字上的互通，在语言需求上的相互适应和满足，也体现了情感上的相互照应。英语是当前全球使用范围最广的语言，政府门户网站设置英文版网页，是政府国际化和开放意识的体现，可以满足国际社会了解信息、获取资讯的需求，有助于政府对外宣传和与世界对接。根据澳门基本法规定，葡文也是澳门的官方语言，因此澳门政府门户网站还设置了葡文版。香港政府门户网站的语言文字丰富多样，有10种语言文字，除英文、简体中文和繁体中文外，还提供印度语、巴哈萨印度尼西亚语、尼泊尔语、巴基斯坦语、菲律宾语、泰语、越南语等7种语言文字，提供教育培训、就业、环境、政府法律与秩序、健康与医疗服务、住房和社会服务等基本信息。

表 4-1 粤港澳大湾区城市政府门户网站的语言文字使用情况

序号	政府名称	政府门户网站名称	首页语言文字	语言文字类型
1	香港特别行政区政府	GovHK 香港政府一站通	中（简）①	中（繁|简）、英、印度语、印尼语、尼泊尔语、巴基斯坦语、菲律宾语、泰语、越南语
2	澳门特别行政区政府	GOV.MO 澳门特别行政区政府入口网站	中（繁）	中（繁|简）、葡、英
3	广州市人民政府	广州市人民政府	中（简）	中（简|繁）、英
4	深圳市人民政府	深圳政府在线	中（简）	中（简|繁）、英
5	珠海市人民政府	中国珠海政府	中（简）	中（简|繁）、英
6	佛山市人民政府	佛山市人民政府	中（简）	中（简|繁）
7	中山市人民政府	中山市人民政府	中（简）	中（简|繁）、英
8	东莞市人民政府	中国东莞|东莞市人民政府	中（简）	中（简|繁）、英
9	惠州市人民政府	惠州市人民政府	中（简）	中（简|繁）、英
10	江门市人民政府	中国·江门	中（简）	中（简|繁）、英
11	肇庆市人民政府	肇庆市人民政府	中（简）	中（简|繁）、英

二 板块设置

网站板块设置②可以反映政府的服务意识、服务重点和服务功能。大湾区11个政府网站在板块设置方面有共同点，也各有特色。下面分别介绍中文版和英文版的板块设置情况。

（一）中文版

11个中文版网站中，除首页外，板块设置的数量为4—8个不等，大部分为5个，涉及的栏目包括新闻、政务服务、政务公开、市情、公众互动、数据公开、旅游、投资和教育等。常见板块如表4-2所示。从功能设计的角度看，在主题上都聚焦服务功能，涵盖服务的方方面面，体现了"以服务为导向"的理念，同时体现了"互联网+"时代政务服务的特点。具体体现在以下三个方面。

1.服务领域的广泛性。网站大都涵盖了政务、教育、旅游、投资等各个领域，所提供的服务包括信息服务、数据服务、政策服务等各种服务，体现了政

---

① "中（简）"指简体中文，"中（繁）"指繁体中文。
② 板块设置是指政府网站首页工具栏中所给出的栏目板块。

务公开。

2.政务服务的信息化。11个政府网站都设置了"政务服务"板块，便于市民在网上办理相关业务。

3.服务方式的互动性。9个政府网站设置了"政民互动"板块，市民可在网上进行政务、信息咨询。珠三角九市政府网站在板块设置和板块命名上大同小异，香港和澳门的政府网站具有更强的自身特色。

表4-2 中文版板块设置

序号	板块类别	网站数量	常用标题	内容概述
1	政务服务	11	政务服务 公共服务 服务	提供各类政务和咨询服务，例如教育、就业、交通、三农、住房等公共服务以及各类生活信息、公共设施的查询。
2	政务公开	11	政务公开 政务 公布告示	提供政府信息公开服务，方便公众快速、准确地查找市政府的各类政府信息及法律法规。
3	市情	11	走进×× 览市情 魅力×× ××资讯	介绍本市的历史文化、地理、人口、民俗风情、城市荣誉、城市未来定位等。
4	新闻	10	××要闻 政声传递 部门动态	介绍政策动态、政府部门动态、市内及周边的民生动态新闻。
4	公众互动	9	互动 齐互动 政民互动 互动交流 交流互动	主要为市民提供一个发表自己的诉求、建议及网络问政的平台。
6	数据开放	6	数据 用数据 数据开放	主要公布关于本市经济、人口等的数据、指标及相关数据分析。
7	旅游	4	旅游	介绍当地风景名胜等旅游资源以及相关旅游服务。
8	投资	4	投资×× 商务及贸易	主要介绍本市的商业环境和投资机会。

（二）英文版

除佛山市政府网站没有设置英文版网页外，其他10个政府网站都设有英文版。其中，香港政府网站和澳门政府网站的中文版和英文版在板块设置上没有差别，广州、深圳、珠海、中山、东莞、惠州、江门、肇庆等8市政府网站的中英文版内容存在差异。8个市的英文版板块设置数量在4—8个不等，大部分为5—7个，涉及新闻、市情、投资商务、政府信息、旅游、服务、生活、文化、风景、生活、城市荣誉等，与中文版的功能定位一致，都强调服务指向。但在服务的侧重点上呈现三个特点：一是聚焦经济服务和旅游服务功能。8个网站都设置了"投资商务"板块，5个设置了"旅游"板块，有的还设置了"文化""城市荣誉""风景环境"等板块，体现了政府对吸引外国投资者和游客的重视。二是强调面向外国人的宣传和服务。例如新闻内容，英文版的新闻和中文版的新闻具有很大不同，英文版主要侧重国际交流活动方面。三是信息服务、政务服务和互动性的服务较少。与中文版相比，英文版内容较少，提供的多为一般性信息。

表4-3 英文版板块设置

序号	板块类别	政府数量	常用标题	内容概述
1	新闻[①]	8	新闻（News） 新闻中心（News Center）	介绍市内及周边要闻，但在内容上与中文新闻有很大的差异，侧重于国际交流活动及城市宣传。
2	投资商务	8	商务（Business） 投资（Investment） 经济（Economy）	主要介绍本市的商业环境和投资机会。
3	市情	8	关于（About） 概览（Overviews） 环境（Environment） 欢迎（Welcome）	介绍本市的地理、人口、主要资源等，也有部分介绍了下辖区、县情况。
4	政府信息	5	政府（Government）	介绍市政府的主要领导、部门、所管辖的主要行政区和重要法律法规[②]。
5	旅游	5	旅游（Tourism） 游客（Visitors） 旅行（Travel）	介绍当地风景名胜等旅游资源以及相关旅游服务。
6	服务	5	服务（Service） 指南（Dictory）	提供各类咨询服务，如常用号码、护照、医疗、交通等。

① 与中文版不同，英文版网站中，除了首页有新闻信息外，有些政府网站还设置了独立的新闻板块，如深圳、珠海、惠州和中山。

② 深圳市政府网站有独立的板块介绍深圳的法规规章。

（续表）

序号	板块类别	政府数量	常用标题	内容概述
7	生活	3	生活向导（Life Guide） 居民（Resident） 在这生活（Living here）	介绍城市生活信息，如教育、医疗等。
8	城市荣誉	2	荣誉（Honors）	介绍本市所获得的荣誉及特色资源。
9	文化	2	文化（Culture）	展示本市特有的习俗、文化风貌。
10	风景环境	2	风景（Landscape） 照片墙（Photo Gallery）	以图片形式展示当地的旅游环境、风土人情。

三　内容更新

内容更新频率是政府网站语言服务水平的一个重要表征。我们主要考察了更新频率最高的"新闻"板块，调查时段为 2018 年 7 月—12 月。[①] 调查结果见表 4-4 和图 4-1。

表 4-4　大湾区政府中英文版网站新闻更新情况

政府名称	中文网页[②]			英文网页		
	新闻总数（条）	统计时长（天）	平均新闻量（条/天）	新闻总数（条）	统计时长（天）	平均新闻量（条/天）
香港	2631	184	14.3	1919	184	10.43
澳门	4412	184	23.98	1411	184	7.67
广州	690	184	3.75	132	163	0.81
深圳	452	76	5.95	481	158	3.04
珠海	496	47	10.55	410	184	2.23
惠州	1178	184	6.4	23	184	0.13
东莞	845	184	4.59	47	184	0.26
中山	949	184	5.52	549	184	2.98
江门	318	29	10.97	70	184	0.38

[①] 部分网站的新闻受网站容量所限，只显示了短于半年的新闻量，调查时按照 7 月—12 月期间显示的最大新闻量的时长进行统计。具体如下：广州英文新闻调查时段为 7 月 12 日—12 月 31 日，深圳中文新闻调查时段为 10 月 17 日—12 月 31 日，珠海中文新闻调查时段为 11 月 16 日—12 月 31 日，江门中文新闻调查时段为 12 月 3 日—31 日。佛山市没有设置英文网页，肇庆市英文网页没有设新闻板块，这两个政府网站未纳入统计。

[②] 简体中文版网站和繁体中文版网站的信息完全一致，因此统称为"中文网页"。

粤港澳大湾区政府门户网站的语言服务

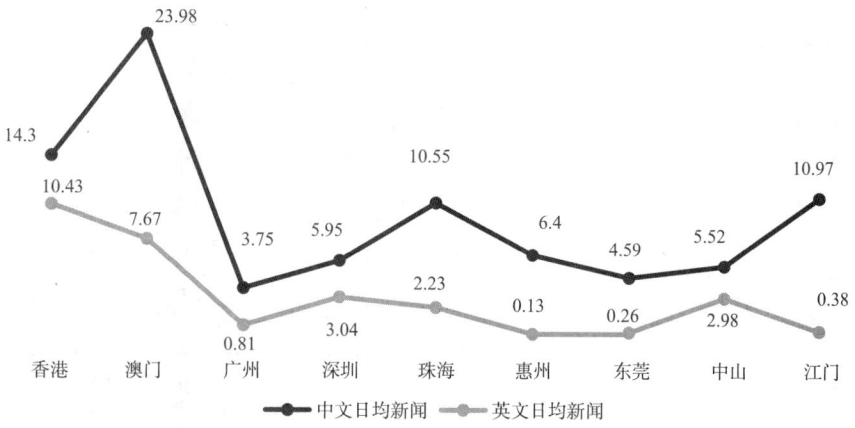

图 4-1 大湾区各政府中英文版网站新闻更新情况

表 4-4 和图 4-1 显示，中文版新闻日均量，澳门政府网最大，为 23.98 条，说明该网站新闻更新最快，广州市政府网最少，仅 3.75 条；英文版的日均新闻量，香港政府网的最大，为 10.43 条，其次是澳门政府网，为 7.67 条。珠三角九市中，英文新闻日均量最大的是深圳市政府网，为 3.04 条，惠州市政府网最少，仅 0.13 条。就中英文新闻更新同步性来看，香港中英文新闻更新最为同步，且新闻量上大致相当，其他政府网总体是中文新闻要快于英文新闻，数量上中文新闻多于英文新闻。值得一提的是，澳门政府网的新闻有中文、英文和葡文三种文字版本，中文版日均新闻量最高，24 条，其次是葡文版，15 条，再次是英文版，6.21 条。这也显示了中文和葡文作为其官方语言的地位。

大湾区政府网站设置英文版表明了其国际化的意识和追求，但英文版网站建设还有较大改进空间。同时，应进一步加强英文版网站的动态服务功能，如加强对突发应急事件信息的披露。在 2018 年 9 月 15 日超强台风"山竹"登陆粤港澳大湾区当天，只有香港、澳门、深圳和东莞 4 个政府网站的英文版网页登出了关于台风的预警信息。

四 智能语言服务

随着科技的发展，人工智能在政务领域中得到广泛应用。大部分政府网站设置了"政务机器人"，市民可以与机器人 24 小时实时问答，提高了服务水平。调查发现，除香港、澳门、广州和江门 4 个政府网站没有设置智能实时互动外，其他 7 个政府网站都在不同板块下设置了政务机器人，相关情况如表 4-5 所示。

表 4-5　政府门户网站设置政务机器人情况

序号	政府名称	所属板块	栏目名称	机器人命名	机器人招呼语	可识别的文字
1	深圳	首页	政务机器人	政务机器人	您好，我是政务机器人，为您提供个人及法人事项办理的流程引导、政务信息的查询及常见问题的解答。我的知识面在不断拓展，敬请期待！……	简体中文 繁体中文
2	珠海	首页	智能问答	珠海问答机器人	您好，请问有什么可以帮到您的？	简体中文 繁体中文
3	佛山	互动交流	智能问答	佛山12345智能问答机器人	亲爱的××：您好，很高兴为您提供公积金提取相关的咨询服务。您可以试试输入"公积金提取"或"无房提取"，也可以用语音，我暂时只能识别简体字和普通话哦。①	简体中文
4	惠州	政民互动	智能问答	机器人小惠	您好！我是机器人小惠，有什么能帮助您的吗？	简体中文 繁体中文
5	东莞	政民互动	智能问答	智能客服机器人莞博士	您好，我是智能客服机器人，我可以回答您相关的业务问题，有什么问题就问我吧！很高兴为您服务！	简体中文
6	中山	交流互动	智能实时互动	中山市智能互动服务助手	您好，我是中山市12345政府服务热线"智能互动服务助手"，请输入您要咨询的关键字，我将竭诚为您服务，若对我的服务结果不满意，您还可以使用"我要咨询"进行提问，相关部门会尽快给您答复。	简体中文
7	肇庆	社交媒体导航	在线客服	网站小助手荷花妹妹	您好，我是肇庆市人民政府智能客服机器人荷花妹妹，请问有什么可以帮到您的吗？（信息仅供参考，具体以实际办理流程公布为准）	简体中文

调查结果表明，粤港澳大湾区的政务网站语言服务体系已经基本建立，但有些方面还不那么尽如人意：有些城市的网站还缺乏外语服务，有些城市的网站智能语言服务还是空白，大部分城市网站内容更新不够快捷，服务不够到位。为尽快适应粤港澳大湾区作为具有国际竞争力的一流湾区和世界级城市群，政务网站在语言服务方面还需要一个较大的提升。

（王海兰、屈哨兵、谭韵华）

---

① 佛山市政府网站的智能问答需要关注二维码后，在手机上通过微信进行实时互动。点击进入相关业务后，机器人会自动给出相应的招呼语。此为进入"公积金"业务咨询界面后弹出的内容。

广州城中村语言景观多维透视

本文描述广州市天河区现存规模最大的两个城中村：石牌村和棠下村（图4-2、图4-3）的语言景观状况。两村的面积分别为0.73平方千米和0.97平方千米，居民均为10万人左右，其中90%以上为外来农民工（下文简称"农民工"），他们来自湘、鄂、赣、川、皖、豫、鲁、桂等省区，以及广东省内的湛江、潮汕、梅州等地。[①]

大量农民工居住于城中村，使得城中村的房屋租赁和商铺经营日趋繁荣。城中村的语言景观也在发生变化。主要体现在：由城中村原住居民建造的历史传统语言景观，如宗祠、庙宇（图4-4、图4-5）等不断减少，所剩无几，[②] 体现外来居民特点的语言景观大量出现。

图4-2 石牌村入口牌坊

图4-3 棠下村入口牌坊

图4-4 石牌村内的"池氏宗祠"

图4-5 棠下村内的"福善庙"

---

① 此数据来源于对石牌村和棠下村居委会的访谈，以及对问卷填写者来源地的综合统计。我们在石牌村和棠下村分别发放问卷600份，回收有效问卷分别为527份、532份，有效回收率分别为87.83%、88.67%。

② 据我们的调查统计，石牌村现存历史传统语言景观39条，棠下村现存历史传统语言景观35条。

一 语言景观反映城中村行业特点

2015—2018年,我们对石牌村、棠下村的语言景观进行了穷尽性拍摄,共收集到石牌村语言景观1507条、棠下村语言景观5510条。从行业分布来看,两个村语言景观具有如下特点。

(一)行业类型满足了农民工居民基本生存需求

石牌村及棠下村语言景观所反映的行业类型以租房(图4-6、图4-7)、餐饮(图4-8、图4-9)、批发零售、社区公共服务、居民生活服务为主,这些行业满足了农民工居民最基本的生存需求。具体数据见表4-6。

表4-6 语言景观所反映的行业类型及数量比例

石牌村	①房屋租赁(436条,28.93%); ③批发零售(230条,15.26%); ⑤居民生活服务(114条,7.57%); ⑦手工修理制作(57条,3.78%); ⑨教育(5条,0.33%);	②餐饮(378条,25.08%); ④社区公共服务(210条,13.94%); ⑥医药(60条,3.98%); ⑧休闲娱乐(15条,1%); ⑩住宿(2条,0.13%)。
棠下村	①居民生活服务(1612条,29.26%); ③餐饮(929条,16.86%); ⑤社区公共服务(735条,13.34%); ⑦休闲娱乐(167条,3.03%); ⑨手工修理制作(25条,0.45%);	②批发零售(959条,17.40%); ④房屋租赁(815条,14.79%); ⑥医药(175条,3.18%); ⑧教育科技(73条,1.32%); ⑩建筑(20条,0.36%)。

图4-6 石牌村朝阳社区出租屋信息栏　　图4-7 棠下村房屋租赁广告

图4-8 石牌村内的"皖宜包点"　　图4-9 棠下村内的"襄阳面馆"

（二）行业差异体现出两个村居民构成的差别

石牌村及棠下村语言景观所反映的行业大类基本相同，但在行业小类分布上存在一些差异。这些差异体现了两个村居民构成方面的差别。

石牌村位于城区中心，区位优势明显，农民工租住的历史有30余年。村内街巷狭窄，人口密度高，居住环境差，治安和消防压力大。农民工多在附近商场、电脑城、娱乐城打工，或在村内经营小商铺，从事手工制作。他们受教育程度和收入较低，流动性强。因此石牌村"手工修理制作"类景观的数量（57条）和占比（3.78%）高于棠下村（25条，0.45%）。石牌村的"安保警示牌"的占比（4.45%）也高于棠下村（3.36%）。

棠下村距市中心稍远，农民工租住的历史约20年。近年来随着居住环境的改善，除了以农民工为主的租住群体之外，一些受教育程度较高的白领，也开始租住村内条件较好的新建房屋。因此棠下村出现了教育培训机构、大中型超市、名牌电器店等石牌村没有的语言景观，反映出中等收入阶层人群的生活需求。

二　语言景观的语码特点反映农民工居民的语言身份认同

（一）中文语码占绝对优势

石牌村和棠下村语言景观使用的语码主要是中文。石牌村的全中文景观1399条，"中文+拼音"景观86条，占该村语言景观总数的98.54%。棠下村的全中文景观4377条，"中文+拼音"景观142条，占该村语言景观总数的82.02%。

石牌村和棠下村语言景观中中文语码的数量及比例都显著高于村外商业区。在紧邻棠下村的棠安路中档商业区，全中文景观169条，"中文+拼音"景观17条，占该区景观总数的60.6%；而在石牌村旁的"太阳新天地"高档购物广场，全中文景观59条，"中文+拼音"景观7条，仅占总数的23.3%。可见语言景观与地域经济状况直接相关：随着商品价位的提升、人群消费能力的增强，外文景观会逐渐增多。

（二）城中村农民工居民具有很强的本土化语言身份认同

语言实践、语言能力、语言态度在很大程度上影响并塑造着语言身份认同。我们通过问卷调查、访谈、参与式观察，对石牌村和棠下村农民工居民的语言实践、语言能力、语言态度情况进行了调查。

语言实践方面，问卷调查结果显示，逾八成的农民工在村内公共场合常说普通话，逾六成的农民工与家人及老乡交谈时常说方言。他们几乎不使用外语。语言能力方面，农民工居民的普通话及方言能力较强，英语能力很弱。我们的参与式观察和访谈也验证了问卷调查的结果。

语言态度方面，对普通话、方言、英语三种语码的情感、功能、地位的评价，两个村农民工居民的看法基本一致。我们在问卷中设计了满分为5分的语言态度量表，结果显示，在情感评价方面，普通话（石：4.27分；棠：4.35分）[①] ＞方言（石：4.19分；棠：4.16分）＞英语（石：3.24分；棠：3.41分）；在功能评价方面，普通话（石：4.42分；棠：4.58分）＞方言（石：3.97分；棠：3.92分）＞英语（石：3.58分；棠：3.68分）；在地位评价方面，普通话（石：3.99分；棠：4.11分）＞方言（石：3.84分；棠：3.79分）＞英语（石：3.36分；棠：3.45分）。可见，两个村农民工对普通话及方言的情感、功能、地位的评价均较高，对英语的情感、功能、地位的评价较低。

问卷调查和访谈显示，石牌村和棠下村语言景观的设计者及阅读者以农民工居民为主。两个村语言景观的语码使用、景观创设者意图[②]、阅读者感受[③]之间的契合度较高，体现了以中文语码为主的语言景观与农民工的本土化语言身

[①] "石"和"棠"分别代表石牌村和棠下村两个调查点，下同。

[②] 我们口头访谈了石牌村63家店铺和棠下村的157家店铺，其招牌为中文语码或中文加拼音，其老板均表示自己是店铺招牌的创设者。在回答为什么选择中文语码时，85.49%的受访者表示是为了让顾客一看就懂，清晰明了。79.52%的受访者选用拼音是为了装饰，让招牌的语码更加丰富美观。90.18%的受访者表示不选择英文是因为自己的英文水平不太好，而且村里的人大多数都习惯看中文标牌，没有必要设置英文。

[③] 在询问作为阅读者的石牌村及棠下村居民对待景观语码的态度方面，问卷中问题之一为："目前村里的商店招牌大多数只有汉字，您认为这样（　）。"选择"非常好"或"比较好"的占51.67%。问题之二为："如果村里有5家店铺，除了招牌不一样，其余都一模一样，你会选择去哪一家购买？"选择"招牌上都是汉字的那一家"占总数的49.18%；选择"'招牌上有汉字，也有拼音'的那一家"占15.42%。问题之三："您觉得村里的店铺招牌存在哪些问题？（可多选）"选择比例最低的选项是"招牌上的英文太少了"，仅占6.54%。问题之四："如果对村里的店铺招牌进行改造，您认为应该怎么做？（可多选）"选择"在招牌上增加英文，用中英双语"选项的比例依然最低，占总人数的23.33%。

份认同之间具有同构关系。这种本土化语言身份认同是一种基于语言文字交际功能的工具性认同。

此外,农民工居民对各自的家乡话有着较强的内群体性认同。前文所述石牌村及棠下村的历史传统语言景观有助于居民传统文化认同的建构,但由于数量骤减,故其功能也日渐式微。

三 语言景观词汇反映农民工居民的地域身份认同

从两个村语言景观的词汇特点来看,既具有平民阶层社会方言的特征,也体现出农民工居民对家乡的地域身份认同。

(一)用词通俗易懂,部分语言景观使用方言词语

石牌村和棠下村商业景观的创设者大多是外地户籍的个体商贩,文化程度不高,其创设的语言景观用词通俗易懂,体现了平民阶层的社会方言特点。如石牌村的"百姓老酒坊、我家超市、蜂蜜百货店、乡下老妈布拉肠、好妈妈童装屋、美味咸骨粥、开心文具、人人好商行"等,棠下村的"老街坊早餐店、阿琴包点、兄弟裤行、陈辉肉丸店、幸福园特产店、大众电脑维修、南边美食坊、天天鲜果、一分利百货"等。

石牌村和棠下村中的部分景观使用了粤方言中的"士多(图4-10)、云吞(图4-11)、烧腊、糖水、车衣店、拉肠、鱼旦①、叉烧、靓汤、煲仔饭、孖仔、肥仔、一哥",潮汕方言中的"杂咸粥、虾姑、卤水、粿条、顶尚②、焯肉",客家方言中的"腌面"等词语,反映出岭南方言和饮食文化特色。整体而言,石牌村和棠下村语言景观中的外语词、音译词、生造词的使用频率显著低于村外中档和高档商业区。

图4-10 石牌村的"民生士多"   图4-11 棠下村的"陈记云吞"

---

① "鱼旦"即"鱼蛋","旦"作为"蛋"的二简字已废止。
② 潮州话中的"尚"有"不错,很好"之义,"顶尚"有"很不错,非常好"之义。

（二）外地地名用词较常见，体现了农民工居民对家乡的地域身份认同

石牌村和棠下村语言景观的创设者常常将家乡地名置于景观之中，体现出对家乡的地域身份认同。

在石牌村，含有外地地名的商铺招牌共 187 条，占商业类语言景观总数的 34.43%，出现频率远高于该村附近的商业街和居民社区中的商业景观。

石牌村商铺招牌中的地名用词涵盖了我国南北方多地地名，如"潮汕杂咸粥、重庆鲜面店、娄底公寓（图 4-12）、湘潭菜馆、湖南平江风味小吃、化州糖水、澄海狮头鹅、雷州湾椰子鸡、万州烤鱼、四川酸辣粉、皖宜包点、蜀湘小厨、北方饺子馆"等。我们对这些景观的创设者即店主进行了访谈，78.53% 的店主表示招牌中的地名是其家乡或所属区域。如一家名为"皖宜包点"（图 4-8）的商店店主表示，他和家人来自安徽安庆，因此用"安徽"的简称"皖"和"安庆"的别称"宜"来给店铺命名。

图 4-12　石牌村含有地域类词语的商铺招牌　图 4-13　棠下村"河南街"的商铺招牌

在棠下村，含有外地地名的商铺招牌共计 365 条，占商业类语言景观总数的 19.44%。村内居民俗称的"河南街"即该村北社大街的语言景观就是其中的典型代表。河南街经营餐饮业的店主多来自河南，其店铺的招牌多含有河南地名以及河南特色饮食的名称，如"周口高炉马蹄烧饼""老郑州烩面馆""正宗逍遥镇胡辣汤"（图 4-13）等。

在河南街，商贩、食客和行人常用河南话交流。相关资料显示，广州出租

车司机中河南籍司机达万余名。他们通过老乡带老乡的方式，从河南举家搬迁至广州，多居住在棠下村，河南街是其聚集交流的地点之一。

无论是在石牌村还是棠下村，作为景观设计者的店主，将家乡地名植入城中村的语言景观，这些地名唤起了农民工居民对家乡的回忆，使得语言景观与农民工对家乡的地域身份认同之间，形成了一种同构关系。

在石牌村和棠下村，以本地地名命名的语言景观分别仅有 3 条和 29 条，远低于以外地地名命名的语言景观的数量。这也从侧面反映出农民工居民对城中村的地域认同感远低于对家乡的认同感。

我们在问卷中调查了石牌村、棠下村农民工居民对家乡、城中村、广州的地方感。"地方感"是指人们对于特定地方的情感依赖和认同，是衡量地域身份认同的重要指标。结果如表 4-7 所示，城中村农民工居民对家乡的地方感最强烈，对广州的地方感最低，对城中村的地方感略高于广州。他们与城市居民基本没有交集，因此与家人或老乡交往进而形成内群体认同，成为他们生活的重要支撑。

表 4-7　石牌村、棠下村农民工居民对家乡、城中村、广州的地方感[①]

地方感 地点	熟悉感	归属感	认同感	依赖感	根深蒂固感
家乡	石：4.19 棠：4.13	石：4.12 棠：4.07	石：4.31 棠：4.25	石：3.77 棠：3.65	石：3.64 棠：3.59
城中村	石：3.65 棠：3.71	石：3.44 棠：3.58	石：3.36 棠：3.54	石：3.03 棠：3.29	石：2.82 棠：3.18
广州	石：3.58 棠：3.61	石：3.37 棠：3.42	石：3.32 棠：3.40	石：2.89 棠：3.11	石：2.74 棠：3.14

四　语言景观现存问题及治理

通过实地考察我们发现，目前石牌村和棠下村语言景观存在的问题主要包括：

（一）越轨式放置

主要体现在城中村内招牌林立，摆放无序。建筑物外墙及电线杆上张贴了大量租房、搬家等小广告。

[①] 我们在问卷中采用 Hammitt 等（2006）(Place bonding for recreation places: Conceptual and empirical development. *Leisure Studies* 25. 1: 17-41) 设计的五度量表，量表按照人们对地方的情感依赖强度，将地方感从低到高依次分为"熟悉感、归属感、认同感、依赖感、根深蒂固感"五个层级。

（二）版式设计不合理

主要体现在商铺招牌上的字量过多，店铺名称、经营范围、宣传语、联系电话等信息都出现在招牌上，不够美观。（图4-10）

（三）字体颜色搭配不协调

主要体现在字体设计单调（图4-7），字体颜色和招牌底色搭配不协调。

（四）外观破旧残损

主要体现在商铺招牌破旧残损，经营者未及时加以修复。（图4-14）

（五）招牌内容与经营项目不符

主要体现在一些商铺的经营已经转向，而招牌却未及时更换，使得招牌的内容与经营项目不符。（图4-15）

上述问题都会影响居民对城中村乃至广州的地域认同感。近年来，广州市政府已联合民间力量，共同开展对城中村的微改造。微改造不同于以往对城中村推倒重来的全面改造，而是提倡以保留为主，允许必要的新建，重视城中村居住环境的改善，保护村内的历史传统景观。

城中村微改造也包括对语言景观的治理。在石牌村绿荷社区我们看到，主街道两侧的商铺招牌的设计置放更为美观，商铺外墙引入了飘檐、回形纹、青砖等传统文化的元素。（图4-16）据石牌村管理人员称，石牌村还将设置展示该村历史文化的景观墙，旨在向居民展示石牌村的发展历程及相关民俗文化。这些举措对于改善石牌村居住环境，增强外来居民对城中村乃至广州的认同感都是有益之举。

图4-14　棠下村已残损的灯箱式语言景观　图4-15　石牌村店铺招牌内容（"靓靓鸳鸯贴纸相"）与经营项目（盐焗食品）不符

图 4-16　微改造之后的石牌村绿荷社区的语言景观——"兴隆食府""潮汕砂锅粥"

（刘　慧、张亚琼、黎顺苗）

杭州良渚文化村的语言景观

良渚文化村位于浙江省杭州市余杭区西北部,距离杭州市中心约21千米,距正在申报世界文化遗产的良渚遗址6千米。良渚文化村有8个小区,常住人口6000余户,约11 000人。[①] 住户来自全国34个省市及全球16个国家,普通话是社区居民日常交流的常用语言,偶尔在社区商业广场与本土菜馆能听到杭州话和良渚或瓶窑方言。

一 良渚广告语:一个梦想居住的地方

西方文化符号、传统中国乡村田园生活文化符号、五千年良渚文化的考古文化符号,凝聚为这个新兴小镇的语言符号资本,制造和传达着这个田园小镇的价值。

2010年,万科良渚文化村的官方网站为良渚文化村设立的小镇理想运用了三幅欧洲小镇的图片(见图4-17),三幅图片上的文字分别为"从英国到法国,从意大利到西班牙,全球追逐小镇理想的脚步从未停歇""那一个个宛如田园般的城市,承载着别有意味的小镇生活方式""良渚文化村,属于杭州、属于长三角、属于中国的大型田园城镇实践范本"。图片中,独幢欧式别墅坐落在连绵的草地和葱郁的山间,配上具有引导性的文字"全球追逐小镇理想的脚步从未停歇",让人对西方田园小镇产生自然的向往。

---

① 信息来源:浙江政务服务网2018年9月20日,http://hzyhlz.zjzwfw.gov.cn/art/2015/12/23/art_924471_311040.html。

杭州良渚文化村的语言景观

图 4-17　万科官网宣传的良渚文化村小镇理想

良渚文化村从2005年至今十余年的时间，在村入口处换了三次大型广告牌，广告牌高高竖立在入村弯道处，其天然背景是连绵的群山。从主干道进入文化村的人们可以从这块广告牌判断出这是进村的标志。广告牌上的文字十余年间换了三次，从最初对这片地方充满田园生活想象的"心灵归属在乡村"（见图4-18）到2008年的发展文化村特色地方身份的"良渚文化村：一个梦想居住的地方"（见图4-19），到2015年换成了万科企业宣言"好房子、好服务、好邻居"，即"三好"（见图4-20）。我们通过一个地方的公共标牌上的语言来洞悉一个地方的意义赋予与历史变迁。

图 4-18　2005 年巨幅广告

图 4-19　2008 年巨幅广告

图 4-20　2015 年巨幅广告

十余年间,良渚文化村从具有田园小镇想象的本土身份制造转变为万科企业文化制造的一部分。前面两个标语构建的是新业主和潜在消费者对这块地方的田园生活想象,营造梦想居住地的向往。"好房子,好服务,好邻居"的标语虽然表明了万科作为房产商和物业提供商对业主的商业承诺,这样的企业宣言却失去了对地方身份的认可,业主从这样的广告语中很难产生关于这个地方的其他想象,既没有了乡村,也没有了梦想,只剩务实的好房子与好服务。"好房子"将房产商与业主之间的关系定位为商业上的房屋建造商与购买者之间的买卖关系,"好服务"定位了物业服务提供者与被服务对象之间的服务商业关系,而"好邻居"是一件可遇不可求的事情。近两年,文化村的业主对第三块广告牌的到来有很多抱怨与不满,但企业领导的更换带来企业文化的转向,期间甚至有万科要"去良渚化"的传言,目前业主只能默认具有商业资本和符号资本的企业对这个地方的身份构建特权。

我们从宣传广告牌的三次更换也可以看出房产商从最初的对田园小镇身份

的构建到后来的对企业身份的确认与宣扬,及对地方身份的淡化。然而这里的研究价值恰恰在于地方身份随着语言的变化而不断变迁,在同一片空间,从原有村落到拆迁后的一片荒芜,再到一片各具欧洲小镇特色小区的拔地而起与各种社区活动构建起的中产阶级社区身份的建立,各种商业资本、语言资本、文化资本、权力资本交织其中,在此居住的业主与原居民通过在公共交往空间对这块地方的身份与各种资本权力进行博弈与协商。

二 村民公约:不用"禁止"之类强制性词语

在良渚文化村一个醒目的地方,矗立着一面高大的赭色石碑,上面镌刻着《村民公约》,在绿树掩映下,庄重大气,引人注目。良渚文化村的社区活动的组织与动员主要通过微信群,广泛征集与协商邻居意见,通过微信转发活动信息,宣传活动内容、时间、地点等。近五年来,社区活动已渐渐形成众筹活动的特点,发起组织人做详细的活动策划,通过微信等形式召集大家为活动做出各种形式的贡献,比如参与组织、出谋划策、贡献节目、募集善款、捐献所需物资等。《村民公约》也是村民集体智慧的结晶。

2008年,热心村民赵丹涯、王群力等业主发起了建立乡规民约的倡议,由万科物业公司通过问卷调查、电话询问、入户调查等方式向3931户居民征求意见,其中有3653户居民给予了反馈,于2011年形成了26条"村民公约"。征询居民意见的过程是建立"我们"的村规民约的过程。对于受到意见征询的社区居民来说,不仅能意识到这些村规的存在与自己有关,而且能积极地去建构、解释与维护这些共同约定。

在制定公约的讨论中,有村民提出不能有"禁止""须""不可以"等带强制性语气的词,所以最后确定的26条村民公约中出现了19次"我们",其中9条都将"我们"置于句首充当主语,内容涵盖日常生活细节的方方面面,包括公共活动、责罚孩子、飘落的衣物、浇花滴水、等车排队、按车喇叭、停车车头朝向、宠物疫苗等都有具体的倡导。比如,"1. **我们**乐于参加小镇的公共活动""3. **我们**呵护孩子的自尊,在公共场合避免责罚""7. **我们**拾获楼上邻居晾晒时飘落的衣物,妥善保管及时送还""8. **我们**不往窗外抛撒物品,晾晒浇灌防止滴水""11. **我们**在公共场所衣着得体,讲究礼仪""12. **我们**在乘车、购物时依次排队,尊老爱幼""15. **我们**开车进入小镇不按喇叭,开车窗时将音响声音调低,停车后尽量将车辆防盗装置调整到静音状态""17. **我们**在指定位置停放车辆，不跨线、压线，且车头朝向规定方向，停车即熄火""25. **我们**为宠物办理合法的证件，定期注射疫苗"。还有10条的"我们"出现在时间短语或地点短语之后，表明在某些具体的时空环境下"我们"愿意或主动倡导做某事："5. 邻居长时间不在家时，**我们**帮助照看，遇有异常，及时告知管理人""6. 当邻居因房屋维修需要配合时，**我们**乐于支持和帮助""9. 在小镇公共场所，**我们**放低谈话音量""10. 在清晨和夜晚，**我们**主动将室内音响降低""13. 节假日**我们**只在指定地点燃放烟花爆竹，平时燃放征得管理人同意""16. 小镇内**我们**慢速行车，不开远光灯，主动礼让行人""18. 小镇内出行，**我们**倡导使用自行车、电动车或循环巴士等""21. 在小镇公共餐饮场所就餐，**我们**提倡自备打包餐盒""22. 购物买菜，**我们**使用环保袋或竹篮""24. 在公共区域，未经管理人同意，**我们**不放生、放养动物，栽种植物"。

以"我们"引导的村规民约更有利于唤起社区居民的主体参与意识，不仅能唤起人们对良渚文化村的地方拥有感，同时也有对地方的归属感，进而建立起居住此地的"村民"身份感。这份《村民公约》鲜有使用"禁止""请勿"引导的句子，虽然"禁止"二字具有强硬而不容商量的规训力量，但"禁止"后引导的一系列不文明行为却在无意中做了负面的引导。《村民公约》中明确提出"我们"应该做和如何做积极而正确的事情，也是通过正能量的语言来引导社区居民主动遵守共同的约定。比如，曾任某国际幼儿园CEO的文迪，退休后在文化村定居，也是社区活动的积极策划者和参与者。有一天傍晚文迪在小区散步，看到有邻居从车窗随手扔垃圾，便跑过去拦下那辆车，理直气壮地说："根据《村民公约》第8条，我们不往窗外抛撒物品哦。"（2016年12月田野笔记）文迪时常会用《村民公约》来阻止或批评一些不文明的行为。

《村民公约》的语言融入公共语言生活是一个由村民志愿者、房产商和村民们共同行动的过程。2015年《村民公约》四周年庆时，良渚文化村首届众筹"村民日"的系列活动开始举办，活动包括村民书房的讲座"村讲"、村民自制手工艺品与特色美食等的春季集市"村集"、《村民公约》四周年庆晚会"村晚"、村民画作与摄影作品的展览"村展"等。这样的社区节庆活动为社区居民提供了相识相知的机会，让来自各地的居民走出家门，奔向同一个目的地，聚合在一起，参与同一个活动，相互用普通话交流，加强村民的身份感的同时，也增加了村民对这个地方的归属感。

（余　华）

"洋留守儿童"语言生活状况个案调查*

我国东南沿海的福建、浙江、广东等传统侨乡村镇，生活着一群特殊的"留守儿童"：父母常年海外谋生，自己则被寄养在国内，拥有外国国籍或永久居留权（绿卡）的特殊身份，故得名"洋留守儿童"。"洋留守儿童"在语言使用上既面临普通话与方言的冲突，又有掌握移民目的国语言的需求，其语言生活值得关注。

一 基本情况

（一）调查设计

通过横向对比福建省内的马尾、连江、福清等县（市区）多个重点侨乡，最终选择福清市下辖的江阴镇作为调查点。该镇现有人口约7.5万人，其中华人华侨约3.3万人，约占总人口的44%；"洋留守儿童"约0.7万人，约占总人口的9.3%。①

调查主要采用问卷、非结构式访谈和观察相结合的方法，于2017年7月至2018年3月分多次进行。针对"洋留守儿童"的问卷涉及29个问题，分属特征信息、语言使用和语言态度等三个方面，涉及的语言有普通话、江阴话和外语等。

（二）儿童群体特征

调查共发放问卷150份，收回141份，有效问卷138份，问卷有效率为97.9%。基本情况见表4-8。

---

* 本文为厦门大学研究生田野调查基金项目"东南侨乡'洋留守'儿童语言生活状况"（2016GF009）成果之一，同时得到国家留学基金委"语言文字中青年学者出国研修项目"（201709840040）和国家语言资源监测与研究教育教材中心研究生培养经费资助。

① 数据来源于江阴镇侨联。

表 4-8 "洋留守儿童"群体特征（N=138）

性别	男 69 人（50%）		女 69 人（50%）
就读学段	小学 45 人（32.6%）		中学 93 人（67.4%）
出生地	国内 96 人（69.6%）		国外 42 人（30.4%）
海外生活经历	有经历 42 人（30.4%）		无经历 96 人（69.6%）
海外生活时长	1 年以下 10 人（23.8%）	1 年至 4 年 21 人（50%）	5 年及以上 11 人（26.2%）
与父母联系频率	每天 33 人（23.9%）	每周 4 次到 5 次 14 人（10.1%）	每周 2 次到 3 次 48 人（34.8%）
			很少联系 43 人（31.2%）
与父母主要联系工具（可多选）	即时通信软件 108 人（79.4%）	电话 42 人（30.9%）	邮件 1 人（0.7%）
			其他 1 人（0.7%）

调查显示，"洋留守儿童"年龄最小的 9 岁，最大的 16 岁，超过 2/3 的儿童初中在读。国内出生的儿童占 69.6%，超过国外出生的儿童 1 倍以上；国外出生的儿童中，21 人出生于阿根廷，16 人出生于南非；30.4% 的儿童具有海外生活经历，31 人出生于海外，11 人出生于国内，其中 50% 的儿童海外生活时长为 1 年至 4 年，26.2% 的儿童海外生活 5 年以上。

79.4% 的"洋留守儿童"借助微信、QQ 等即时通信软件与海外的父母沟通交流；34% 的儿童每周与父母联系 4 次以上，34.8% 的儿童每周与父母联系 2 次到 3 次，互联网为"洋留守儿童"与海外父母沟通交流提供了便利。

（三）父母基本情况

表 4-9 显示，"洋留守儿童"的父母学历普遍偏低，男性略高于女性；67.4% 的男性和 79% 的女性为初中及以下学历，父母均为初中及以下学历的儿童有 83 人。

从去往国家来看，55.1% 的父母是南美洲国家，36.2% 的父母是非洲国家。其中，阿根廷（68 人）、南非（31 人）两国最多。

"洋留守儿童"父母海外生活时长 5 年以下的 36 人，5 年（含）至 9 年的 30 人，10 年以上的 41 人。可见，近半数人员海外务工时间在 5 年（含）至 20 年。大多数人员主要从事商品批发与零售业，单项占比为 92%。

表4-9 "洋留守儿童"父母基本信息（N=138）

学历	父亲				母亲			
	初中及以下 93人（67.4%）	高中 34人（24.6%）	中专 3人（2.2%）	大学 8人（5.8%）	初中及以下 109人（79.0%）	高中 21人（15.2%）	中专 1人（0.7%）	大学 7人（5.1%）
去往国家	南美洲国家 76人（55.1%）		非洲国家 50人（36.2%）		欧洲国家 9人（6.5%）		大洋洲国家 3人（2.2%）	
海外生活时长	5年以下 36人（26.1%）	5年至9年 30人（21.7%）	10年至14年 33人（23.9%）	15年至19年 5人（3.6%）	20年及以上 3人（2.1%）	不确定 31人（22.5%）		
职业	商品批发与零售业 127人（92.0%）		餐饮业 2人（1.4%）		工业 1人（0.7%）	其他 2人（1.4%）	不确定 6人（4.3%）	

（四）寄养家庭情况

表4-10显示，71%的"洋留守儿童"跟随祖父母、外祖父母等祖辈生活，13%的儿童跟随叔、伯、舅、姑、姨等父母辈亲戚生活；74.6%的"洋留守儿童"国内寄养家庭类型为隔代直系家庭。

表4-10 "洋留守儿童"国内寄养家庭情况（N=138）

家庭成员	祖辈 98人（71.0%）	祖辈、父母辈 12人（8.7%）	祖辈、同辈 7人（5.1%）	父母辈 18人（13.0%）	同辈 3人（2.2%）
家庭结构①	缺损核心家庭 11人（8.0%）	隔代直系家庭 103人（74.6%）	三代直系家庭 12人（8.7%）	残缺家庭 3人（2.2%）	其他 9人（6.5%）

总体而言，本次调查的"洋留守儿童"是一个主要出生在国内但持有外国国籍或永久居留权、多数没有海外生活经历、跟随祖辈生活在隔代直系寄养家庭、父母学历普遍偏低且从事低端产业的特殊群体。

二 语言能力

从调查数据来看，"洋留守儿童"的语言能力主要呈现出以下特点：

第一，普通话是"洋留守儿童"最主要的启蒙语言，超过七成的儿童启蒙

---

① 分类标准参考王跃生《当代中国家庭结构变动分析》，《中国社会科学》2006年第1期。

语言为普通话。

第二,"洋留守儿童"主要会讲普通话和江阴话,少数人会讲外语。表 4-11 显示,几乎全部儿童都会说普通话,73.2% 的儿童会说江阴话。整体的普通话水平较高,81.1% 的儿童普通话水平在"基本听得懂,会说一些"及以上,其中 44.9% 的儿童"完全听得懂,会说很多";大多数会讲本地话,但水平并不高,59.4% 的儿童江阴话水平在"听懂一些,会说一些"及以下,更有 5.1% 的儿童完全"听不懂,不会说"。

第三,会讲外语的儿童不到一成,总体外语水平较差。其中,超过半数的儿童能"听懂一些,会说很少"外语;仅有 2.8% 的儿童外语为"基本听得懂,会说一些"及以上水平;所讲外语以西班牙语、英语为主,与国籍身份、父母去往国家等因素密切相关。

表 4-11 "洋留守儿童"语言水平各项指标的分布情况及赋值(N=138)

名称	赋值①	人数	百分比(%)
启蒙语言:			
普通话	1	103	74.6
江阴话	2	32	23.2
外语	3	3	2.2
其他	4	—	—
会说的语言:			
普通话	1	137	99.3
江阴话	2	101	73.2
外语	3	24	9.2
其他	4	—	—
普通话水平:			
完全听得懂,会说很多	1	62	44.9
基本听得懂,会说一些	2	50	36.2
听懂一些,会说一些	3	25	18.1
听懂一些,会说很少	4	1	0.7
听不懂,不会说	5	—	—
江阴话水平:			
完全听得懂,会说很多	1	32	23.2
基本听得懂,会说一些	2	24	17.4
听懂一些,会说一些	3	53	38.4
听懂一些,会说很少	4	22	15.9
听不懂,不会说	5	7	5.1

① 表中"启蒙语言"和"会说的语言"为定类数据,其余为定序数据。

（续表）

名称	赋值	人数	百分比（%）
外语水平：			
完全听得懂，会说很多	1	2	1.4
基本听得懂，会说一些	2	2	1.4
听懂一些，会说一些	3	55	39.9
听懂一些，会说很少	4	71	51.4
听不懂，不会说	5	8	5.8

三　语言使用

"洋留守儿童"的语言使用整体表现出以下特点，具体数据见表 4-12：

第一，他们在与父母交流时主要使用普通话。86.2% 的儿童首选普通话，还有 21.7% 的儿童会使用江阴话，极少数儿童会使用外语和其他语言。

第二，他们在寄养家庭中一般会使用普通话。超过四成儿童会使用江阴话，但普通话仍是交际首选，比例为 65.2%，没有人使用外语和其他语言。

第三，他们在学校主要使用普通话。近九成儿童会使用普通话，还有一成多儿童使用江阴话，没有人使用外语和其他语言。

第四，他们在与小朋友玩耍时更多使用普通话。88.4% 的儿童会使用普通话，还有 13.8% 的儿童会使用江阴话，极少数人会使用外语和其他语言。

第五，他们在外出买东西时多数情况会使用普通话。近九成儿童会使用普通话，一成以上的儿童会使用江阴话，没有人使用外语及其他语言。

表 4-12　"洋留守儿童"的语言使用情况及赋值（N=138）

名称	赋值	人数	百分比（%）
1. 与父母交流一般使用			
普通话	1	119	86.2
江阴话	2	30	21.7
外语	3	3	2.2
其他	4	1	0.7
2. 在寄养家庭中一般使用			
普通话	1	90	65.2
江阴话	2	56	40.6
外语	3	—	—
其他	4	—	—

（续表）

名称	赋值	人数	百分比（%）
3. 在学校一般使用			
普通话	1	124	89.9
江阴话	2	17	12.3
外语	3	—	—
其他	4	—	—
4. 与小朋友玩耍时一般使用			
普通话	1	122	88.4
江阴话	2	19	13.8
外语	3	1	0.7
其他	4	1	0.7
5. 外出买东西时一般使用			
普通话	1	121	87.7
江阴话	2	20	14.5
外语	3	—	—
其他	4	—	—

综上所述，"洋留守儿童"的语言使用主要表现出"双言并存，普强方弱"的特点，普通话在各种场合下均保持较高使用率；家庭环境下，方言仍扮演着重要角色，而外语基本不会出现在日常语言生活中。

四 语言态度

"洋留守儿童"语言态度的考察，主要涉及普通话、江阴话和外语，呈现以下特点，具体数据见表 4-13：

表 4-13 "洋留守儿童"的语言评价得分（N=138）

评价项目	普通话评价均值	江阴话评价均值	外语评价均值
好听	4.20	3.10	2.12
亲切	3.62	4.17	1.78
好学	4.60	3.35	2.21
有用	4.60	3.38	3.25

表 4-13 显示，普通话在"好听""好学""有用"三个维度的得分均高于江阴话和外语，分别为 4.20、4.60、4.60；江阴话在"亲切"维度得分最高，为 4.17；外语在四个维度上的得分均为最低。

对普通话、江阴话、外语的评价得分均值进一步做两两配对样本 T 检验。结果显示,除对江阴话与外语"有用"的态度不具有显著性差异(p=0.461＞0.05)外,"洋留守儿童"在普通话与江阴话(p=0.000＜0.05)、普通话与外语(p=0.000＜0.05)、江阴话与外语(p=0.000＜0.05)各维度上均具有显著差异。

表 4-14 "洋留守儿童"的身份标记语言(N=138)

名称	赋值	人数	百分比(%)
最能代表身份的语言			
普通话	1	39	23.8
江阴话	2	91	65.9
外语	3	5	3.6
其他	4	3	2.2

表 4-14 显示,江阴话是"洋留守儿童"最为认可的语言,超过六成的儿童选择江阴话作为"最能代表身份的语言",超过两成的儿童选择普通话;仅有 5 名儿童选择外语作为"身份标记语言",均为国外出生并有海外生活经历的小学四年级儿童,他们的海外生活时长最短 1 年,最长 6 年,又均在小学入学年龄回国。

"洋留守儿童"对普通话整体保持较高认可,对江阴方言保持强的情感认同,外语基本未获得认可,存在语言使用和语言情感认同的错位,即普通话虽占据语言生活主导地位,但对方言仍保持强烈的情感认同。

五 影响因素及建议

以上调查结果表明,江阴镇的"洋留守儿童"对普通话保持高使用率、高认可度的同时,语言能力也保持高位水平;江阴方言使用率居中,高情感认可,确保了方言能力并未太弱化;外语较低的使用率、低认可度,成为语言能力的弱项。这一趋势的形成与侨乡社会的经济、文化习俗等因素密切相关:第一,"推普"政策和社区产业结构调整助力普通话占据语言生活高地。受我国全面推广普通话政策的影响,江阴侨乡社区普遍形成了"讲普通话"的意识。与此同时,众多企业入驻,大量外来务工人员进入,促进了江阴社区人员流动。普通话随外来人员进入社区语言生活,并逐渐形成与江阴话平分秋色的态势。第二,侨乡传统文化习俗成为维系方言情感的重要纽带。镇内居民不同姓氏家族相对集中地居住于一个或几个村落，在海外移民的过程中，先期出国的人在海外事业相对稳定后，会优先考虑邀请亲友或雇用乡族出国参与或协助经营管理，呈现出"集中去往某一国家，从事某一领域经营"的特点。江阴方言也就成为维系乡族情感、连接海外移民社区与国内故土的重要纽带。

"洋留守儿童"是新生代华人，是新侨，更是我国未来的重要侨务资源。寄养生活在侨乡，熟练掌握普通话和保持一定的方言能力能够帮助他们更好地适应侨乡留守生活，外语能力的缺失必然会对他们未来融入海外生活造成不利影响。由此，我们提出如下建议。

第一，加强"讲普通话，做中华人"宣传教育。当前，普通话在"洋留守儿童"语言生活中的优势地位建立在他们留守侨乡、全面接受普通话教育的大前提下。一旦离开中国去往国籍国，随着普通话语境的消失，语言能力可能会随之削弱。未来应针对"洋留守儿童"群体加强"讲普通话，做中华人"宣传教育，培育"普通话是中华民族通用语"的意识。这样即便他们去往国外，中华血脉依然能够成为保持和维系普通话优势地位的重要纽带。

第二，以方言认同为抓手，涵养侨务资源。根植于情感深处的方言认同是海内外侨胞情系故土、联系祖国的重要纽带，海内外华人华侨的方言情感认同正是"凝聚侨心、汇集侨智、发挥侨力，团结调动广大海外侨胞和归侨侨眷积极投身国家建设"的有力抓手。[①] 对于身为新生代华侨的"洋留守儿童"，应在现有方言认同的基础上，强化"培根教育"，借助侨乡传统文化和中华优秀传统文化学习，培育民族意识和爱国情结，进而达到涵养和培育侨务资源、助力侨务工作的最终目的。

第三，应重视外语弱侧，科学提供语言服务。应充分重视语言生活外语生活弱侧的问题，分清主次，有所侧重，将关注的重点聚焦于短期内可能破局的问题。例如针对外语教材教辅匮乏的问题，可由侨务部门和教育部门牵头，外语专业人士参与指导，有针对性地编写或引进适龄外语教材。同时，充分挖掘省内高校现有外语教育资源，建立外语教育帮扶机制，组织高校师生定期深入侨乡开展外语支教活动。

（孙浩峰、苏新春）

---

① 《习近平对侨务工作作出重要指示 强调：凝聚侨心侨力同圆共享中国梦》，人民网，http://cpc.people.com.cn/n1/2017/0218/c64094-29090242.html。

在京韩国人语言使用调查

2000年以来，外国人入境（中国）人数以年均10%左右的速度递增。由于地缘优势，在华外籍人员中韩国人的数量一直稳居第一，不管是总数量还是留学生数量都是如此。韩国人来华的目的、状况以及面临的问题都各不相同，但语言是一个带有共性的问题。[①] 本文以在京韩国人为对象，通过问卷形式对他们生活中的语言问题进行了调查。

一 调查说明

调查共发放110份问卷，回收106份有效问卷。[②] 调查时间为2018年3月15日至4月6日。问卷通过在京韩国人滚雪球式发放，保证了调查问卷的发放和回收。

问卷设计分为两部分：基本信息和语言问题调查。基本信息包括年龄和身份、学汉语的时间和水平，以及来华主要目的。语言问题按场域分成四类：交通、医疗、购物、饮食。

调查对象基本信息如下：

（1）男性48人，占45%；女性58人，占55%。

（2）年龄段分别是19岁以下占9%，20—25岁占40%，26—30岁占23%，31—40岁占21%，41岁以上占7%。

（3）学习汉语的时间为1年以内到4年以上，比例最大的是4年以上，占42%。汉语水平从入门到高级，占比分别是：入门11%，初级17%，中级38%，高级34%。

（4）以留学为主要目的者最多，占66%，其余分别是工作26%，移民4%，其他4%，其他目的包括跟随父母、长期出差等。

[①] 王春辉《在华国际移民的相关语言问题研究》，《江汉学术》2016年第1期。
[②] 没有回答任何问题的问卷视为无效。

二 数据分析

调查获得了交通、医疗、购物、饮食四个场域的语言状况数据。

（一）交通

调查涉及的交通工具有三种：地铁、公共汽车和出租车（包含网约车，如滴滴打车、优步）。85%以上的人（92人）使用过以上三种交通工具，其中最多的是地铁。表4-15反映了被调查者乘坐地铁时的语言状况。

表4-15 乘坐地铁时的语言状况（N=92）

	完全没问题	没有大的困难	一般	有点困难	非常困难
买票	65（71%）	11（12%）	8（9%）	4（4%）	4（4%）
看标识	55（60%）	17（18%）	8（9%）	8（9%）	4（4%）
听工作人员的指示	36（39%）	30（33%）	4（4%）	16（17%）	6（7%）
听广播指南	53（58%）	13（14%）	6（7%）	16（17%）	4（4%）
换乘	56（61%）	12（13%）	9（10%）	10（11%）	5（5%）

整体上看，乘坐地铁时遇到的语言问题不严重，尤其是买票和看标识方面。而且汉语水平为入门、初级的人当中76%也同样没有困难。这表明北京地铁在基本项目上对外服务做得较好。

相比之下，在听力上感到困难的人比较多，这和他们的汉语水平有关。比如在听工作人员的指示或广播指南时，有困难的人中80%是学习汉语时间2年以下的，汉语水平是初级或入门。而不管汉语水平如何，只有39%的人在听工作人员的指示时完全没有问题。这说明工作人员的指示语对于大多数外国人来说还是比较难的。

此外，74%的人在换乘时没有问题，其中61%完全没有困难。这应该是因为通常仅需要看图和标识就可以换乘，无需语言交际。

表4-16 乘坐公共汽车时的语言状况（N=90）

	完全没问题	没有大的困难	一般	有点困难	非常困难
买票	72（80%）	7（8%）	5（6%）	4（4%）	2（2%）
看路线指南	45（50%）	27（30%）	6（6.7%）	7（7.8%）	5（5.5%）
听工作人员的指示	33（37%）	21（23%）	12（13%）	18（20%）	6（7%）
听车内广播	42（48%）	20（22%）	12（13%）	12（13%）	4（4%）
换乘	40（44.5%）	31（34.4%）	6（6.7%）	9（10%）	4（4.4%）

表4-16显示，大部分人在买票时都没有问题。最主要的原因是乘公共汽车直接投入指定的钱或刷卡即可，基本不会产生语言问题。

与乘坐地铁一样，看路线指南和换乘大多数人没有问题，问题较大的是听工作人员的指示。原因同样与个人的汉语水平，特别是听力能力有密切关系。此外，有些人提到了其他问题，如：不知道目的地附近的车站名，看不懂车内的路线图，不知道自己该什么时候下车。

正是因为以上问题，有些人更愿意打车出行。此时的语言状况如表4-17所示。

表4-17　乘坐出租车时的语言状况（N=90）

	完全没问题	没有大的困难	一般	有点困难	非常困难
解释目的地	33（37%）	20（22%）	11（12%）	18（20%）	8（9%）
与司机沟通	28（31%）	30（33%）	16（18%）	12（14%）	4（4%）
付款	72（80%）	6（7%）	7（8%）	1（1%）	4（4%）
使用网约车软件	36（40%）	24（27%）	10（11%）	8（9%）	12（13%）

有90人坐过出租车。出租车的问题类型与其他交通工具有所不同。打车的特点是要与当地的司机直接沟通，这就与乘坐者的语言能力有更密切的关系。表4-17中，29%的人在解释目的地时感到困难，这比使用其他交通工具时碰到的语言问题都要大。这些人中数量最多的是学习汉语1年—2年的，占54%。其中汉语入门和初级的各占31%，同时15%的中级水平者和23%的高级汉语水平者也有这方面的困难。可见，不管汉语水平如何，在乘坐出租车时说明目的地及解释路线是共同难点。

不过，在与司机沟通方面，只有18%的人觉得有困难。原因可能是与司机的正常沟通通常不需要完全明白或不需要非常清楚地表达。10%的人认为有的司机说方言，难以沟通。大多数出租车司机说得不仅快，而且普通话不标准，这对外国人来说是个难题。

在付款方面和使用网约车软件方面的困难并不多。出租车打表计价，客人不需要过多跟司机交谈。在使用软件方面，21%的人感到困难，而他们的汉语学习时间全为2年以下，汉语水平参差不齐。这表明使用软件不仅仅是语言问题，也与软件的操作及了解网约车的使用方法有关。这一点与来华时间长短成正比。

在乘坐上述三类公共交通工具时，女性的问题都比男性少，男性的语言障碍普遍大于女性。

（二）医疗

医疗是日常生活的重要部分，对外国人来说也很可能是最容易出现问题的部分。本调查将就医地点分为四类：西医院、中医院、药店、针灸或按摩店。表4-18是在西医院的语言问题调查结果。

表4-18 在西医院的语言状况（N=51）

	完全没问题	没有大的困难	一般	有点困难	非常困难
挂号	15（29%）	17（33%）	9（18%）	3（6%）	7（14%）
找适当的部门	12（23%）	21（41%）	4（8%）	10（20%）	4（8%）
用中文解释病状	4（8%）	15（30%）	12（23%）	12（23%）	8（16%）
听医疗人员的指示	8（15.7%）	20（39.2%）	6（11.8%）	10（19.6%）	7（13.7%）
看药方	12（23%）	9（18%）	9（18%）	14（27%）	7（14%）
没有翻译人员	9（18%）	11（21%）	11（21%）	10（20%）	10（20%）

上表显示，大部分人在挂号时没有难题，困难人群只占20%。翻译人员缺乏是让40%的人感到困难的原因。因为没有人员翻译，自己用中文解释病状让39%的人产生困难，只有8%的人完全没有问题。在解释病状时感到困难的人群中40%以上的人汉语水平为中级，50%以上的人学习汉语时间超过3年。这显示用中文解释病情难度相当高，因为往往需要医疗用词，而这些是日常生活中用不到的。如果医院能提供翻译服务，这个问题很容易解决。但大多数医院没有相关服务，这让在华外国人感到困难。相比之下，听从医疗人员的指示方面有困难的人较少，因为医疗人员的指示一般不会涉及专门的词汇。

此外，在看药方没有困难的人群中，64%是学习汉语4年以上的；有困难人群中60%以上学习汉语不到2年。可见，能否看懂药方与接触汉语的时间有很大关系，这主要是词汇量的问题。

本次调查中，37个人去过中医院。表4-19显示了在中医院的语言状况。

表4-19 在中医院的语言状况（N=37）

	完全没问题	没有大的困难	一般	有点困难	非常困难
挂号	17（46%）	13（35%）	7（19%）	0	0
找适当的部门	12（32%）	21（57%）	4（11%）	0	0
用中文解释病状	8（21.6%）	15（40.6%）	6（16.2%）	4（10.8%）	4（10.8%）
听医疗人员的指示	10（27%）	15（41%）	6（16%）	2（5%）	4（11%）
理解中医概念	10（27%）	10（27%）	7（19%）	6（16%）	4（11%）
看药方	8（21.6%）	13（35.2%）	8（21.6%）	4（10.8%）	4（10.8%）
没有翻译人员	12（32%）	15（41%）	4（11%）	2（5%）	4（11%）

表 4-19 每方面的困难都少于表 4-18。原因是去过中医院的人只占总人数的 34%，而这些人中有 75% 是学习汉语 4 年以上的，61% 汉语水平为高级。不过，仍有 27% 的人理解中医概念有困难，这跟对中国文化、中医文化的了解程度密切相关。

另外，一些人说到，由于中医用的药方比西医复杂，中药材也是外国人不熟悉的，导致这些人看不懂药方。正因为以上难题，更多来华韩国人选择去药店买药。去过药店的人最多，有 80 名，占 75%。表 4-20 是在药店的语言状况。

表 4-20　在药店的语言状况（N=80）

	完全没问题	没有大的困难	一般	有点困难	非常困难
用中文解释病状	23（29%）	27（34%）	8（10%）	13（16%）	9（11%）
听医疗人员的指示	36（45%）	30（38%）	3（4%）	9（11%）	2（2%）
看药品说明	16（20%）	24（30%）	13（16%）	8（10%）	19（24%）

在药店的语言问题之所以比较少，原因在于顾客不需要和医疗人员多交流。他只要能把自己的身体情况简单地说出来，并在医疗人员的帮助下找到适当的药即可。需要语言交流的有三方面：说病状、听指示、看说明书。表 4-20 显示，大多数人在听医疗人员的指示方面没有困难。在解释病状时感到困难的人有 27%，比例要低于表 4-18。因为在药店解释病状时无须像医院那么细，语言水平较低的人也能简单说出身体状况。问题大一点儿的是阅读说明书，34% 的人感到有困难，因为说明书的词语很专业。

中国的针灸、按摩店，被调查者中有 60 人去过。

表 4-21　在针灸、按摩店的语言状况（N=60）

	完全没问题	没有大的困难	一般	有点困难	非常困难
用中文解释病状	29（48%）	15（25%）	4（7%）	6（10%）	6（10%）
听医疗人员的指示	27（45%）	18（30%）	7（12%）	6（10%）	2（3%）
看店内指南、说明	30（50%）	17（28%）	3（5%）	0	10（17%）
理解中医概念	10（17%）	14（23%）	18（30%）	11（18%）	7（12%）

由表 4-21 可知，在针灸及按摩店，除了理解中医概念，其余三项大多数人没有什么困难。和中医院相似，这和去过该场所的人群有关系。这 60 人当中 77% 的人已学了 3 年以上汉语，83% 以上的人汉语水平较高，其中 43% 为中级汉语水平，40% 为高级汉语水平。值得注意的是，第三项"看店内指南、说明"完全没有问题的人占 50%，是最高比例，但同时只要是有困难的人都是非常困

难，也是各类型中占比最多的。可见对有一定水平的汉语学习者来说，去针灸和按摩店是很简单的事，但对汉语初学者来讲却很难。一个原因是会用到比较专门的词以及中医概念，其次是韩国人对针灸、按摩店有点陌生，它的治疗方法是一般韩国人所不熟悉的。

（三）购物

本调查选了五种购物场景：商场、批发市场、网购、超市、农贸市场。

有80人去过商场，比例为75%，语言状况如表4-22所示。

表4-22 在商场的语言状况（N=80）

	完全没问题	没有大的困难	一般	有点困难	非常困难
说明要购买的产品	49（61%）	19（24%）	8（10%）	0	4（5%）
听工作人员的话	38（48%）	26（32%）	7（9%）	4（5%）	5（6%）
看商品说明	39（49%）	15（19%）	4（5%）	14（17%）	8（10%）
付款	68（85%）	6（8%）	2（2%）	0	4（5%）

在商场购物时说明需要购买的产品和付款方面问题都很少，只占5%。问题较大的是看商品说明，超过四分之一的人有困难。

有64人去过有中国特色的购物场所——批发市场。

表4-23 在批发市场的语言状况（N=64）

	完全没问题	没有大的困难	一般	有点困难	非常困难
说明要购买的产品	41（64%）	17（27%）	0	4（6%）	2（3%）
听工作人员的话	34（53%）	21（33%）	3（5%）	2（3%）	4（6%）
看商品说明	41（64%）	12（19%）	0	5（8%）	6（9%）
砍价	17（27%）	15（23%）	10（16%）	13（20%）	9（14%）
付款	54（84%）	7（11%）	1（2%）	0	2（3%）

根据表4-23，在批发市场语言问题最大的是砍价，34%的人觉得有困难。主要原因是韩国没有讨价还价的购物文化，来华韩国人，特别是来华时间不长的韩国人很难适应砍价购物的方式。砍价有困难的人群中45%以上的人汉语水平为高级，可以看出这不单纯是语言水平问题，更可能是来华韩国人在华生活适应程度的问题。相比之下，在批发市场购物时，说明某种商品、和工作人员沟通、付款方面有困难的人很少。值得留意的是看商品说明方面，与表4-22比较，比在批发市场有同样难题的人少了10%。因为跟商场不同，批发市场的商

品通常是常见常用的,而且购买者可以亲自看、亲自摸,感知商品质量,不需要仔细看说明书。

近些年中国的网上购物非常流行,这对来华韩国人的吸引力也非常大。下表是网购时的语言状况。

表4-24 网上购物的语言状况(N=85)

	完全没问题	没有大的困难	一般	有点困难	非常困难
找到要购买的产品	57(67%)	12(14%)	4(5%)	7(8%)	5(6%)
看商品说明	31(36%)	22(26%)	11(13%)	13(15%)	8(10%)
使用专门词语材料等	8(9%)	21(25%)	32(38%)	10(12%)	14(16%)
与卖家沟通	41(48%)	18(21%)	8(10%)	12(14%)	6(7%)
与快递员沟通	52(61%)	13(15%)	10(12%)	5(6%)	5(6%)

从上表看出,85名有网购经验的人中,最大的语言难点在于使用专门词语,如材质、特定商品的名称等。网购时,如果不知道专门的词(如皮、尼龙、涤纶等),就没办法确认该商品是否符合自己要求;购买者要搜索不熟悉的商品名称也会有困难。但只有14%的人很难找到需要购买的产品,由此可见来华韩国人网购时主要是买日常用品,大部分情况下用不到专业性强的词。

但对特定产品有需求时,仍需要仔细看说明,有25%的人在看商品说明时面临难题。一个重要原因是网上购物不能触摸到产品,只能从商品说明以及在线客服得知产品的相关信息。如果购买者看不懂,卖家也没法用其他方法解释清楚,因此这也导致21%的人与卖家沟通时遇到困难。此外,有些人提到一些特别的情况,比如有时收到的商品和想象不同,退货时需要不少语言沟通,这会成为一种麻烦。

去超市购物的比例最高,占比约为89%。从表4-25可以得知超市购物的语言状况。

表4-25 在超市的语言状况(N=93)

	完全没问题	没有大的困难	一般	有点困难	非常困难
找到购买的产品	56(60%)	21(23%)	4(4%)	9(10%)	3(3%)
向服务员解释特定产品	53(57%)	24(26%)	5(5%)	9(10%)	2(2%)
听工作人员的话	61(66%)	11(12%)	9(9%)	8(9%)	4(4%)
看商品说明	41(45%)	30(32%)	6(6%)	10(11%)	6(6%)
结账	75(81%)	10(11%)	2(2%)	2(2%)	4(4%)

表4-25显示,大多数人在超市购物时与服务员的沟通没有问题,只有10%

左右有困难。尤其表现在结账上，因为超市的付款方式非常简单，基本不需要语言交流。看商品说明仍然有一部分人有点困难，这些人的汉语水平都是中级以下。此外，13%的人有时不容易找到需要购买的商品，而这些人的语言水平和学习汉语的时间都不同，这说明在超市难找某些商品的原因不仅仅是语言问题，也可能有超市商品摆设或格局的问题。

最后一个购物场所是农贸市场，去过的人有68名。

表4-26　在农贸市场的语言状况（N=68）

	完全没问题	没有大的困难	一般	有点困难	非常困难
找要购买的产品	39（58%）	15（22%）	6（8%）	4（6%）	4（6%）
向人解释特定事物	30（44%）	21（31%）	9（13%）	6（9%）	2（3%）
听对方的话	30（44%）	22（32%）	6（9%）	6（9%）	4（6%）
砍价	33（49%）	16（23%）	13（19%）	4（6%）	2（3%）

从上表可见，在农贸市场购物的语言问题都不大，最大的问题仅占15%。主要原因是去农贸市场的人语言水平都不低，将近80%的人来华时间长于3年，超80%的人汉语水平为中级以上。汉语水平较低的人很少去农贸市场，因为在那里需要面对面交流，要求更高的语言水平，甚至还需要砍价，如果语言不顺畅，很可能买到比原价贵的东西。在表4-23中，困难最大的是在批发市场砍价，但由于去农贸市场的人群语言水平较高，所以有同样困难的人也比表4-23的少。

（四）饮食

与购物一样，饮食也是日常生活的核心部分。本文主要考察了三个场景：餐厅、快餐厅和外卖。表4-27是在餐厅的相关情况，有100人去过餐厅。

表4-27　在餐厅的语言状况（N=100）

	完全没问题	没有大的困难	一般	有点困难	非常困难
看菜单	25（25%）	27（27%）	18（18%）	17（17%）	13（13%）
看菜的说明	28（28%）	32（32%）	10（10%）	17（17%）	13（13%）
点餐	65（65%）	17（17%）	11（11%）	0	7（7%）
与服务员沟通	59（59%）	23（23%）	8（8%）	5（5%）	5（5%）
结账	82（82%）	7（7%）	1（1%）	6（6%）	4（4%）

由表4-27可知，在餐厅最大的语言问题是看不带图的菜单及食物说明，有

30%的人有阅读困难。因为菜名是专有名词，即使学过较长时间汉语，也不太可能知道所有菜的名字；如果汉语水平不高或来华时间短，更不可能只看菜名就知道是否符合自己的口味。菜的说明也一样，菜单即便带着图，外国人看图片也猜不出是什么做的，下面的说明也是几种蔬菜、调料的名字，很可能看不明白。如果菜单都带图，再附有简单的中文和英文的解释，就会方便很多。

83%以上的人也去快餐厅吃饭，如肯德基、麦当劳以及其他快餐连锁店。

表4-28　在快餐厅的语言状况（N=88）

	完全没问题	没有大的困难	一般	有点困难	非常困难
点餐	61（69%）	15（17%）	1（1%）	7（8%）	4（5%）
看菜单	58（66%）	16（18%）	7（8%）	3（3%）	4（5%）
解释自己要的食物	51（58%）	19（21%）	8（9%）	6（7%）	4（5%）
与服务员沟通	46（52%）	27（31%）	3（3%）	4（5%）	8（9%）
结账	75（85%）	7（8%）	1（1%）	0	5（6%）

从表4-28看出，在快餐厅时语言问题很少。不管哪一方面，有困难的人都不多于15%，在各方面完全没有语言障碍的人基本都在50%以上。原因在于快餐厅所提供的食物都比较简单，服务台旁边都有带图的菜单以及菜号。

目前，在中国叫外卖的人越来越多了，有73人（68%）有叫外卖的经历。

表4-29　叫外卖时的语言状况（N=73）

	完全没问题	没有大的困难	一般	有点困难	非常困难
使用软件	41（56%）	20（28%）	2（2%）	6（8%）	4（6%）
看菜的说明	45（61%）	14（19%）	6（8%）	4（6%）	4（6%）
看评价	53（72%）	14（20%）	0	0	6（8%）
与送餐员沟通	44（60%）	16（22%）	3（4%）	5（7%）	5（7%）
付款	60（82%）	4（6%）	0	4（6%）	4（6%）

上表显示，叫外卖的语言问题最少，这与我们所预料的很不同。有叫外卖经历的人的年龄、语言水平、学习汉语的时间等基本情况都各不相同，却在使用软件、看评价、付款等方面都没有出现大问题。这表明现在中国的外卖软件以及各种系统做得完善，操作简单，连不会中文的人使用也没有多大困难。

总体来说，在饮食方面语言问题相对较少，其中问题较大的是餐厅，最小的是外卖。

三 两点建议

1. 中国的服务机构,应考虑适应外国人越来越多的服务需要。如医院,可以设立专业的引导人员,可考虑充分利用医护人员的外语能力,至少在外国人聚居的地区,医院能提供相应的语言翻译服务,或有懂得患者语言的医护人员专门为他们提供服务。再如经常有外国人光顾的餐厅,可以为菜单配图,并加上简单的中英文解释。

2. 在对外国人的汉语教学中,应加强情景教学,尽量将出行、就医等生活必需的内容提前,以解决汉语学习者在中国基本生活中的语言障碍。

(金惠邻〔韩国〕、王春辉)

国产动画片语言暴力调查*

本文从 20 世纪 80 年代以来的国产动画片中分层取样,分析其中语言暴力的表达形式,以期全景式呈现国产动画片中语言暴力的特点。通过对小学生、学生家长和儿童教育工作者的调查,了解社会人群对动画片中语言暴力的认知、情感和态度,以及动画片语言暴力给儿童带来的影响,找出问题并提出对策。

一 动画片调查

(一)类型

动画片的语言暴力指动画片中人物角色通过使用侮辱性、歧视性、恐吓性等语言来试图剥夺受话方的话语权利,使对方在精神上和心理上受到侵犯和损害的暴力行为。

我们从 20 世纪 80 年代至今这 30 多年间的国产动画片中,分时代选取 16 部经典或热播的动画片进行内容分析。表 4-30 是动画片取样及收集到的语言暴力分布情况。

表 4-30 动画片取样及语言暴力分布

时代段	选择观看的国产动画片	所选剧集	语言暴力
20 世纪 80 年代	《舒克与贝塔》《大盗贼》《黑猫警长》《葫芦兄弟》《邋遢大王奇遇记》《阿凡提的故事》	65 集	291 条
20 世纪 90 年代	《西游记》《十二生肖》《封神榜传奇》《人参王国》《小糊涂神》	87 集	282 条
2000 年以来	《喜羊羊与灰太狼》《新版葫芦兄弟》《熊出没》《小鸡快跑》《猪猪侠》	81 集	377 条

国产动画片的选择适当考虑了题材类型的不同,比如《舒克和贝塔》是励

---

* 本文得到国家语委重点项目"国产动画片的语言暴力问题调查及对策研究(ZDI125-61)"资助。

志冒险类型,《阿凡提的故事》是益智幽默类型,《十二生肖》是民俗历史类型,《黑猫警长》则是动作悬疑类型的。剧集选择上,有的动画片总集数少,全部观看;有的总集数较多,随机选择部分剧集观看。总共选取观看了233集动画片,共得到950条语言暴力表达。可以看到,国产动画片中语言暴力的使用比较普遍,平均每集出现4条语言暴力表达。

表4-31 动画片语言暴力类型

暴力类型[①]	20世纪80年代	20世纪90年代	2000年以来
恐吓威胁	(84) 29%	(101) 36%	(107) 28%
贬低侮辱	(91) 31%	(69) 24%	(105) 28%
嘲讽歧视	(53) 18%	(64) 23%	(124) 33%
强制勒令	(31) 11%	(22) 8%	(22) 6%
诅咒叱骂	(27) 9%	(12) 4%	(7) 2%
责骂埋怨	(5) 2%	(14) 5%	(12) 3%

总的来看,语言暴力的主要类型是恐吓威胁、贬低侮辱和嘲讽歧视。强制勒令类和责骂埋怨类中有些是普遍的语言行为或发泄情绪,有的属于心理伤害的范畴。

1. 恐吓威胁类。说话人突显严重后果以达到恐吓和威胁他人的目的。常使用"打、揍、烧、砍、宰、吊、杀、毒、收拾、砸、切、教训、算账"等动词。如:

(1) 我可以切开你的肚子,拧断你的脖子!(《大盗贼》)

(2) 来人啊,把他拉出去,狠狠地打!让他尝尝我的厉害!(《人参王国》)

2. 贬低侮辱类。说话人贬损他人人格、伤害他人自尊、破坏他人名誉。多使用如"恶棍、混蛋、流氓、毒辣、臭、卑鄙、糟糕、坏"等带有强烈厌恶情绪的词。如:

(3) 你这臭老鼠,跑不出我的手心!(《舒克与贝塔》)

(4) 让俺老猪来收拾这个饭桶。(《西游记》)

3. 嘲讽歧视类。说话人针对他人的智商、容貌、能力、身份等,进行嘲讽歧视。大多使用"丑八怪、傻瓜、笨蛋、穷鬼、老东西、乡巴佬儿、瞎、疯、蠢、窝囊"等词。如:

---

① 分类主要参考党永刚《语言暴力的类型研究》(《琼州学院学报》2011年第4期)和史雯娜《中国创作动画片中的语言暴力及应对策略》(《河南社会科学》2016年第10期),但类型之间界限不那么分明,有时一句话里还会涉及多个类型。

（5）<u>笨蛋</u>，看你还敢跟我顶嘴！（《黑猫警长》）

（6）<u>就只有你这种智障儿童</u>，才会相信老师的话。（《猪猪侠》）

4.强制勒令类。有些以强凌弱的命令行为使用"滚、少废话、住嘴、闭嘴"等词，实施强烈的暴力行为。如：

（7）我说不收就不收，<u>快给我滚</u>！（《猪猪侠》）

（8）<u>闭嘴</u>，想得美！（《熊出没》）

5.诅咒叱骂类。表达说话人的恶性愿望或纯粹咒骂，用词极其粗俗。要么与"死亡"相关，如"该死的、不得好死、见鬼"等；要么是詈语，如"他妈的、去你的"等。如：

（9）<u>这混蛋不得好死，愿他早日下地狱</u>！（《大盗贼》）

（10）<u>真他妈的啰唆</u>，鬼影子都不见一个，还换个屁岗！（《葫芦兄弟》）

6.责骂埋怨类。对他人进行严厉指责或埋怨，这是生活中最为常见且容易被忽视的语言暴力。动画片中也常表达一方对另一方的态度、品性、能力等方面的否定批评。如：

（11）<u>都是你们这些糊涂蛋</u>，现在我们只好和大魔包在一起。（《小糊涂神》）

（12）八戒，<u>你发什么神经</u>？（《西游记》）

除了以上高频词语，还常常使用一些固定表达来施加语言暴力。如：

再/要是X，就Y：再骂我们妖怪，我就把他的脑袋给拧下来。（《十二生肖》）

看我X：看我收拾你！（《大盗贼》）

你这X：你这该死的乌鸦嘴！（《喜羊羊与灰太狼》）

给我X：给我闭嘴！（《小鸡快跑》）

V个X：出你个屁啊！（《封神榜传奇》）

（二）等级

动画片中语言暴力有着等级区别。从表达上看，贬低侮辱类、恐吓威胁类和诅咒叱骂类暴力等级较高，责骂埋怨类和嘲讽歧视类暴力等级相对较低。从回应类型来看，当受话者采取身体暴力予以回击时，也说明说话人的语言暴力等级相对较高，导致暴力升级；当受话者的反应是采取言语回击，暴力等级则相对减弱一些；而当受话者选择逃避或无回应时，则需根据具体情节判定。据此，我们将语言暴力分为低级、中级和高级三个等级。分别如例（13）（14）（15）：

（13）你这个笨蛋，你把咱的晚饭都丢光了！（《熊出没》）

（14）我要让你们受个够，不知好歹。（《小糊涂神》）

（15）今天我要宰了你！（《葫芦兄弟》）

表 4-32　同年代语言暴力等级分布

暴力等级	20 世纪 80 年代	20 世纪 90 年代	2000 年以来
低级	27%	26%	43%
中级	54%	47%	47%
高级	19%	27%	10%

可以看出，中级语言暴力所占比重最大，每一时期都几乎占据一半，高级语言暴力比例较小，但也不容忽视。比较不同历史时期，20 世纪 80 年代和 90 年代的中高级语言暴力较多；2000 年以来，高级语言暴力相对减少，低级语言暴力占比较大。

二　问卷调查

就动画片中语言暴力的认知和态度，我们调查了三类人群：小学生、家长、教师。小学生的调查取样涉及城市小学（安徽师范大学附属小学）和农村小学（涉及安徽省的太湖、铜陵、阜南、泾县、潜山，以及河南潢川、云南哀牢山、广西大化等县市的 15 所农村小学）的部分学生，共涉及 6 个年级，采取现场问卷访谈的方式，共 10 题，分别调查儿童对动画片语言暴力的认知和所受影响。安徽师范大学附属小学每个年级抽取 50 人，发放问卷 300 份，回收有效问卷 258 份；15 所农村小学，每个年级抽取 80 人，共发放问卷 750 份，有效问卷 506 份，有效纸质问卷总共 764 份。对家长和教师的调查则主要通过手机 APP "问卷星"，开发问卷（共 22 题）并有针对性地实施网络调查，试图从家长和教育工作者的角度了解儿童对动画片语言暴力的认知以及所受影响情况。从系统平台的统计来看，家长版问卷共 720 份，教师版问卷共 240 份，均为有效问卷。

（一）儿童的接触度、关注度

从纸质问卷调查来看，儿童与动画片的接触是非常频繁的。当问及受访儿童"你在家看动画片吗?"的时候,回答"经常看"和"偶尔看"的儿童占绝大多数。而且接触的动画片类型很多,收看率较高的和最喜爱的动画片是《熊出没》《西游记》《猪猪侠》等。在观看动画片的时候,不少儿童都注意到其中存在着语言暴力的表达(如"傻子、笨蛋"等),比例为73%,远远高出"没有注意"的群体。以15个农村小学的二年级儿童为例,他们对语言暴力的关注度很高,占总比例的71%。具体情况如图4-21。

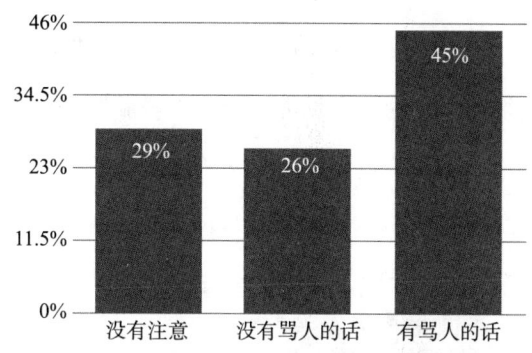

图4-21 儿童对动画片语言暴力的关注情况

这说明儿童在观看动画片时,容易注意到其中的语言暴力并或多或少受到影响。从家长的网络问卷调查结果也可以看到,56%的家长说自己孩子是2岁或更早就开始看动画片了,而且在家"每天都看""经常看""偶尔看"的比重占到95%。孩子持续看动画片超过30分钟的占到64%。从幼儿/小学教师的网络问卷调查中,发现他们在教学中偶尔播放动画片的达到76.67%,通常会选择动画片的类型,比如益智类、情感类、搞笑类的动画片。这些都在一定程度上说明,儿童是非常容易接触到动画片语言暴力并受其影响的。

(二)情感认知

可以通过以下几组数据来看动画片中语言暴力的情感认知。首先,家长和教师对动画片中的语言暴力普遍持反感的态度,超半数的家长和教师在网络平台留言,严厉批评国产动画片语言暴力泛滥、影响儿童生活。图4-22显示,87.50%的家长注意到动画片中的语言暴力现象,43.06%的家长对此更是印象深刻,并能详细地列举出如《光头强》《喜羊羊与灰太狼》《熊出没》《猪猪侠》《奥特曼》《爆裂飞车》《黑猫警长》等动画片中存在的语言暴力,如"去死吧""我要杀了你""快给我消灭掉""受死吧""揍你没商量""滚蛋""蠢猪"等。

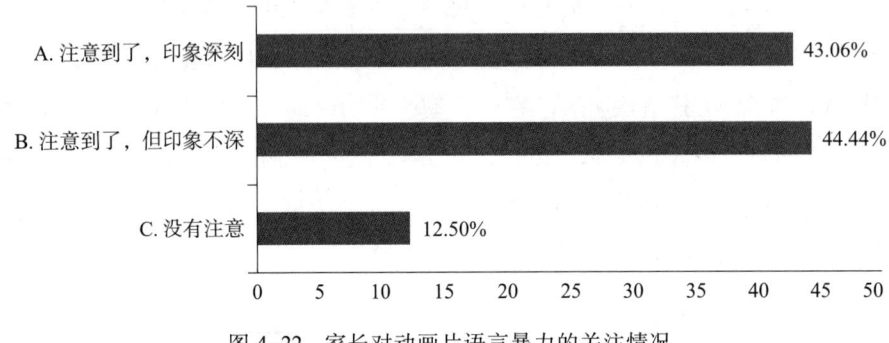

图 4-22　家长对动画片语言暴力的关注情况

家长们普遍觉得动画片的语言暴力"听着不舒服""有些反感",甚至"非常反感"。具体数据见图 4-23。

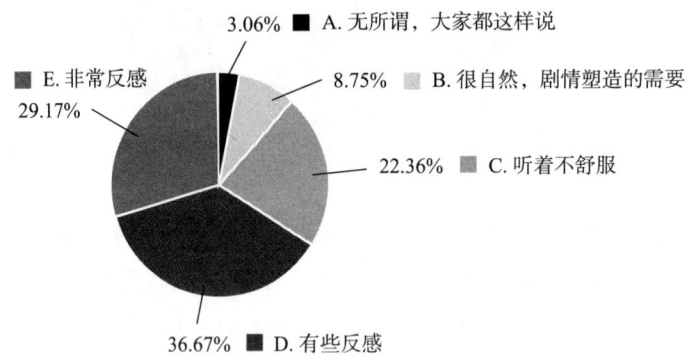

图 4-23　家长对动画片语言暴力的态度

教师们也是普遍注意到了动画片中的语言暴力现象,57.68% 的教师对此印象深刻,绝大部分教师都对动画片中的语言暴力表现出不舒服或反感。见图 4-24。

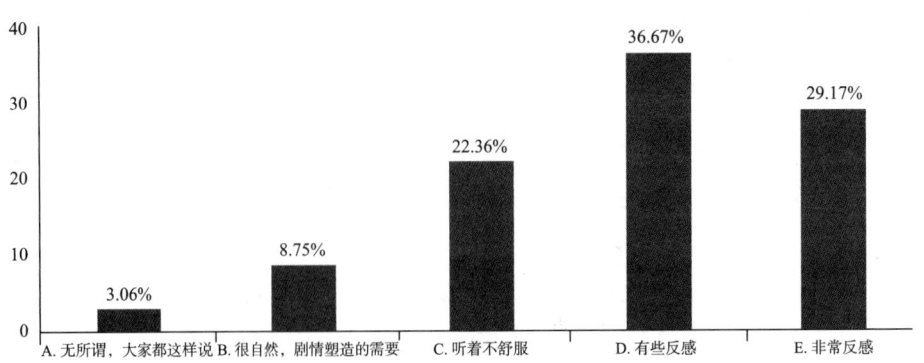

图 4-24　教师对动画片语言暴力的态度

小学生们对动画片语言暴力的情感认知存在着年龄差异。图4-25和图4-26是安徽师范大学附属小学一年级和六年级儿童的数据对比:

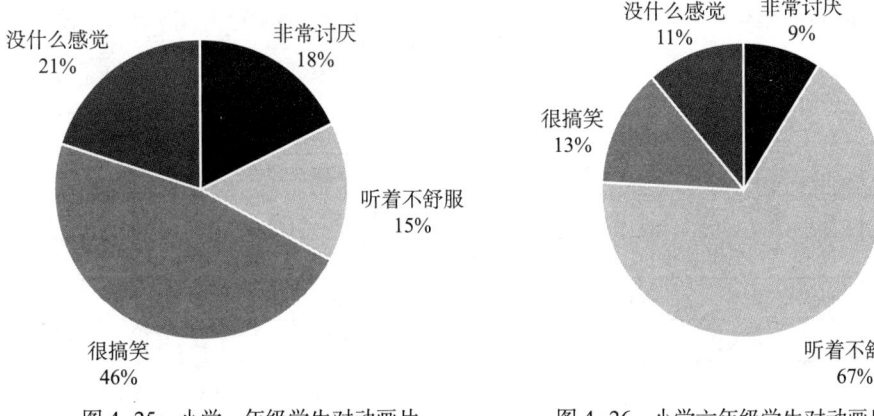

图4-25　小学一年级学生对动画片语言暴力的态度

图4-26　小学六年级学生对动画片语言暴力的态度

可见,一年级和六年级学生对语言暴力的情感认知具有很大的差异。一年级学生认为语言暴力"很搞笑"的比例高达46%,是最高频的选项,"听着不舒服"只占到15%。但是,六年级学生的情感认知却截然不同,他们选择"很搞笑"的比例只占到了13%,而"听着不舒服"却高达67%。这可能与儿童的知识水平和社会认知有关。

(三)儿童的使用情况

23.3%的受访儿童表示在学校里"经常听见"别人说动画片中的语言暴力,41.9%的受访儿童"偶尔听到",也有儿童明确表示自己偶尔会学着用动画片中的语言暴力表达。相当一部分教师认为,儿童会经常或偶尔模仿动画片中的语言暴力表达。(图4-27)

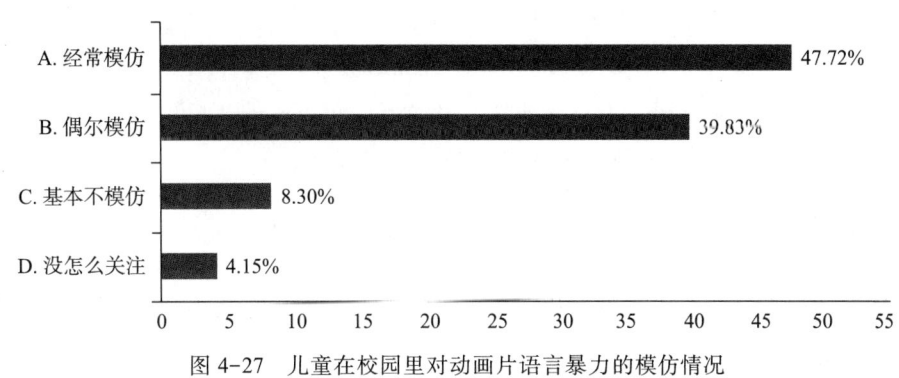

图4-27　儿童在校园里对动画片语言暴力的模仿情况

另外，82.92% 的教师会向儿童说明，动画片中语言暴力表达"是不文明语言，不要模仿"。图 4-28 显示，将近一半的家长发现自己孩子喜欢看打斗情节，并模仿其中的语言和动作，模仿得比较多的是《熊出没》《光头强》等动画片中的"我要打死你""滚出去""你要再……我就灭了你""我和你没完""笨蛋"等。

选项	小计	比例
A. 喜欢看，也模仿	316	43.89%
B. 喜欢看，不模仿	189	26.25%
C. 不喜欢看，但模仿	25	3.47%
D. 不喜欢看，也不模仿	128	17.78%
E. 没怎么关注	62	8.61%

图 4-28　儿童在家庭中对动画片语言暴力的模仿情况

有相当一部分家长和教师认为儿童的语言暴力基本或部分来自动画片。另外，有 95% 的家长、96% 的教师认为动画片语言暴力对儿童有很大的负面影响。

三　两点建议

调查结果显示，国产动画片中语言暴力仍比较普遍，类型多样且包装更加娱乐化。这会引起人们不良的情绪体验，影响儿童的心理健康。因此我们建议：

（一）严格动画片审查制度，从源头堵住语言暴力。开展儿童影视作品的语言治理工作，加强动态语言监测和字幕审查。影视动画的主管部门，注意引导全社会重视动画片中的语言暴力问题；监管部门，应将零语言暴力作为动画片资质准入的必备条件；动画制作方，应尽可能减少涉及暴力打斗的情节，积极思考反面角色的语言塑造。

（二）应建立国产动画片的内容分级制度。拟订《分级式国产动画片禁用词和慎用词》，增强动画片制作方的语言规范意识。同时参考国外的电视分类分级制度，尤其要重视语言的准入机制。针对不同年龄段的儿童制定不同的动画片制作和管理标准，杜绝那些低俗和高等级语言暴力。

（饶宏泉、王宇波、王云帆）

微信"标题党"现象调查

本文中的"标题党"主要指有意使用低俗、夸张、怪异、骇人等的标题,来获取高阅读量和点击量等的现象。2018年7月2日起,人民网[①]发表"三评浮夸自大文风"系列文章,针对"跪求体""哭晕体""吓尿体"等浮夸自大文风进行批评,点明指出《中国放的这句狠话,美国再听不懂就要出大事了》和《别怕,中国科技实力超越美国,居世界第一!》两篇文章标题断章取义,妄下结论,称此类现象消解媒体公信力,污染舆论生态,扭曲国民心态,不利于构建清朗的网络空间。

微信作为国内最大的移动流量平台,每年推文总量超过100亿篇,影响极大。我们选取2018年每月前1000篇阅读量"10万+"的微信热文标题,筛选出其中的"标题党"标题进行调查。

一 调查步骤与主题类别

我们从清博大数据[②]中收集了2018年1月1日—12月31日共12 000篇阅读量"10万+"标题,根据"标题党"的特征,人工筛选出"标题党"标题4582个,占比38.2%。参考人民网、新浪网、搜狐网等资讯网站的模块分类,结合微信热文特点,将4582个"标题党"分为20个主题,根据主要表现手法分为7个大类,对各类表现手法的核心词汇、句式及标点符号的使用情况进行了统计。

调查结果显示,在下表20个主题类别中,时事、生活、健康、情感类话题是标题党的重灾区。

---

① 《人民网三评浮夸自大文风之一:文章不会写了吗?》,人民网,http://opinion.people.com.cn/n1/2018/0702/c1003-30098611.html。

② 清博大数据 - 清博指数,http://www.gsdata.cn。

表 4-33 "标题党"标题主题分类

主题	示例	数量	占比（%）
时事	警察切开半座山，寻找一个失踪两年的四川人！案情惊悚，烧脑超乎想象	1000	21.82
生活	【实用】冬天被子千万别乱晒，这样做比晒太阳还强 100 倍！	988	21.56
健康	【健康】慎入！肝脏被上百条虫掏空，有这个习惯的你要注意了	718	15.67
情感	【荐读】情商低 VS 情商高的 10 个表现！建议所有人都看看	470	10.26
娱乐	狗年最爆笑的聊天记录曝光！哈哈哈哈哈哈哈哈哈哈	240	5.24
教育	被期末考试吓坏了！这些送命题看哭大学生……	234	5.11
明星	霍金没死	146	3.19
国际	中国全面禁洋垃圾！整个欧美一下崩溃成这样	120	2.62
影视	开年第一必刷神剧，非它莫属	96	2.10
女性	娶老婆，一定要娶腿粗一点的女人！	92	2.01
工作	好消息！这类人工资要涨，职称要提，快来看	84	1.83
时尚	讲真，妹子都拜倒在了这条休闲裤下！	78	1.70
经济	这是中国最顶级的 14 个城市，富可敌国！有你家乡吗？	76	1.66
政治	看到大陆发的这张图，"台独"分子直接吓晕了！	62	1.35
文化	一首孤独了 300 年的小诗，一夜之间，亿万中国人记住了它	58	1.27
科技	这些科幻电影里的"黑科技"，在中国已随处可见	44	0.96
军事	中国军人最真实照片公布，千万别让他们父母看见	36	0.79
音乐	厉害了！这首单曲发布，居然超多明星都赶来点赞	18	0.39
星座	今年谁也强不过摩羯！	12	0.26
历史	极简唐朝史，简到崩溃	10	0.22
总计		4582	100

时事类占比最高，达到 21.82%。时事新闻紧跟热点事件，网民关注度最高，这类标题党通常以夸大事实、歪曲事件、断章取义的方式吸引眼球。

生活和健康类标题占比分别为 21.56%、15.67%。这两类标题党通常以虚假夸张、以偏概全等方式引起人们对生活方式及身体健康的关注，甚至担忧或恐慌。健康问题一直是人们关注的热门话题，据咨询公司麦肯锡在 2017 年对中国 51 个城市村镇的 1 万名消费者调查发现，65% 的人在追求更健康的生活方式。[①]

情感类占比 10.26%，这类标题党通常以故弄玄虚、哗众取宠等方式引起人们的好奇、共鸣，主要涉及人际沟通、心灵鸡汤和情感故事等。

---

① 《麦肯锡报告：越来越多人重视健康，但不同行业可以找到的人群还是不一样》，界面网，https://www.jiemian.com/article/1768854.html?_t=t。

娱乐、教育类标题占比在5%左右。新媒体环境下，话题的娱乐性是最凸显的功能之一，娱乐至上的背后是泛娱乐化，内容涉及明星八卦在内的社会新闻、热点话题，这类标题党通常以戏谑、搞怪的手法使读者获得阅读快感，或以捕风捉影、无中生有、虚张声势，甚至以低俗、媚俗、色情、哗众取宠、玩噱头的方式吸引眼球。教育类的"标题党"标题中，以教师待遇、中小学生课业压力及大学教育为主要内容。

二 核心词汇与表现手法

通过词语提取，我们整理出7类"标题党"的核心词汇，详见表4-34。

表4-34 "标题党"标题核心词汇[①]

表现手法	数量	占比（%）	核心词汇
情感诱导	1326	28.94	你的、千万别、请、可能、一定、注意、最好、赶紧、紧急、真正、这才是、千万不要、快看（看）、必须、警惕、后悔、好消息、尤其、快（赶快）告诉、每个人、自查、必看、都（该）看看、你不知道、建议收藏、永远不（要）、值得收藏、深度好文、希望（你）、测测/测试、抓紧、千万要、速查、转发、果断收藏、引起舒适
表述夸张	1148	25.05	最、竟（然）、比……更/还、刷爆朋友圈、哈哈哈哈[②]、99%/95%/90%/80%的人、所有人、无数人、刷屏、惊呆、泪奔、震惊、全国、简直、史上最、全世界、全球、崩溃、惊人、绝对、笑喷、重磅、疯狂、整个朋友圈、颠覆、彻底、分分钟、精辟、只需、一句话让人、一秒、暖爆、泪崩、疯传、笑哭、笑疯、秒懂、罕见、看完给跪了、传疯了、只有10%的人、大事
故弄玄虚	1068	23.31	这个、这些、这样、这种、竟（然）、居然、真相来了、它、原来、没想到、结果、竟是、秘密、一件事、不是……而是……、这一幕、懵了、原因是、有答案了、X说、真相是、究竟、傻眼（了）、答案是、只为了、啥样、但是
突破常识	466	10.17	却、竟（然）、不、不是、突然、只（有）、X岁男（女）孩、做错了、背后、就能、原因、真正、还要
离奇设问	402	8.77	什么、吗、为什么、到底、谁、怎么、多少、为啥、哪个、如何、怎么回事、凭什么、终于、到底有多X、是谁、发生了什么、几个、去（了）哪

---

① 列举的核心词汇以能说明标题表现手法为标准，出现顺序按词频高低排列。
② 我们将超过三个"哈"字的词组归为表述夸张。

（续表）

表现手法	数量	占比（％）	核心词汇
名人效应	128	2.79	热巴、苍井空、林俊杰、田馥甄、王菲、刘诗诗、吴亦凡、撒贝宁、刘亦菲、马云
色情低俗	44	0.96	变态、滚、睡过、滚蛋、关你屁事、春药、牛逼、弱智
总计	4582	100	

情感诱导、表述夸张、故弄玄虚是"标题党"最常用的三大表现手法，占总数的七成以上。

"情感诱导"类主要涉及生活与健康类主题，多采用煽情与共情手段，其典型句式是"你的……"类，如"你的人生，就毁在这个字上"；或用"千万别""赶紧""快看看"等词语催促读者阅读和转发，如"这东西千万别扔，放到冰箱里，每个月省下大笔电费！"

"表述夸张""故弄玄虚"多用于时事类主题，表述夸张类标题频繁使用"最""刷爆""99%""所有"等词语夸大事实，如"凭什么，这个99%的人不知道的东西，竟有机会颠覆4500亿的传统行业？"或用"惊呆""泪奔""震惊"等词语夸大效果，如"今年最火的毕业照！看到第一组就惊呆了……"

"故弄玄虚"类标题的最大特点是欲说还休，多用"这个、这些、它"等指示代词，含糊地指代标题重要信息，设下悬念，如"家里的它有剧毒！6岁男童舔了一口，抢救8小时！"或在题尾省略重要信息，如"机智！妻子发语音：'有事晚点回家'，丈夫觉得不对劲报了警，结果……"

"突破常识"类标题通常出现在人们熟知的生活、健康、情感和教育类话题中，从反常识的角度打破核心价值观，与公众认知相悖，使读者在矛盾心理下产生好奇、焦虑等情绪，核心词汇多含有否定或转折意味。

"离奇设问"类标题常与生活、时事相关，用问句形式突出事件的奇怪之处，激发读者阅读兴趣，如"为什么中国男人，中年以后容易发疯？"

"名人效应"类标题利用名人吸引读者，但内容往往打名人的擦边球，如"陈伟霆电话暴露，你玩真的啊？"一文中，电话泄露者为剧中工作人员，而非陈伟霆本人。

"色情低俗"类标题多含性暗示或低俗词语，迎合一些读者的阅读偏好。

三 句类、句式与标点

通过相关提取，表4-35给出了"标题党"标题的句类和句式统计数据。

表4-35 "标题党"标题句类和句式

	句类				特殊句式
	陈述句	感叹句	疑问句	祈使句	省略句
情感诱导	338	436	112	440	34
表述夸张	322	702	92	32	70
故弄玄虚	372	602	64	30	182
突破常识	198	230	34	4	52
离奇设问	4	48	350	0	2
名人效应	48	32	48	0	12
色情低俗	10	22	10	2	2
总计	1292	2072	710	508	354
占比	28.20%	45.22%	15.50%	11.09%	7.73%

各句类中，陈述句为28.20%，特殊句为7.73%。感叹句占比位居榜首，高达45.22%，多出现在表述夸张、故弄玄虚和情感诱导类标题中，有两种常见句式：

一种为"词语+感叹号+内容陈述"，如"没想到！这才是导致手机短命的元凶""惊！五一就会用到它！最高还有200元红包拿！"这类标题通过第一个感叹句吸引受众，重点内容在感叹词之后。另一种为"内容陈述+结果或评价+感叹号"，如"摄影师可以拍美女是真，但是极其高危！""✅风油精倒进白醋里，解决了家家户户最大的困扰，后悔现在才知道！"标题重心往往是后半部分的结果或评价。

疑问句"标题党"标题共710条，占15.50%，主要采用离奇设问的表现手法；祈使句中尚未发现离奇设问和名人效应类表现手法，主要采用情感诱导类表现手法。特殊句式中，省略句是"标题党"最常用的句式之一，占比7.73%。这类标题利用省略制造悬念，诱人点击。虽然总比例不高，但是省略句标题成为"标题党"的比例很高。

标点符号的使用具有两个典型特征：（1）低频标点符号或特殊符号的使用。除感叹号、问号和省略号以外，鱼尾号、波浪号、右箭头、对勾等符号频繁出现。(2)标点符号的叠加连用。叠加问号、感叹号和省略号也是标题党常见的手段。其目的是凸显核心词汇,吸引读者关注,详见下表。

表4-36 "标题党"标题标点符号

标点符号	频次	标点符号	频次	标点符号	频次
,	3686	~	56	■	7
!	3223	%	44	/	6
【】	2201	《》	40	▷	4
?	878	。。或。。。	28	♡	4
…	820	|	27	✗	3
""	725	→	14	——	2
:	350	@	12	#	2
……	277	+	12	&	2
、	208	「」	10	㎡	2
。	102	=	8	↓	2
()	69	℃	8	←	1

四 成因分析

"标题党"原本是一个中性词,利用"标题党"的某些编辑技巧,的确可以取得良好的传播效果,增强阅读的趣味性。但如果"标题党"现象泛滥,致使各类夸张、歪曲、暴力的语言充斥网络空间,必然会对社会、媒体和受众产生不可忽视的负面影响。就网络语言环境而言,"标题党"的泛滥会助长不良社会风气,不利于弘扬社会主义核心价值观;对媒体自身而言,"标题党"的过度使用在一定程度上折损媒体公信力,不利于塑造勇于承担社会责任的媒体形象;于受众而言,浏览过多的"标题党"不利于树立正确的世界观、人生观和价值观。

"标题党"式新闻本身具有一定的社会危害,而且在当下具有一定的市场,其背后有经济、道德和法律等三方面原因:

(一)网络媒体"流量为王"的经营方式

热门公众号大多以投放广告和获取流量为收入来源,流量则依赖点击量,用户的每一次点击都具有经济价值,点击行为成为一种变相购买行为。搜狐网总裁张朝阳在《把握注意力经济，迎接数字化生存》的演讲中提到，注意力正在成为一种重要的商业资源，哪个企业能够抓住市场的注意力，就有可能脱颖而出。因而，为了提高点击率、抓取市场注意力、赢得高收益，许多公众号经营者选择制作"标题党"标题迎合和诱惑受众。

（二）社会道德的约束力不足

一方面，一些媒体从业者职业道德缺乏、专业素养和社会责任感不足、法制意识淡薄，受互联网思维影响较深，不重视文章内容体验度，反而过于重视点击率和阅读量，导致一系列"标题党"标题产生。另一方面，社会大众对"标题党"的自觉抵制不够，碎片化阅读模式加重用户的猎奇心理，使"标题党"式新闻盛行。

（三）相关法律法规建设滞后

虽然关于新闻业管制的条例在宪法和其他法律文件中有所体现，但我国还尚未出台正式的新闻法，法律法规建设和行业相关准则制定仍不健全，公权力对"标题党"新闻领域制约不足，致使一些媒体工作者打法律的擦边球来制作标题新闻。

五　治理策略

（一）建立行业内部自我监督机制，维护媒体公信力

媒体行业要加强内部巡查力度，增强巡查自觉性，使巡查制度逐渐上升为内部管理的常规内容，以净化行业环境，促进行业自律。微信公众号平台应加强对公众号的监管把关力度，整治虚假、低俗标题，各公众号编辑应进行系统内把关，防患于未然。同时，关注行业内部从业人员的软实力，提高网络媒体的职业准入门槛与工作底线，开展必要的新闻业务培训，提高从业者的业务水平和政治素养，切实减少"标题党"现象。行业工作者不应将点击率作为利益分配的单一指标，应更加注重用户体验，从追求"流量为王"向追求"内容为王"转变，实现媒体收益与社会责任的平衡，维护媒体公信力，形成实事求是、健康向上、激励人心、理性客观的网络语言风格。

（二）加强行业监管力度，健全法律法规建设

"标题党"现象的治理是一项系统工程，需要各部门的协调合作才能取得良好成效。首先，应充分发挥公权力部门的职能作用，加强对媒体行业新闻传播的监管，切实开展整治"标题党"乱象的专项活动，并定期公布查处的一些"标题党"案例，对于利用网络实施诽谤、非法经营或编造、故意传播虚假恐怖信息等行为进行依法处罚。① 例如2016年12月5日北京市网信办对网上新闻标题乱象开展执法检查，向新浪、搜狐、网易、凤凰、焦点等网站下达行政执法检查通知书，并结合典型案例通报了六大乱象。② 同时，借鉴国际上成熟的媒体自律经验与行业管理准则，研究制定一套网络新闻标题制作的基本原则与操作规程。③

（三）激发民众监督意识，共建清朗网络空间

新媒体时代，宣传管理部门、媒体机构可利用新技术为受众提供参与治理的便捷途径，这将有效抑制"标题党"的消费与传播，利于共建清朗网络空间。例如2018年1月1日，腾讯内容开放平台发布"企鹅巡捕大队"公告④，公开招募第一期成员共200名，对平台上的低质量内容进行有效投诉，包括但不限于色情低俗、标题党、抄袭、广告、谣言、旧闻等低质量内容或有害信息，这一行动值得借鉴。

（王宇波、刘文瑶）

---

① 《最高人民法院、最高人民检察院关于办理利用信息网络实施诽谤等刑事案件适用法律若干问题的解释》，国家网络互联网信息办公室网站，http://www.cac.gov.cn/2013-09/07/c_133142246.htm。
② 《北京市网信办通报六大"标题党"乱象》，人民网，http://bj.people.com.cn/n2/2016/1206/c82840-29419832.html。
③ 樊树林《不能任由"标题党"野蛮生长》，《青年记者》2018年第22期。
④ 《腾讯内容开放平台"企鹅巡捕大队"招募公告》，https://mp.weixin.qq.com/s?__biz=MzA3MjQ0NjQ1MQ==&mid=2650154777&idx=4&sn=ecc7122b43bd65b939cac31ea1cad7ef&chksm=871cbf85b06b36935b3e98e8756189e8c6e6a6522935721c1683e12558f18a9926f7c69dfbdb&mpshare=1&scene=23&srcid=0104psL2RbdLuVtHcXs5kALP#rd。

常用字母词中文译名使用调查

字母词大量进入汉语已近30年了。这30年间，人们对此争议颇多，风波不断。字母词中文译名及其使用问题，尤为社会及学界重视。经国务院批准，2012年6月20日成立了外语中文译写规范部际联席会议专家委员会，在6年多时间内，推出了7批共110组推荐使用的外语词中文译名。为了解常用字母词的中文译名使用情况，我们对8份报纸近5年常用字母词及其中文译名使用情况进行了调查。

一 调查说明及字母词分类

（一）调查说明

调查语料为2014年至2018年的《人民日报》《光明日报》《经济日报》《中国青年报》《北京青年报》《北京晚报》《新民晚报》《新京报》，这8份报纸5年的全部语料共约12亿字次。利用国家语言资源监测与研究有声媒体中心研制的字母词监测系统LWMS，自动提取出所有字母词，将其按使用频次降序排列，形成5年报纸字母词使用表；再人工筛选，去除高频词中像the、and、party、of这样的英文词，C罗这样的人名以及PM、3M这样多个意义综合形成的高频的词语，再与有声媒体中心研制的常用字母词表（400词）以及外语中文译写规范部际联席会议专家委员会推荐使用的110组词语整合，加上中文译名，最后形成本次调查对象：一个450词的常用字母词及其中文译名词表。

（二）常用字母词分类

这些常用或较常用的字母词据其来源可分为汉语自造和源自外文两类。

1. 汉语自造

汉语自造的字母词在常用字母词中不多，占6.89%，但使用频率较高。如A

股、B 股、A 级、B 级、T 台、U 型、AA 制、U 盾、U 盘、QQ、GB（国标）、RMB、BAT（百度、阿里巴巴、腾讯的拼音缩写）、KTV、K 歌、K 线、CCTV、CBA、C919、FAST。这类字母词一般没有中文译名问题，尽管有的词另有汉字写法，如国标（GB）、人民币（RMB）、优盘（U 盘），有的词本来就有汉语名称，如 CCTV、CBA、BTV。这类字母词，有的是使用字母的排序替代功能，如 A 级、B 级；有的是借用字母的形状造词，如 T 台、U 型；有的是对外文缩写再简缩加上汉字造词，如网络银行的电子秘钥 U 盾、我国最先设计生产的闪存器 U 盘，都是因其使用 USB 插口，先将 USB 简缩，取"U"，再据其特点加上"盾""盘"造成新词，K 歌、K 厅也属这类；有些是汉语拼音的缩写，如 GB、RMB、BAT；有些是汉语从不同外文词中取其要素自行组合造成新词，只可解释，没有翻译，如 KTV；还有一些则是先把汉语词语翻译成英文，再将其简缩成字母词，如 CCTV、CBA。应重视的是这类字母词目前越来越多。尤其一些科学重器的命名，也使用字母词，如将我国自行研制的大飞机命名为"C919"，将 500 米口径球面射电望远镜称为"FAST"。这些国家重器的称名，既没有反映出中华文化的特点，也不提气，但有些人却乐此不疲，其背后反映出的认知及心理原因应深入挖掘，很好地加以研究。

2. 源自外文

源自外文的字母词占大多数，根据有无中文译名还可以分为两类。

（1）无中文译名

有些字母词没有中文译名。如 2K、4K、8K、A4 纸、4S 店、K12、5S 店、5D、RH、BOT、H7N9、TNGA、STEAM、iPhone、OPPO、iPad。这些字母词大致可以分为 3 类：

1）只可解释、很难直接翻译的技术词。如 2K、4K、8K，是屏幕显示画质不同清晰度的代码，4K 比 2K 清晰度高，是目前屏幕显示系统使用的主流，8K 的清晰度更要超过 4K。其中的 K，粗略地说，1K 是表示 1024 个像素或感光点，但具体情况非常复杂，很难直接翻译成中文，人们只能用 2K、4K 这样的说法来区分不同类型的画质清晰度。H7N9、A4 纸、K12、RH、U17、U21、U23 等也属这类。

2）多个不同概念的合称或简缩。如 4S 店，4S 是 sale（整车销售）、sparepart（零配件）、service（售后服务）和 survey（信息反馈）四个概念的合称；再如 BOT，是 build（建设）—operate（经营）—transfer（转让）三个概念的简缩，讲的是私营企业参与基础设施建设,向社会提供公共服务的一种模式。这些字母词目前还没有汉字词或简单的汉语短语的翻译。5S 店、4D、5D、TNGA、MSN、STEAM 也属这类。

3) 一些产品品牌名。如 iPhone、iPad、OPPO、VIVO。iPhone 曾有一段被音译成"爱疯",终因不够雅而被舍弃。值得关注的是一些中国品牌,如 OPPO、VIVO,可能考虑要走国际化道路,也使用了字母形式的品牌名称。

（2）有中文译名

有中文译名的占源自外文的字母词的大多数。这类据中文译名使用情况还可分为 A、B、C、D 四类。A 类是基本不用中文译名,B 类是较少使用,C 类是两者都经常使用,D 类是大多使用中文译名。这四类字母词是我们调查的主体,其中尤为值得关注的是 A、D 两类。

各类词语在语料中使用的具体数据见表 4-37。

表 4-37 各类常用字母词及其中文译名使用状况（N=450）

类型	汉语自造	源自外文				
		无中文译名的	有中文译名的			
			A 类	B 类	C 类	D 类
数量（组）	31	44	142	82	65	86
占比（%）	6.89	9.78	31.56	18.22	14.44	19.11

二 A 类：字母词绝对占优，中文译名基本不用

这类词在语料中绝大多数都是使用字母形式,中文译名很少出现。具体例证见表 4-38。每组第 2 行中斜线前是中文译名出现的频次,斜线后是其中与字母形式同时出现的频次。频次中包括各词不同词形的使用次数,如 Wi-Fi 的频次也包括 WiFi、WIFI、wifi、WI-FI、wi-fi 等的使用次数,"演示文稿"的频次也包括"演示文档"的使用次数。

表 4-38 A 类词语 2014—2018 各年度字母形式与中文译名使用状况例证

序号	例词	2014 年	2015 年	2016 年	2017 年	2018 年	总计	比例（%）
1	Wi-Fi	1483	1681	1809	1072	1262	7303	99.96
	无线保真	3/2	0	0	0	0	3	0.04
2	USB	155	160	134	108	110	667	99.55
	通用串行总线	2/1	1/1	0	0	0	3	0.45

（续表）

序号	例词	2014年	2015年	2016年	2017年	2018年	总计	比例（%）
3	CT	588	649	607	567	549	2960	98.80
	计算机断层扫描	10/3	9/5	6/1	4/3	7/3	36	1.20
4	PPT	510	597	434	586	420	2547	98.45
	演示文稿	8/0	10/5	5/2	11/2	6/0	40	1.55
5	DNA	1046	1321	1495	1240	1087	6189	96.98
	脱氧核糖核酸	32/22	42/37	50/46	25/20	44/43	193	3.02
6	PM2.5	3771	3524	3199	2870	2623	15 987	91.40
	细颗粒物	431	203	306	290	273	1503	8.60

表中数据可以看出，这几组词中文译名使用率均不足10%，而且有些有使用越来越少的趋势。这类在常用字母词中占较大比重，近三分之一。CPI、ETC、GPS、IBM、IPO、LED、M1、M2、NBA、OLED、PPP、PPI、SCI、2G、3G、4G、5G、PS、F1、P2P、B2B、B2C、C2B、O2O、IP、CP、卡拉OK、SOHO等均属此类。

分析起来，这类词语很多都是专业术语，技术性很强，中文译名往往比较长。汉字具有很强的表意性，让人们记住长长一串不懂的文字是一件很困难的事情，如"计算机断层扫描""脱氧核糖核酸""通用串行总线"等，普通人很难记得住。其实，人们使用一个词，并不一定要清清楚楚知道它的科学含义，只要大致明白就可以了。医生叫病人去做CT，病人都知道是用仪器做个检查，基本交流没有问题；但如果医生说去做个计算机断层扫描，大部分病人反而会糊涂。同样，说到SCI，高校老师和研究机构人员都很熟悉，但又有几人能说出来它的中文译名是"科学引文索引"呢？由此看来，这些字母形式的词语，不仅简短经济，而且字母的非表义性也在某种程度上起到了积极作用。有意思的是"DNA"一组，DNA可以单独使用，而且绝大部分都是单独使用，但其中文译名"脱氧核糖核酸"则很少单用，与DNA同现的达到87%，这时，显然不是用汉字形式注释字母形式，反而是用字母词来注释汉字词语了。

还有一种情况是APP、SUV这类。它们的中文译名或者太泛，或者与人们认知有差距。APP，本是英文application的缩写，但"应用"一词是汉语中的常用词，用它来表示智能手机中的应用程序显得比较宽泛，即使用"应用程序"也还是宽泛，所以中文译名人们不大用，仅占使用频次的6.58%。SUV，是英文sport utility vehicle或suburban utility vehicle的缩写，但其直译"运动型多功能汽车"或"城郊多用途汽车"比较长,比较复杂,同时也与人们对这种车的认知距离较远,所以这些中文译名加起来仅占使用频次的0.28%。属于这类的还有DIY、IP、卡拉OK等。

另外,语言有一定的惰性,先入为主,即心理学上所说的首因效应,于根元称之为"占位"理论。最先用到的称名,如果不是太差,后来的很难挤动它,除非后者要高出很多,或者有特别的机缘。PM2.5、B2B、POS机、H5等属于这类。

三 B类:字母词使用较多,中文译名较少使用

这类词语也是以使用字母形式为主,但中文译名使用比A类要多,占10%至35%。具体例证见表4-39。

表4-39 B类词语2014—2018各年度字母形式与中文译名使用状况例证

序号	例词	2014年	2015年	2016年	2017年	2018年	总计	比例(%)
1	CBD	886	730	820	653	715	3804	82.30
	中央商务区	197	167	197	113	144	818	17.70
2	GDP	8751	8761	7021	5304	5288	35 125	79.69
	国内生产总值	1977	2021	1879	1566	1508	8951	20.31
3	PVC	84	86	138	143	109	560	77.13
	聚氯乙烯	32	17	59	39	19	166	22.87
4	AR	24	51	1377	1153	860	3465	76.37
	增强现实	28	77	388	309	270	1072	23.63
5	VR	7	478	8272	3073	2514	14 344	71.25
	虚拟现实	97	756	2687	1251	1015	5789	28.75
6	CEO	2937	4204	4283	4022	3389	18 835	67.29
	首席执行官	1591	1910	1798	1875	1981	9155	32.71

属于这一类的还有3D、AED(自动体外除颤器)、APEC、GRE、ISO、PM10、PMI、SPA、TPP等。

四 C类:字母词和中文译名使用旗鼓相当

这类词字母形式和中文译名都经常使用,每种形式的使用率都在36%至64%之间。具体例证见表4-40。

表4-40　C类词语2014—2018各年度字母形式与中文译名使用状况例证

序号	例词	2014年	2015年	2016年	2017年	2018年	总计	比例（%）
1	G20	894	1268	10746	1749	1085	15 742	57.09
	二十国集团	1175	1366	5708	2088	1497	11 834	42.91
2	LNG	261	180	252	237	390	1320	52.30
	液化天然气	276	169	201	226	332	1204	47.70
3	IMF	920	1659	1193	745	459	4976	46.44
	国际货币基金组织	1043	1632	1291	959	814	5739	53.56
4	ICU	366	305	228	256	311	1466	46.26
	重症监护室	316	412	431	307	237	1703	53.74
5	AQI	157	97	227	86	25	592	41.46
	空气质量指数	264	204	185	116	67	836	58.54
6	IT	2681	2870	2336	2473	1852	12 212	38.15
	信息技术	3233	4068	4215	3921	4361	19 798	61.85

看来，这类词究竟使用哪种形式，人们还在选择之中。这种选择什么时候结束，哪一种形式取胜，都需要时间的检验。这类词不是很多，占14.44%，世界贸易组织（WTO）、混合动力汽车（PHEV）、美国联邦调查局（FBI）、英国广播公司（BBC）、亚太经合组织（APEC）、国际货币基金组织（IMF）、七国集团（G7）等属于这类。

五　D类：中文译名占优，字母词较少使用

这类词主要使用中文译名，字母形式的使用率在35%以下。具体例证见表4-41。

表4-41　D类词语2014—2018各年度字母形式与中文译名使用状况例证

序号	例词	2014年	2015年	2016年	2017年	2018年	总计	比例（%）
1	MOOCs	349	110	133	87	36	715	25.47
	慕课	577	418	337	318	442	2092	74.53
2	WTO	361	524	571	431	1079	2966	23.25
	世贸组织	1080	878	1542	1338	4953	9791	76.75
3	AI	4	36	326	3060	5426	8852	15.76
	人工智能	647	1896	5978	17289	21491	47 301	84.24

(续表)

序号	例词	2014年	2015年	2016年	2017年	2018年	总计	比例（%）
4	E-mail	73	50	53	168	125	469	3.26
	邮件	2980	3115	3487	2320	2019	13 921	96.74
5	IoT	6	22	48	142	232	450	3.23
	物联网	1592	2765	2436	3186	3512	13 491	96.77
6	AIDS	15	7	2	17	8	49	0.41
	艾滋病	3141	2826	2152	2029	1800	11 948	99.59

这类词语的特点是，或者有个很好的中文译名，不仅简短，意义还比较明确，如艾滋病（AIDS）、邮件（E-mail）、慕课（MOOCs）；或者中文名称先有，首因效应发生作用，抢先占据了位置，如二维（2D）、物联网（IoT）、人工智能（AI）、电动汽车（EV）、人力资源（HR）。语言规律告诉我们，要想传播广，名字要起得响。当然，好名字得来不易，往往不是一蹴而就的。AIDS为英文 acquired immunodeficiency syndrome 的缩写，可翻译为"获得性免疫缺陷综合征"，但这个名称太长，太专业，不易传播，于是将英文缩写AIDS音译为"艾滋"或"爱滋"后加类名"病"，最后由国家名词委确定为"艾滋病"。现在已经很少有人使用其字母形式，AIDS在使用中仅占0.41%。E-mail也是这样，经历了从字母形式的Email/e-mail/email/mail到汉字音译的伊妹儿，再到意译的电子邮件，简缩到电邮，最后定格到邮件的蜕变，目前它所有的字母形式加起来使用率还不足4%。"慕课"则是MOOCs的音意兼译，浑然天成。这些都是外来词中文译名成功使用的典范。智商、情商以及世贸组织、自贸区/自贸协定等都属此类。值得注意的是第二类中的"人工智能""物联网"，这两个中文名称都出现得比较早，从表4-41也能看出，2014、2015年时，AI和IoT都使用很少，而两个中文名称已经使用很多了，但后来字母形式却随着这两个概念的大热越用越多，使用率占比越来越高。推测起来，应该与其形式简短以及专业人士追求的国际化有关。

一些不常使用的国际组织词语，如外语中文译写规范部际联席会议专家委员会推荐的那些词语很多也属这类，中文译名使用占绝对优势，如国际劳工组织（ILO）、国际民航组织（ICAO）、国际能源署（IEA）、国际原子能机构（IAEA）、国际足联（FIFA）、联合国（UN）、联合国大会（UNGA）、联合国教科文组织（UNESCO）、联合国粮农组织（FAO）、非政府组织（NGO）。

六 思考与建议

（一）字母词使用机理还需深入研究

对于字母词的使用，虽然相关机构制定并颁布了一些规章，但总体看，媒体和大众口头使用并未明显减少。另外，并不是所有的字母词都是舶来品，汉语自造的也占一定比例，而且还在继续产生。这其中的机理是什么，影响因素是什么，值得深入研究。

（二）自造字母词需谨慎

如果是弥补汉字不足，利用字母排序优势或者字母形体特点造词，无可厚非。但在给一些国家重器和重大科研成果命名时，应尽量体现中华文化特点，避免使用字母词。

（三）外文缩略词的中文译名应及时推出

外文缩略词是近年来汉语外来词的主流，但它们毕竟不带有中华文化基因，与中国百姓的语言认知心理不符，不便于理解和传播，所以国家相关部门应特别重视外来缩略词的汉译工作，要及时推出并大力宣传。

（四）中文译名应尊重语言规律

在给出外文缩略词的中文译名时，要尊重语言使用规律，尽量选择一个简短、准确又通俗易懂的名称，尽管这是一件很困难的事情，但应朝着这个方向努力。

（侯　敏、滕永林）

医生告知"坏消息"策略观察

如何提高医生与病人之间的语言沟通水平,是构建和谐医患关系的重要内容,特别是医生如何传递"坏消息",更是考验医生的语用水平与人文情怀的重要方面,在当下有很强的现实意义。本调查选择福建省某地级市医院作为观察点,该城市位于沿海地区,经济水平处于整个福建省的平均水平。所观察的医院为三甲医院,科室设置齐全,医生经诊患者多;观察的科室主要是肿瘤科、血液科、医务科(术前谈话)等。数据收集为现场录音,再转写成文。调查工作前获得院方正式授权,共收集对话106例,包括急诊医患对话、门诊医患对话和术前谈话三种类型。采集到的数据显示:医生的话语量较大,占据医患对话的主体;医用专业术语较多,患者和家属的理解较少得到即时确认,存在医患信息不对称的问题。

一 告知方式

从所采集的医患对话数据中可以看到,医生在对病患或家属做坏消息告知时,有直接策略与间接策略两种方式。从所调查的106个案例来看,医生在急诊、门诊这两种场景的医患对话中较多选择以直接策略告知消息,当然不排除有多例患者家属事先与医生打好招呼、让医生不要将坏消息直接告知患者的情况;而在术前谈话中的场景中,医生多采用间接策略的方式将手术风险等坏消息告知患者家属。

(一)直接告知

"直接告知"指的是医生向病人如实、坦率地告知或描述对疾病的诊断。例如:

例(1)

情境:患者(H)拿着血液化验报告单进入诊室,医生(P)接过化验单,与患者进行如下对话。

P:呃,现在看,那个血小板比较低嘞。要不去天津看下?现在就是说,你皮栓晒过还是切过?

H：（叹气，声音低沉）切过。

P：切过是啊？

H：（声音低沉）全部切过。

P：现在也没办法，就只能打那个生小板药，还有打那个CD20，都很贵。现在就是很贵的话，药效也达不到。啧（摇头，遗憾）。

H：我也没钱。

例（1）中的坏消息是指患者在多次治疗后血小板减少的症状仍然得不到有效控制。在这个例子中医生采用了"直接策略"，直接与患者本人沟通其疾病的情况。直接策略的使用保证了患者的知情权，会为患者留出更多自主选择、决定后续治疗方案的空间。"直接告知"能使患者在清楚了解疾病情况的同时，了解到医生的专业性，这样做的好处是能使医生在后续沟通中提出的治疗建议易于被患者接受。

（二）间接告知

"间接告知"指的是医生没有直接向患者本人告知他被确诊为严重疾病的坏消息，而是向患者家属告知相关情况。例如：

例（2）

情境：患者及其儿子在当天上午就诊，医生（P）开出CT检查项目；当天下午，患者家属（F）带着CT结果再次来到门诊诊室。

P：那位是你父亲吗？

F：我母亲。

P：噢，对，是你母亲。早上已经做了活检。这个是鼻咽癌（方言），鼻咽癌。鼻咽癌的话那就很严重的病了，得了癌嘛。

F：噢（声音低沉）。哪一期的？

例（2）中的坏消息指的是患者的母亲被检查出患有鼻咽癌的消息，这里医生采用了"间接策略"来告知坏消息，即告知患者家属而非患者本人。"间接告知"则容易防止患者在听到坏消息后情绪激动，容易产生过激的言语和行为，进而影响医生的后续问诊。

总结收集的医患对话语例，可以看到医生传递坏消息时总会表现出以下特点：对不太严重的疾病，医生通常会选择直接告知病人；对相对严重的疾病，如癌症，医生则一般会先与家属进行沟通；术前谈话，则主要采用的是间接策略。

在向家属告知时，医生通常会非常率直。下例中医生使用的就是率直告知的方式。

例（3）

情境：患者右足坏死截肢，医生（P）与患者家属进行术前谈话。

P：我们也可以看到，病人（在术前）有31个诊断。再一个呢，（患者的）糖尿病病史也比较长，早期没有好好治疗，现在并发症比较严重，肾啦、眼睛啦、心脏啦，还有周围血管都非常差。……我们现在主要担心患者能否耐受这个手术，在手术过程中（发生意外的）风险还是非常高的。我们（医生）心中都没有底说一定会成功，我们觉得失败的风险还是蛮高的。这种情况有时候就是在一线之间，命悬一线。

例（3）中的坏消息是指病患在手术过程中可能会发生意外的高风险，医生直接指出患者目前的情况不乐观、极有可能在手术中发生意外。医生使用了"比较严重""非常差""风险非常高"等话语，没有对坏消息做任何的铺垫、修饰，而是毫无保留地告知患者家属。在所观察到的实例中，绝大多数医生都采用这种方式。这种方式的不足之处在于没有过多考虑病患和家属在得知坏消息后的感受，好处是能够使作为消息接收者的病患或家属有更自然的情绪反应，进而使后续关于预后与治疗的建议建立在知情的基础之上。

二 解释策略

在坏消息传递中，医生话语的另一重要内容就是对坏消息的进一步解释。这是医生在告知坏消息后对坏消息的信息补充，对整个坏消息传递有重大影响。

（一）准备

医生对疾病的解释首要应考虑的是要体现其专业性，作为领域内的专家，医生应该使解释有理有据、令人信服。这是"准备策略"的重要体现，即医生应在具备扎实的专业基础知识与实践经验的前提下，为患者的诊断、治疗建议做出充分且有根据的准备。例如：

例（4）

情境：医生（P）约谈患者家属（F），对"小细胞肺癌"患者的治疗与家属进行沟通。

P：（对这个病）现在什么精准医疗、基因分型、个体化治疗，哦，普通的、生物、免疫、中医药，好不好，这个就是非主流的，非主流的就是普通的生物治疗、免疫治疗、中医中药治疗这种。主流的治疗，就是手术的方法，这个就不用说了。小细胞肺癌是恶性度高的、倍增时间最短的。像我们小细胞肺癌倍增时间大概就是说60天，就是说淋癌大概是100天，像那个腺癌130多天，反正不同数据，大概是这个意思。

F：60天……

P：就是说大约60天倍增一次。当然这是一个平均值。如果你要再讲得基础一点，比如这个肿瘤细胞，1厘米肿瘤细胞大概就是，癌细胞有多少个，大概就是10的9次方个……那我们人体每天都有一个癌细胞，原癌细胞什么突变啦，就是有原癌细胞抑癌基因啦，就是原癌细胞激活、抑癌细胞失活，就是这样，反正突变啦，当然不止了，可以突变、扩增、重排、DNA甲基化或者DNA病毒的插入什么的，好吧，或者缺失，无非就是这些去改变它的癌细胞。

例（4）中，医生对疾病本身的特点及手术方法的选择做出了专业的解释。这需要扎实的医学知识的储备。医生还运用了对比法呈现不同类型的癌症的倍增时间，进而展现小细胞肺癌的高恶性度。从与患者家属谈话中的提问与回答来看，这是一位很有经验的医生。但从解释的角度来看这段医生话语，并不能算一段完美的坏消息解释，因为医生在解释中运用了过多的专业术语，如"免疫""抑癌基因"等，这并不能为不具备专业医学知识的老百姓所理解。如果能用更加通俗的方法对专业名词加以解释，相信会收到更好的效果。

（二）术语解释

下面的例（5）展现了医生（P）在坏消息解释过程中对专业术语的处理：

例（5）

P：这个一定要手术。这个病是这样，你这个扁桃体（发炎）正常人他没有。然后有一度二度，你已经三度了，已经最大了。所以它这个叫儿童鼾症。儿童鼾症你上网去输一下百度你就知道了，危害很多，还包括这个牙齿咬合不正……

例（5）中，医生用"儿童鼾症"解释"扁桃体炎症"，使疾病最明显的后果出现在症状的名称中。医生还让患者自己上网查询有关资料，也是增加患者了解疾病的参与度的表现。医生用百姓们日常生活中的熟悉词来解释复杂陌生的医学术语，能够使解释更加易于接受，缩小医患间对医疗专业知识的认知差距。

（三）从好消息的角度来报告坏消息

从众多对话案例中还可以看到，医生在传递坏消息时，还有一个重要的特

点是在坏消息的解释中加入好消息。比如：

例（6）

情境：一位系统性红斑狼疮患者（H）及其家属（男友）来到诊室。医生（P）在给患者开完药后，有如下一段对话：

P：这个病不可治愈，但是，百分之九十可控，也就是说大多数可控。这个病以前不能要小孩，现在患了这个病后有的人可以生两个，生三个。因为这几年技术不断更新，像我们有一个病人患这个病就生了三个孩子。这个病什么时候能够生孩子呢？病情比较稳定，用药量很少的时候就可以生，就是这个道理。这个病现在是跟菜市场一样，非常多，你看一上午来看病的，他也是（指在场的病人），就是跟菜市场一样多啦，多得要命。大部分是可以控制的，除非一小部分。那你到网络上，微信、百度一下，一看完（这个病的介绍）真的眼泪都掉下来了。

H：（其实）没那么严重，是吗？

P：百度看完你是天天掉眼泪。反正这种慢性病，控制好就好了。

例（6）中，医生虽然宣布该种疾病不可治愈，但他用"可以控制"来增强患者及家属的信心。医生还指出了该种疾病患者可以生育，给予患者对未来生活的希望。虽然患者们都希望获得有关自己疾病的真实信息，但通常他们会更希望医生能以积极的方式来提供坏消息。例如，对于那些被诊断患有乳腺癌的患者，她们更愿意知道有关治愈机会这样的积极信息，而非被告知生命剩下多少时日。因此，在坏消息传递中适当加入好消息，会令患者或家属在经受坏消息的打击后获得安慰。

三　信息传递原则

106个医患对话案例表明，医生在进行坏消息传递时基本遵循了完全披露、同理心和诚实的原则。完全披露是指医生对患者疾病展开全面、彻底的解释；同理心是指医生应在坏消息传递的言语中表现出同理心，将心比心，充分考虑到患者及家属的实际状况，为他们提供最合适的治疗建议；诚实指医生就疾病的实际情况对患者或家属开诚布公。下面两个例子就体现了医生在坏消息传递时的同理心原则：

例（1-2）［对上面例（1）的补充］

P：现在也没办法，就只能打那个生小板药，还有打那个CD20，都很贵。

现在就是很贵的话,药效也达不到。啧(摇头,遗憾)。

　　H:我也没钱。

　　P:要不天津去看下?不然你老是反复这样也不是办法。

　　H:都按照那样吃怎么会降低?奇怪。

　　P:我们把这种病叫血小板减少性质变,技术百分之五十有效,百分之五十没效是指皮切;这百分之五十没效里再有百分之五十有效,所以整体下来大概有百分之二三十方法都不太好。再现在不行的话,要不去福州看下?对,去福州看下,不然你这样没完没了的,已用了所有方法……

　　例(7)

　　情境:患者(H)坐下,向医生(P)描述其近期腰痛的症状。医生诊断其患有强直性脊柱炎。

　　P:(打断)因为这种强直性脊柱炎可能以后你整个脊柱会硬掉;硬完后呢,就不能弯曲、不能后仰,不能侧弯;严重的话呢,连脖子都什么呢都是硬邦邦的。

　　H:嗯(小声应答)。

　　P:如果是经济上可以的话,就来打针。这针还挺贵的,要,要两万多块。

　　例(1-2)中医生为患者在接受治疗后仍然每况愈下的情况表达遗憾,同时充分为病患的经济状况着想,提供其他合适的治疗方法。例(7)中医生在提供治疗方法时,没有做强制性要求,而是考虑病人的经济状况。这都是医生同理心的表现,不仅从医者的立场出发考虑问题,也从患者的立场出发。

四　问题与建议

　　在所有的观察语例中,医生话语占据医患对话的大部分,表现出医患之间的信息不对称。医生在坏消息的传达时普遍表现比较直接,不太考虑坏消息对患者方带来的冲击。这在某种程度上反映出医生在传递坏消息方面缺少足够的技巧和精神准备。

　　建议将如何传递"坏消息"纳入医学教育及医生的岗位培训中,请专业人士和有经验的医生进行讲解辅导。例如,如何跟病患和家属进行交流,如何保持信息交流的对称,如何对坏消息进行"包装",以及提倡做医患之间换位思考等。

(陈　越、苏新春)

《壮文方案》颁布实施状况

壮族是全国人口最多的少数民族，目前有1800多万人，广西壮族自治区是壮族世居人口最多的省区。壮族先民早就创制了古壮字，但这种文字并不统一，使用人很少，也不规范。1957年11月29日，国务院第63次全体会议正式批准《壮文方案（草案）》，结束了壮族只有语言，没有统一、合法文字的历史。

一 60年的非凡历程

1952年2月，中国科学院语言研究所首先派袁家骅、韦庆稳（壮族）、张均如等到广西，会同广西的壮语调查工作队，进行壮语调查，拉开了创制壮文工作的序幕。1955年4月底制定出以拉丁字母为主的《壮族文字方案（草案）》。经广西省人民政府同意，1955年12月11日，《壮文方案（草案）》在《广西日报》上公布并征求意见。

1957年11月29日，周恩来总理主持的国务院全体会议讨论通过了《关于讨论壮文方案和少数民族文字方案中设计字母的几项原则的报告》，批准了《壮文方案（草案）》。同年12月10日，国务院对《关于讨论壮文方案和少数民族文字方案中设计字母的几项原则的报告》做了正式批复："同意报告中关于壮文方案的意见。壮文方案可在壮族地区逐步推行，在推行过程中应该随时总结经验，使方案更加完善。以后修订方案的时候，可由广西壮族自治区提出，报中央民族事务委员会批准后实行。同意关于少数民族文字方案中设计字母的五项原则，今后少数民族设计文字方案的时候，都应该按照这些原则办理。"

这期间，广西壮族自治区民族语言文字工作委员会及广西壮文学校、广西民族出版社成立。壮族聚居的各地、市、县相应建立了壮文推行工作机构。自治区下发文件，要求在壮族儿童不懂或少懂汉语的壮族聚居地区学校设置壮文预备班，学生学壮文一年，再转入学汉语课本；要求有计划有步骤地进行壮文扫盲。全区建立了区、地、市、县壮文学校52所，先后培训了4万多名壮文骨干,参加学习壮文的群众达290多万人,占应扫盲对象的90%,其中达到扫盲水平的有70多万人,有120万人学会了声、韵、调并能够拼写自己的话及简单造句。"文化大革命"期间,广西壮族自治区民族语言文字工作委员会、广西壮文学校、广西民族出版社等民族语文工作机构遭到裁撤,《壮文报》等民族语文专业报刊被迫停刊,壮语文工作全面瘫痪。

改革开放以来到20世纪90年代初,是壮文恢复使用并加快发展的重要时期。1980年6月25日,自治区党委决定恢复自治区少数民族语言文字工作委员会。1982年3月13日,公布实施《壮文方案(修订案)》,确立全部采用拉丁字母形式来记录和书写壮文。各地县推行壮文工作机构、广西壮文学校、广西民族出版社、广西民族语文印刷厂、《壮文报》和《三月三》杂志也随之逐步恢复。为加强对壮文工作的领导,1988年10月,自治区党委政府成立了自治区壮文指导委员会。农村壮文扫盲和壮文进学校工作全面铺开,发展到53个县、市,学员达50多万人,25万多人达到脱盲标准。"以壮为主,壮汉结合,以壮促汉,壮汉兼通"十六字成为壮文进校和壮汉双语文教学工作的方针,全自治区45个县、市的445所小学使用壮汉语文教学,4所民族师范学校分别开设了壮语文必修课,广西壮文学校和广西民族学院、中央民族学院分别开设壮文中专班和本科班、硕士研究生班。自治区还出台规定,要求各地各级机关、事业单位法定名称牌匾和印章,同时书写壮汉两种文字等。

各项政策法规进一步调整优化并趋向成熟,推行使用壮文工作逐步向规范化、标准化、信息化、法治化轨道迈进。先后出台了《广西壮族自治区义务教育实施办法》《广西壮族自治区人民政府实施〈扫除文盲工作条例〉办法》《广西壮族自治区教育条例》《关于加强民族语言文字工作的通知》《关于加强我区少数民族教育工作的通知》《关于进一步加强壮文进校实验工作的意见》《关于加快发展民族教育的实施意见》等规范性文件,明确规定在使用壮语的农村,要用壮文扫盲,农村扫盲要和壮文进校、科技扶贫等工作紧密结合起来;积极稳妥推进壮文进校和壮汉双语教学试点工作;在壮族聚居地区,继续做好壮文进校的试点工作;壮文试点小学要实行"以壮为主,壮汉结合,以壮促汉,壮汉兼通"的教学原则;认真抓好壮文师资和教材等配套建设;民族院校应当对壮族学生开设壮文必修课或选修课,培养壮文研究、翻译、师资等各类专业人才;学生使用少数民族文字参加考试,与使用汉字具有同等效力,等等。自治区民语委、民宗委、教育厅等出台工作规划,提出到2020年,全区实施壮汉双语教育的中小学校要达到300所以上，在校学生达到15万人以上，基本形成壮汉双语教育体系；并重点实施63个广西少数民族语言资源保护项目。《南宁市壮文社会使用管理办法》施行，规定重要公共场所名称的招牌和标牌应同时使用壮文和汉文。2012年，自治区教育厅印发《壮语文课程标准（试行）》，明确壮语文课程的性质、教学要求、教学目标，结束了广西壮汉双语教育没有课程标准的历史。2017年11月28日、2018年11月28日，自治区民语委先后审定通过第一、第二批壮文规范词语予以发布并推荐推广使用。2018年5月31日，自治区人大常委会十三届三次会议审议通过《广西壮族自治区少数民族语言文字工作条例》，自2018年8月1日起施行，加快了广西民族语文工作法治化进程。壮语文的社会应用、规范化、标准化、信息化工作和翻译、出版、新闻、广播、影视、古籍整理、学术研究、交流等都取得重大成果。

二 60年的主要成就

（一）出台了一系列促进壮语文健康发展的政策，明确了壮语文的独特地位。中央人民广播电台开设壮语广播节目，壮文成为人民币上4种少数民族文字之一，《民族画报》出版壮文版。1982年，广西壮族自治区人民政府公布了《壮文方案（修订案）》。从1983年到2018年，广西壮族自治区党委政府出台《自治区政府批转区语委、民委、教育局关于在马山等二十二个县部分小学使用壮文教学试点和农村使用壮文扫盲的报告》《自治区政府办公厅关于国家行政机关所挂牌子同时使用壮汉两种文字及有关问题的通知》《广西壮族自治区政府关于加强民族语言文字工作的通知》《广西壮族自治区壮汉双语教育发展规划（2016—2020年）》《广西壮族自治区政府关于加快发展民族教育的实施意见》等相关文件。2018年5月31日，自治区十三届人大常委会第三次会议审议通过了《广西壮族自治区少数民族语言文字工作条例》，广西民族语文工作走上了法治化轨道。

（二）构建了较为完整的壮语文教育教学体系，助力壮汉双语教育稳步持续发展。截至2017年秋季学期，广西实施壮汉双语教育教学的县（市、区）共有36个；全区壮汉双语学校幼儿园、学前班124所（班），在校生14 900人；双语中小学261所，在校生11万多人，专任壮汉双语教师3000多人。广西的实践证明，通过开展壮汉双语教育，实施壮汉双语教学工作，壮汉双语学校的教育教学质量均明显高于当地同类学校。目前，中国社会科学院、中央民族大学等多个单位招收壮族语言文字博士研究生，区内一些高校分别开设有硕士、本科层次中国语言文学专业（壮汉双语方向）和专科层次小学教育专业（壮汉双语方向），形成从学前教育、中小学基础教育、高中、大专、大学本科到硕士、博士高端人才培养的基本体系。同时，壮汉双语教育在促进农村扫盲工作和民族教育发展方面发挥重要作用。20世纪80年代以来，自治区先后编印壮文扫盲教材7种约35万册，扫除青壮年壮文盲达25万人。1999年以来，自治区每年举办农民学壮文学科技培训班，把学习壮文和学习农村实用技能紧密结合。还通过举办歌师歌手培训，挖掘和培养壮族青年歌师歌手，创作和收集整理了大量的壮语山歌作品，用壮汉双语编制《山歌汇编》。

（三）加强壮语文研究和保护，推动了壮语文规范化、标准化、信息化建设。自治区民语委积极探寻民族语言文字发展规律，开展壮语词汇调查收集工作，编纂了《壮汉词汇》《现代汉壮词汇》《壮语词典》等工具书。加强少数民族语言文字标准的统筹管理，出版《壮文社会用字规范手册》。开展《中华古壮字大字典》编纂工作，自治区民族古籍办等研发了古壮字录入系统，解决了造字录入方式简化的技术难题。古壮字被纳入国际标准制定。壮文信息技术被纳入了国家标准化制定范围。中国民族语文翻译局成功研发了汉壮/壮汉智能翻译系统、壮文语音识别系统、壮文智能语音翻译软件、语音转写通（壮汉）、壮文语音输入法等翻译软件。自治区民语委积极开展广西少数民族语言资源抢救保护工作，建立了包括壮语在内的广西少数民族语言资源数据库。做好民族语言文化等非物质文化遗产保护和抢救、挖掘、收集整理工作，推动少数民族语言文字在古籍整理、文学、音乐、歌舞、山歌等方面的使用。有大量的山歌、民谣、故事、传说、寓言、经籍以及各种用方块壮字记录的古籍用壮文或壮汉两种文字出版发行，其中自治区少数民族古籍办公室共抢救、搜集到世居少数民族古籍6000多册（件），翻译整理出版各少数民族古籍成果800多种计6000多万字，成果荣获国家级、自治区级奖项共20多个，有5部古籍成功入选第五批国家珍贵古籍名录，其中3部是古壮字古籍。有壮文创作的小说、散文获全国少数民族文学奖和少数民族文学创作"骏马奖"。一些少数民族聚居地区的基层群众纷纷用民族语言文字来创作、编排、表演民族歌舞，其中民族音画《八桂大歌》获文化部文化新剧目奖，壮族舞剧《妈勒访天边》获中宣部"五个一工程奖"、文化部文化新剧目奖。

（四）扩大壮语文社会应用覆盖面，形成了双语和谐的语言环境。 壮文不仅应用于全区法定单位的单位名称牌匾和公章，部分党政群单位网站名称，部分主要公共场所和街道（道路）、地名标识，还应用于部分重大会议（活动）条幅、标语等。中国民族语文翻译局壮语文室牵头做好全国党代会、每年全国"两会"的壮文翻译和壮语同声传译工作，为少数民族代表委员履职尽责、参政议政提供了服务保障；完成《毛泽东选集》《邓小平文选》《习近平总书记系列重要讲话读本》《中国共产党廉洁自律准则》《中国共产党纪律处分条例》《资本论》等领袖经典和党的重要文献的壮文版本的翻译工作。民族语言文字在广播、影视等事业上得到广泛的应用，广西电视台开播壮语新闻、壮语报道等节目，广西人民广播电台开播壮语新闻、壮语科技知识、壮语文广播学校等节目，至2018年6月，全区共有35个广播电视播出机构开设了民语节目，涉及壮、侗、苗、瑶、仫佬、毛南、京等7个语种。广西电视台、广西新闻网自2017年起分别在上林和忻城举办壮语春晚，通过网络技术实现全球直播。用壮语译配的影片每年约有90部，壮语电影下乡活动年均放映2000多场次，观众达30多万人次。2012年起逐步开展壮语文水平考试工作。

（五）建立和完善推行壮语文工作领导机构和专业机构，保障了民族语文事业持续健康发展。 国家民委成立中国民族语文翻译局壮语文室，专门负责翻译重要领袖著作、党和国家重要政策文件。自治区党委政府于1980年恢复设立正厅级自治区少数民族语言文字工作委员会，1988年成立由自治区主席担任主任委员的高规格自治区壮文指导委员会，还在自治区教育厅设立推行壮文工作办公室，负责组织、协调、管理、指导壮语文相关事务。先后恢复和新组建广西民族报社、三月三杂志社、广西民族出版社，负责壮语文图书、报刊的印刷出版发行和宣传报道工作。设立民族语文工作专家咨询委员会，建立了广西民族语文翻译人才库。

广西壮语文事业也面临许多困难和问题。一是壮汉双语师资后继乏人。进入新世纪以来，中专学校和高等院校很难招到壮语文专业学生，广西民族大学民语系因此停办，广西壮文学校办学重点在培训师资，南宁等四所民族中等师范学校先后并入有关高等师范院校或转办高中，停止了壮文课程的教学，壮文教师培养基地丧失，师资来源陷入枯竭，壮文教师面临后继无人的困境。二是少数民族语言保护力度仍不足。受强势语言、全球化、互联网等的冲击，广西少数民族语言社会使用功能正逐渐弱化，使用人数逐步减少，一些少数民族语言陷入濒危境地,抢救和保护的任务繁重。三是语言文化安全面临新挑战。广西作为少数民族人口最多的自治区,自治区级和市县级广播或电视只有少量少数民族语言节目,而没有少数民族语言频道,给境外一些宗教极端组织在少数民族聚居区播放少数民族语言节目、宣扬极端思想等预留了空间和阵地,这对我国民族文化安全无疑是潜在隐患。

党的十八大以来,党和国家对少数民族语言文字工作提出了新要求,出台了一系列规范性文件。未来的壮语文工作将坚持以习近平新时代中国特色社会主义思想为指导,全面贯彻执行党和国家关于少数民族语言文字的政策法规,自觉把壮语文工作放到党和国家事业全局中去谋划和推动,与时俱进、改革创新,不断丰富和拓展壮语文的推行方式、渠道和途径,努力形成多语和谐的语言环境,开创新时代壮语文工作新局面。

(莫 滨)

手语"普通话"和盲文"规范字"

2018年6月25日,中央宣传部、教育部、国家语委、国家广播电视总局和中国残联联合召开国家通用手语和通用盲文推广部署电视电话会议,公布了《国家通用手语常用词表》和《国家通用盲文方案》,并部署在全国推广使用的工作。国家通用手语和国家通用盲文是国家通用语言文字的重要补充,该词表和方案的发布,使听障人士有了自己的"普通话",视障人士有了自己的"规范字"。

一 《国家通用手语常用词表》

(一)研制过程

国家通用手语常用词研究始于2011年。这次国家通用手语词汇研究的目标概括起来是12个字:增加新的、改正错的、删除旧的,即:要大量补充反映现代化、信息化、国际化、城镇化发展进程中涌现出的新词新语;对原《中国手语》书中不符合手语表达特点的动作进行修订;删除已经过时的词目,使之能基本满足聋人学习、工作和日常交流的需要。

课题组中,聋人占3/4,他们均由中国聋人协会推荐,来自全国12个省市;同时,语言政策研究人员、熟谙手语的高校科研人员和聋校教师亦参与其中。在研究方法上,采用图片呈现、田野调查、手语语料择取以及书面语呈现等方式,由课题组聋人提出聋人中常用的手语动作。课题组成员从手语语言的视觉性特点,反复比较、分析每一个手语动作,最终求同存异,将形成共识的手语词动作记录下来。

经过5年的研究,首先形成《国家通用手语词汇(试用本)》。2015年12月课题通过结题鉴定,然后于2016—2017年在覆盖全国七个方言区的15个省级聋协、18所招收聋生的院校进行使用试点。在综合试点意见的基础上,课题组又做了进一步修改,以"国家通用手语常用词表"形式申报教育部、国家语委语言文字规范，2017年12月20日经国家语委语言文字规范标准审定委员会审议后原则通过。之后，按照专家意见再次修订。2018年6月18日，中央宣传部、中国残联、教育部、国家语委、国家广播电视总局正式发布《关于推广国家通用手语和国家通用盲文的通知》《国家通用手语常用词表》。

（二）框架和特点

《国家通用手语常用词表》由说明和词目两部分内容构成。说明部分包括：有关词表适用范围、规范性引用文件的说明；词表中所使用的核心术语的定义，尤其是吸收了手语语音学提出的手形、位置、动作、朝向、移动、表情、姿势的基本概念及其界定；15种手语动作线图解符号的式样和含义；词表编制遵循的约定俗成原则、求同存异原则和有利教学原则以及词表的使用说明。词目部分共收入5668个词，按照音序排列。每个词目配手语动作图示和文字说明，以便读者能图文对照，完整理解手语动作。

国家通用手语常用词的手语具有以下主要特点：(1)突出手语表意表形特点，用聋人现实使用的形象手语替换了过去许多一一对应汉字的手语，并大量减少了手指字母的使用。(2)注意描述手语表达时的身体位置变化和表情，反映事物之间的空间关系、状态以及施事与受事者。(3)根据聋人视觉认知的特点，一些手语词的词序不同于汉语词序。(4)一词多义用多个手语来表达。(5)按照"名从主人"的原则，民族、地名等主要采用当地聋人的手语。

正是由于词表中的手语来源于聋人语言生活，广大聋人看到后感到熟悉、亲切，因此愿意学习、宣传和推广。

（三）推广安排

推广国家通用手语的重点领域和重点人群是有关聋人教育的特殊教育院校师生、社会各界聋人、残联系统工作人员和手语翻译。为此，由中央宣传部、中国残联、教育部、国家语委、国家广播电视总局等联合发布的《国家通用手语推广方案》要求：有关特殊教育院校将国家通用手语作为教师在职培训内容和岗位要求，列入继续教育学分和年度考核，力争到2020年实现全员轮训一遍。其中，专任教师应熟练掌握不少于5000个通用手语词，管理人员应掌握不少于3000个通用手语词汇，并了解手语自身特点，注意根据其特点进行表达。国家通用手语进入新编聋校教材，鼓励开设国家通用手语校本课程。不同年级的聋生能正确理解和熟练使用500—2000个国家通用手语词。各级聋人协会负责对社会上的聋人开展培训，到2020年覆盖到全国县级城镇以上的聋人。县级及以上残联服务聋人的工作人员应正确掌握不少于3000个国家通用手语词，并了解手语自身特点，注意根据其特点进行表达。2019年起，在中央电视台、省级电视台手语栏目、党和国家重大活动的手语同声传译、出版物中逐步使用国家通用手语。2020年起，在地市级电视台手语栏目和地方公务活动的手语同声传译中逐步使用国家通用手语。

《国家通用手语常用词表》是改革开放40年来教育部、国家语委发布的第一个有关手语的国家语言文字规范。全面推广使用国家通用手语，将对广大聋人更好地学习文化知识、更顺利地获取信息、进行社会交往，助力推普脱贫，更加平等地参与社会生活，实现对美好生活的向往和融合发展有着特殊的意义和作用。

二 《国家通用盲文方案》

（一）研制过程

国家语委、中国残联2011年9月设立"国家通用盲文标准修订"重大课题，开启了《国家通用盲文方案》研制。本研究的目的是解决盲文标调不规范产生的系列问题，具体目标是："读音准确、新旧衔接、省时省方、易读易写"。

定量研究为基础，以汉语盲文语料库和现代汉语平衡语料库的大数据成果为基础，形成了本研究的高频词词表（37 200词）、汉语测试语料（1500万字）、盲文测试语料（500万方）。整个研究过程中进行了上亿条数据运算。

定性研究为主导，语言学、盲文专家（盲人专家占2/3）以定量研究数据为重要参考，召开了百余次研讨会，反复筛选比较，先后形成了三类十二个方案。定性研究中特别注重盲文使用者的主体地位，广泛征求盲文编校、盲校师生、成年盲人的意见建议；排除了按声调统一省写去声和按高频音节逐个省写的方法，前者精准性很差，后者记忆负担很大。

国家通用盲文研究过程中进行了大量的实证研究，充分发挥了广大盲人的聪明才智。实证研究主要包括问卷调查、专家访谈、电话咨询等。2012年以来，利用每年的全国盲协主席会议机会，对全国盲协委员和省级盲协主席进行调研和专家访谈，获得了大量宝贵意见和建议，对方案修正产生了重大贡献。对全国各地参加盲文基础能力竞赛的选手，进行了3次调研。小型调研访谈涵盖了10余所盲校师生、盲人大学生，对近20个省、自治区、直辖市的盲文专家进行过专家访谈，对理清研究思路、解决疑难问题起到了重要作用。

2015—2017年在全国9所盲校、2所高等特殊教育学院、9个省级盲协、2个盲文出版单位进行《国家通用盲文方案（试行）》试点，进行科学性、适用性检验，为进一步修改、完善提供依据。根据2个阶段试点的反馈意见，2017年10月，国家通用盲文试点总结暨国家通用盲文方案修订大会召开，确定了《国家通用盲文方案（报批稿）》。2017年12月20日经国家语委语言文字规范标准审定委员会审议通过后，成为国家语言文字规范。2018年6月18日，中央宣传部、中国残联、教育部、国家语委、国家广播电视总局发出《关于推广国家通用手语和国家通用盲文的通知》。

（二）框架和特点

《国家通用盲文方案》包括十二个部分，其中：范围、规范性引用文件、术语和定义、总则是语言文字规范格式规定的导引部分。具体内容部分包括：声母符号、韵母符号、声调符号、标点符号、拼写规则、标调规则、简写规则、分词连写规则等。其中，标调规则是本次修订的核心，简写规则是新增的，其余部分是对现行盲文的继承，没有任何改动。

《国家通用盲文方案》不是一套新盲文。它完全沿用了现行盲文的声母、韵母、声调符号，没有改变任何一个符号，没有删减、增加任何一个符号。保持了盲文的稳定，遵循了语言文字约定俗成的根本规律，没有强行更替盲人的文字，维护了盲人文字安全的核心利益。《国家通用盲文方案》体现了国家通用语言音节带调的特点，确立了全部音节标调的总原则，废止了需要时标调的旧体系。除新增的6个简写字外，即使没有学习国家通用盲文标调省写规则，也可以沿用猜读的方式阅读国家通用盲文出版物。此外，《国家通用盲文方案》解决了盲文标调准确与省方的两难问题。

《国家通用盲文方案》具有以下五个主要特点：（1）新旧衔接。《国家通用盲文方案》以保持现行盲文稳定为首要前提，在现行盲文主体结构保持不变的前提下，对其标调理论和标调方式进行重大调整，实现盲文表音准确，又不大幅度增加方数。（2）读音准确。表音的汉语盲文，声调必须准确。《国家通用盲文方案》的核心是在字字标调基础上，按声母省写一个声调符号，声母相同的音节不论韵母是什么，省写相同的一个声调符号。当音节表面没有声调时，声母兼声调标志符号的功能。这样，国家通用盲文实现了字字带调，其中三个调外显，一个调隐藏。（3）省时省力。通过省写部分声调，解决篇幅冗长问题，最大限度地省时省力，提高阅读与书写效率。（4）易学易用。《国家通用盲文方案》省写规则简单，规律性强，规则层级少，特例不多。教和学省力，记忆负担小。新增内容少，非常"易学"。（5）利于信息化。国家通用盲文本质是字字标调，在计算机后台每个字都带调（只是在纸质版的盲文中有省写），这为盲文的计算机朗读提供了可靠的基础。

（三）推广安排

2018年秋季学期起，小学一年级新生开始使用国家通用盲文印制的教材（字字标调版），小学二年级和初中二年级新生开始使用国家通用盲文印制的教材及配套课外读物（含省写和简写版）。其他年级学生继续使用原教材。2019年春季学期起，每学年的春季学期，对初中、高中（含普通高中、职业高中和中等专业学校，下同）和高校应届毕业视力残疾学生，进行不少于8课时的国家通用盲文培训，直至在校学生过渡完毕。2019年秋季学期起，职高和中专按摩专业一年级新生开始使用国家通用盲文印制的教材及配套课外读物（含省写和简写版），其他专业、其他年级学生继续使用原教材。2020年秋季学期起，普通高中、高校（含研究生）一年级新生开始使用国家通用盲文印制的教材及配套课外读物（含省写和简写版）。其他年级学生继续使用原教材。从2018年起，以50岁以下的青壮年为重点，对社会上视力残疾人开展国家通用盲文培训。到2020年各地完成省、市、县三级社会视力残疾人骨干培训，并开展一定范围的普及性培训。从2018年下半年起，逐步出版国家通用盲文读物。2018年的新书出版比例为10%，2019年的新书出版比例为30%，2020年的新书出版比例达到60%。

《国家通用盲文方案》实现了字字标调的夙愿，盲人从此能够准确使用国家通用语言，与普通话完全接轨，我国盲人有了相当于汉语拼音功能的文字工具。它能够满足盲人日益增长的文化教育需求，适应信息化时代的发展要求。对盲人共享科技进步成果，促进盲文信息无障碍，促进盲人语言文字权益平等有重要意义。

（顾定倩、钟经华）

听障学生书面语表达偏误调查

听障学生书面语使用包括两个方面：书面语阅读和书面语表达。听障学生的书面语借用了汉语书面语的文字，以汉语书面语表达标准和语法规则为依据，是自然语言的书面形式，不是对手语符号的书面文字符号转化。已有的研究结果表明，听障学生的书面语表达水平，落后于同龄健听学生的书面语表达水平4个年级，表达中存在大量偏误现象。对这些比较普遍的、明显的、集中的偏误问题进行研究，可以了解听障学生这个特殊群体在汉语书面语习得过程中的语言认知特点和语言使用特点，同时也可以揭示造成他们汉语书面语表达中各种偏误出现的原因，从而针对出现的偏误提出相应对策。

一 调查对象与内容

（一）调查对象

调查对象为吉林省长春市特殊教育学校初中阶段48名在读学生。其中女生23人、男生25人，平均年龄为16.5岁。另收集到3个年级的学生76篇作文、44篇日记。每篇作文500字左右，是学生独立完成的原生性记叙文；每篇日记200字左右，学生独立完成，为语文教师布置的课后写作作业，非日常生活中的私密性日记。

（二）调查目的和方法

为了解听障学生书面语学习的途径、方法、性质、特点和规律，包括字词学习和句法学习，我们实际参与到听障学生书面语课堂中对其进行跟踪观察与记录，通过对听障学生、特教教师现场问卷与座谈等调查方式，获知听障学生书面语的习得情况，并对调研所获取的学生书面语语料进行梳理和数据分析。

二 偏误与原因

(一) 偏误类型

调查显示，听障学生书面语表达偏误主要表现为词汇偏误和句子偏误两类。

1. 词汇偏误分析。

表 4-42 词汇偏误分析表（单位：项）

类型	偏误总数	误用	残缺	冗余
实词偏误	275	217（78.9%）	49（17.8%）	9（3.3%）
虚词偏误	237	57（24.1%）	152（64.1%）	28（11.8%）
合计	512	274（53.5%）	201（39.3%）	37（7.2%）

表 4-42 显示，实词偏误稍多于虚词偏误。实词中误用类最高，占到 78.9%；其次是残缺类，占 17.8%；冗余类最少，只有 3.3%。虚词偏误中残缺类比例最高，达 64.1%；其次是误用类，占 24.1%；冗余类最少，只有 11.8%。

2. 词性偏误分析。实词误用包括：名词误用、动词误用、形容词误用、数量词误用、副词误用、代词误用等。

表 4-43 实词词性偏误分析表（单位：项）

类型	名词误用	动词误用	形容词误用	数量词误用	副词误用	代词误用
作文日记	43（19.8%）	80（36.9%）	32（14.8%）	20（9.2%）	22（10.1%）	20（9.2%）

表 4-43 显示，动词误用偏误占比最高，各种词性的误用依次是动词误用＞名词误用＞形容词误用＞副词误用＞数量词误用＝代词误用。如：

（1）*妈妈买的苹果比我扩大。（原意应为：妈妈买的苹果比我买的大。）

手语中"大"和"扩大"基本手势相同，"扩大"在"大"的基础上伴随动作的持续。

（2）*饭盒拿教室里吃。（原意应为：盒饭拿到教室里吃。）

手语中"盒饭"和"饭盒"是同一个手势，可以相互兼代使用。

（3）*跑得太汗，老师让大家刀。（原意应为：跑得太热了，老师让大家切西瓜吃。）

手语中"汗"和"热"的手势相同，表达时可以相互替代，反映到书面语中出现了将名词误用成形容词的偏误。手语中"刀"和"切"的手势相似，两个词可兼代使用，反映到书面语中出现了将名词误用成动词的偏误。

（4）*每条都是难题。（原意应为：每道都是难题。）

自然手语表达为：每题/都/难。手势汉语表达为：每题/条/都/难。听障学生表达"道"用"条"来替代。

3.虚词残缺分析。虚词残缺包括介词残缺、连词残缺、助词残缺、语气词残缺等。

表4-44 虚词残缺分析表（单位：项）

类型	介词残缺	连词残缺	助词残缺	语气词残缺
作文日记	17（11.2%）	32（21.1%）	102（67.1%）	1（0.6%）

表4-44显示，语料中助词残缺偏误最高，占67.1%，各类依次为助词残缺＞连词残缺＞介词残缺＞语气词残缺。助词残缺中有结构助词残缺、动态助词残缺、其他助词残缺三种类型。其中动态助词残缺类占比最高。如：

（5）*我看蓝蓝的天空。（原意应为：我看着蓝蓝的天空。）

自然手语表达为：看——（自身→向上天空的方向）/天空/蓝（L指式）。"看着"这个持续义由重复持续"看"一个手势表示出来。

（6）*这些科最苦恼是数学。（原意应为：这些科目中我最头疼的是数学。）

自然手语表达为：数学/课/这些/最/苦恼。

（7）*妈妈话当成耳边风。（原意应为：我把妈妈的话当成了耳边风。）

自然手语表达为：妈妈/说-/耳朵/风。手语中"的"通常被省略，一般情况下自然手语直接打出名词或动词+停顿来表示汉语"的"字结构，书面语表现出结构助词残缺偏误。

（8）*这药苦了管用。（原意应为：这药太苦了，但是很管用。）

自然手语表达为：药/苦（皱眉+夸张表情）/管-用（伴随眼神肯定）。手语没有打出"但是"的手势，用停顿+眼神来表示转折的语义。手语非手控特征传递的转折语义被省略，反映到书面语表达就出现了连词残缺偏误。

（9）*我老师一起去看李想生病。（原意应为：我和老师一起去看生病的李想。）

自然手语表达为：我 / 老师 / 看（自身→第三方）/ 李某某 / 生病。自然手语中"和"往往通过时间停顿来表示，没有与汉语对应的手势。

（10）*衣服漂亮你的，给我穿。（原意应为：你的衣服真漂亮啊！给我穿下吧。）

自然手语表达为：你 / 衣服 / 漂亮 / 给（对方→自身）/ 我 / 穿 -。此句话还有结构助词缺失，可以看到自然手语中并未打出"吧"的手势，取而代之会使用口动或者手势的停顿。

（11）*春天地到来感受。（原意应为：感受到了春天的脚步。）

自然手语表达为：春天 / 感觉 / 到（完了）。手势汉语表达为：感觉 / 到 / "了"（书空手势）/ 春天 / D手形 / 到。

4. 句子偏误分析。

表4-45 句子偏误分析表（单位：项）

类型	偏误总数	成分残缺	成分冗余	搭配不当	语序	句式杂糅
作文日记	461	222（48.2%）	91（19.7%）	47（10.2%）	69（15.0%）	32（6.9%）

表4-45显示，成分残缺类占比最高，各类依次为成分残缺＞成分冗余＞语序＞搭配不当＞句式杂糅。

5. 句子成分残缺偏误分析。

表4-46 成分残缺分析表（单位：项）

类型	主语残缺	谓语残缺	宾语残缺	定语残缺	状语残缺	补语残缺
作文日记	60（27.0%）	82（36.9%）	35（15.8%）	25（11.3%）	13（5.9%）	7（3.1%）

表4-46显示，语料中谓语残缺偏误占比最高。各类残缺依次为谓语残缺＞主语残缺＞宾语残缺＞定语残缺＞状语残缺＞补语残缺。如：

（12）*不再嫉妒他人。（原意应为：你不再嫉妒别人。）

自然手语表达为：指向对方伴随目光直视 / 嫉妒 / 别人 / 再 / 不。手势将第二人称"你"用指点手势表示，书面语表达时将指点手势忽略掉，出现了主语成分缺失偏误。

（13）*中午吃。（原意应为：中午吃面条。）

"吃面条"一手打出"V"手形模仿筷子夹面条的动作向嘴边靠近，同时嘴部伴随着口动。手语类标记动词将表示宾语信息的类标记手形融合在动作之中同时表现出来，这种同时性表达形式反映在线性书面语表达中就出现了宾语残缺偏误。

（14）*这是第一今年冬天雪我开心。（原意应为：这是今年冬天第一场雪，我真开心。）

自然手语表达为：下-雪/一/冬天/我/开心/。句子缺少相应的程度副词，手语直接用表情轻重传达汉语程度副词的语义，从而出现了状语残缺偏误。

6.语序偏误分析。

表4-47 语序偏误分析表（单位：项）

类型	主语语序	宾语语序	定语语序	状语语序	补语语序	否定的语序
作文日记	8（11.6%）	13（18.8%）	20（29.0%）	19（27.5%）	2（2.9%）	7（10.2%）

表4-47显示，语料中定语语序偏误占比最高。各类依次为定语语序偏误＞状语语序偏误＞宾语语序偏误＞主语语序偏误＞否定的语序偏误＞补语语序偏误。

（15）*熊白可爱（汉语的语序：可爱的白熊）

自然手语表达为：熊/白/可爱。自然手语首先反映重要的、强调的、注意的、具体的、简单的，然后再反映次要的、辅助的、抽象的，这种表现形式反映到书面语中就出现了定语后置的偏误。

（16）*咖啡喝二妈妈。（汉语的语序：妈妈喝了两杯咖啡。）

自然手语表达为：妈妈/咖啡/喝+/C手形。自然手语语序表达的是主题在前说明在后，类标记手形直接将"数量+动作方式"表现出来。

（17）*面包吃我。（汉语的语序：我吃面包。）

自然手语表达为：面包/吃（宾语受事→主语）。自然手语第一人称做主语通常省略，这句话手语语序为"宾语+动词"的方式，这种手势动词通过运动方向、空间位置的变化直接将施事和受事之间的关系表现清楚，所以手语不再需要像汉语那样通过线性形式上的语序来表达语义的施受关系。

（18）*今天作业难不。（汉语的语序：今天的作业不难。）

自然手语表达为：作业/今天/难/不。

（19）*他擦黑板扫地没有。（汉语的语序：他没有擦黑板扫地。）

自然手语表达为：他/黑板/擦/扫地/没有。手语表达通常将否定词后置表现出"形容词+不""动词+没有"的形式。

(二)偏误原因

听障学生使用的手势语分为自然手语和手势汉语两种。自然手语是听障学生的母语，是一种独立的语言，与汉语没有直接必然联系，它的词汇和语法规则是自源的，不受汉语语法规则的限制，被听障人士广泛接受和使用。手势汉语是在汉语的基础上产生的，是汉语普通话的手语手势表达，是符合汉语语法规则的一种手势表达，多被特教教师、手语翻译、健听人士使用。

听障学生的书面语是自然语言书面语，可视为他们的第二语言，他们的书面语表达偏误，是第二语言学习中产生的负迁移。

手语表达中的"兼代"形式是手语表达客观存在的现象，即用已有的手势表达其他的词义。手语表达既有同词性手势之间兼代形式又有异词性兼代形式，手语"兼代"表达形式被听障学生直接带入书面语表达中使用，导致手语表达思维对书面语表达造成负迁移，使得听障学生书面语表达中出现了大量的实词误用偏误。

自然手语语法系统中没有自源的虚词。汉语虚词所起的语法功能和语义成分通过手语立体的特征将虚词的意义包含在其他词语的手势动作中。表达方式通常有：一是改变部分手势的打法变换手势的词形；二是加强或减少手势动作频率或幅度；三是用面部表情、身体移动方向等非手控特征伴随手势；四是通过双手打出手势利用空间布局的形式来表现。因此在书面表达时，就会出现大量虚词残缺、虚词误用的偏误。手势汉语用相同"D手形"表示结构助词"的""地""得"的形式，以及书空"了"手势表示动态助词"了"的形式，导致了听障学生书面语助词冗余偏误。

汉语中的各句子成分在自然手语表达中通过指点手势、手势停顿、同时性表达等形式完成，这些表达形式符合视觉语言的感知规律和语言的经济原则，是听障学生使用手语表达时常见的表现方式和语法手段。也就是说，手语表达句子成分的形式是区别于汉语表达句子成分形式的，两者对应的句子成分只享有语义上的一致，形式上是不一致的。如：自然手语空间指点手势可以清晰地表达出句子主语和宾语的位置；同时性类标记结构表达方式可以同时表示出句子的谓语和宾语。听障学生使用书面语表达时应该把空间立体手语手势表达所涉及的语义和句子成分在向线性书面语转换的过程中补充完整，否则反映到线性书面语表达中就会出现由于手语表达形式造成的对应书面语成分缺失，使听障学生书面语表达中出现大量的成分残缺偏误。

对于手语这种视觉空间立体语言而言，句子中手势所表达的各成分语义关系清晰明了的前提下，它对语序的要求并不像自然语言那样完全线性。手语中手势动作大小、方向，类标记结构，手控与非手控特征等形式都可以表达语义关系，起到语序的作用，自然手语以不完全线性或非线性的形式将语义关系表达清楚。听障学生书面语使用中出现的各种语序偏误，从根本上说是受到了他们自然手语语序表达的影响，他们在立体空间视觉语言向线性书面语转换的过程中，忽视了对手语这些形式的转化从而引发各种语序偏误。

三 相应对策

要解决听障学生书面语表达的偏误问题，需要多方配合共同完成。

（一）教师应多种教学方式融合

特殊教育教师在教学和日常交流过程中要注意听障学生使用自然手语的表达特点，注意听障学生的母语表达特点。要努力做到以下几点：一是形成"语言转换"意识，注意听障学生使用的自然手语与教师使用的手势汉语之间的各种差异；二是使学生认识到这几种"语言"是不同的；三是用对比分析的方法为学生解释、分析相关的偏误现象，及时纠正听障学生书面语表达中出现的偏误，防止偏误固化；四是有针对性地训练听障学生线性书面语表达意识，使听障学生对汉语书面语的语法特点、表达方式等形成正确的语言认知。

（二）听障学生应多种习得方式融合

听障学生要努力做到以下几点：一是正确认识习得书面语表达的意义，提高主观能动性，从而通过各种方式结合达到学习目标；二是通过多种渠道、多种手段建立汉语意识；三是形成手语表达思维方式区别于书面语表达思维方式的意识，形成汉语及汉语书面语表达语境；四是通过对思维方式的训练提高汉语思维能力，获得更多的汉语语法知识，将正确的汉语语法知识和书面表达方式转化为自己内在的、固化的、稳定的汉语系统。

（高彦怡）

第五部分

热 点 篇

空军闽南话宣传片飞上蓝天

战神轰-6K 战机是中国自主研发的新型中远程轰炸机。人民空军近年来警巡东海、战巡南海、前出西太、绕岛巡航,都有轰-6K 战神的战斗英姿。空军飞行员绕岛巡航,就是在用战机的航迹丈量祖国的大好河山。宝岛在祖国怀中,祖国在我们心中,捍卫祖国的大好河山,是人民解放军的神圣使命⋯⋯

伴随着小提琴演奏的《我和我的祖国》,空军发布的一则题为"战神绕岛新航迹"的宣传片在 2018 年 4、5 月间火遍了网络。宣传片的特别之处,不仅在于向人们近距离展现了国之重器——轰-6K 战机的飒爽英姿,还在于全片解说词都用闽南话朗诵。这一罕见举动不仅引发了大陆媒体和网民的密切关注,还在台湾乃至海外产生了广泛影响。

人民空军:多管齐下

大陆用闽南话对台湾宣传由来已久[①],中央人民广播电台早在 1954 年即开办了对台广播(2003 年最新改版为"神州之声"),中国人民解放军也于 1958 年组建了福建前线广播电台(1984 年更名为"海峡之声")。

但此次宣传片的发布与以往不同。首先,发布主体是人民空军这一具体军兵种。近年来,歼-20、运-20、轰-6K 等大国重器的正式列装,使人民空军的装备建设迈上了一个新台阶。在这一背景下,常态化发布相关新闻无疑能够彰显人民空军捍卫国家利益、维护世界和平的决心和信心。其次,发布渠道是微博这一新兴自媒体(如图 5-1)。相比广播电视等传统媒体,自媒体的传播速度更迅捷、覆盖范围更广,同时由于自媒体的受众以年轻人为主,因此投送的目标也更精准。

利用这一高效的发布平台,人民空军于 2018 年 4 月 8 日发布了强军故事微

---

① 曾逸芸《大陆对台闽南话广播研究》,厦门大学硕士学位论文,2012 年。

视频《"神威"与"战神"相约》的汉语普通话版、汉语粤方言版和英语版,19日又发布了该视频的汉语闽南话版。视频通过对"神威大队"师长和战神研发团队负责人的采访,展示了我国自主研发的新型中远程轰炸机轰-6K前出西太、战巡南海的战斗英姿和我空军指战员敢打必胜、敢于亮剑、敢挑重担的胆气、底气和豪气。

4月21日,人民空军趁热打铁,一口气发布了视频《战神绕岛新航迹》的汉语普通话、汉语闽南话、汉语粤方言以及英语四种版本,集中展现了4月18日—20日,空军战神轰-6K等战机连续3天"绕岛巡航"的震撼画面,彰显了空军飞行员维护国家主权和领土完整的意志和能力。

两部宣传短片的发布,用空军新闻发言人申进科大校的话来说,做到了大事当前"不失语",把军事活动的话语权、定义权和解释权牢牢掌握在了自己手中;①而推出汉语普通话、汉语闽南话、汉语粤方言、英语等多语种多方言版本,也顺应了国际友人、台湾民众、海外华人和社会公众各界的观看习惯。

图 5-1　人民空军官方微博"空军发布"截图

各方关注:"说给懂的人听"

多语种多方言宣传片迅疾引来海内外媒体关注的目光。在闽南话版《"神威"与"战神"相约》发布的当日(4月19日),新华社就发布了消息,国防部网站于同日转载②;在闽南话版《战神绕岛新航迹》发布的当日(4月21日),新华社再次发布消息,国防部网站又于同日转载③。"闽南话""多语种(多方

---

① 申进科《军事新闻发布要致力提升中国话语的国际影响力》,《军事记者》2018年第9期,http://www.81.cn/jsjz/2018-09/26/content_9299087.htm。

② 新华社北京4月19日电,《中国空军发布闽南话版和英文版"战神"宣传片》,记者张玉清、张汨汨,国防部网站同日转载,http://www.mod.gov.cn/topnews/2018-04/19/content_4809915.htm。

③ 新华社北京4月21日电,《空军多语种宣传片〈战神绕岛新航迹〉向海内外发布》,记者张玉清、黄书波,国防部网站同日转载,http://www.mod.gov.cn/power/2018-04/21/content_4810058.htm,新华网4月22日转载,http://www.xinhuanet.com/mil/2018-04/22/c_129856061.htm。

言）"直接出现在了新华社报道的标题上,显示了对宣传片发布形式的重点关注;宣传片的主角之一——空军飞行员杨勇少校以及宣传片的幕后操刀手——中国空军新闻发言人申进科大校也在报道中先后"出镜",向世人展现了人民空军将士的良好风貌和捍卫国家统一的坚定信心。

环球网、观察者网和上观新闻等时政类网站也几乎在第一时间进行了报道。除了关注宣传片所使用的闽南话外,台湾方面的反应不约而同地成了三家报道聚焦的重点。如环球网的报道引述了国民党前民意代表、台湾中国文化大学教授邱毅的观点,认为闽南话宣传片对岛内民众感染力强,体现了大陆打击"台独"的决心和实力,强烈地警告了"台独"势力,并且唤起了台湾民众的共鸣。① 《环球时报》微信公众号也在4月21日发布了文章,报道了台湾绿媒对闽南话宣传片的反应,称"锁定特定对象意味浓厚"。②

观察者网则通过台媒报道了台湾当局的反应。台湾行政事务主管机构发言人徐国勇在《"神威"与"战神"相约》发布的次日（4月20日）宣称,不管大陆用什么语言宣传,大家都还是"可以分辨",称大陆"用闽南语想要影响我们土地族群的信心"。③

此外,上观新闻报道了台湾军方对宣传片的应对情况。针对大陆空军接连推出的闽南话宣传片,台军方在两天之内即推出了三段宣传短片,其中《时时刻刻》和《固若金汤》两段短片集合了台陆海空三军演习的画面,最新的一段则完全以空军为拍摄对象,收集了台军现役三种型号战机起降和飞行员日常训练的场景。可台湾媒体对此却并不买账,中天电视台直接揶揄道:"台当局清楚地知道跟大陆比装备是彻底不行了,只能改打'文宣战'。"④

跟传统媒体相比,自媒体对事件的关注更加热烈,话语也更加俏皮,其中主流媒体的法人微博尤为引人关注。共青团中央官方微博于4月19日18时25分,最早对"空军发布"的闽南话宣传片《"神威"与"战神"相约》进行了转发,并配以"怕你听不懂,咱这回说闽南话!"的导语。《人民日报》官方微博紧随其后,于18时47分也转发了该视频,并不无含蓄地说道,"有些话想说

---

① 环球网2018年4月22日,http://taiwan.huanqiu.com/article/2018-04/11897683.html。
② 《环球时报》微信公众号2018年4月21日,《笑死!解放军空军把绿媒气的这标题都出来了!》,http://taiwan.huanqiu.com/article/2018-04/11895344.html。
③ 观察者网2018年4月20日,http://www.guancha.cn/local/2018_04_20_454387.shtml。
④ 上观新闻2018年4月24日,https://www.jfdaily.com/wx/detail.do?id=87206。

给懂的人听"。这两句看似不咸不淡、实则寓意深刻的导语迅疾引发了网友的热评,其他法人微博也进行了大量转发。

4月20日,中央人民广播电台对台广播中心所属"你好台湾网"的官方微博更以"空军闽南话宣传片超贴心!方便'台独'败类听懂"为导语,获得了网友的交口称赞。4月22日,在第二部闽南话宣传片《战神绕岛新航迹》发布的次日,中央和国家机关工作委员会旗帜杂志社官方微博"紫光阁"的转发也格外引人关注,这次同样以"有些话想说给懂的人听"为导语,再次引发了广大网友评论、转发的热潮。

值得注意的是,美国之音①、CNN②、路透社③、德国之声④、《海峡时报》⑤等国外媒体以及《南华早报》⑥等香港媒体也对我空军发布绕岛巡航视频进行了报道,其中大多数都提及闽南话的使用。如美国之音和德国之声的新闻标题就出现了"中国以'台语'宣传轰炸大队实力""中国'战神'绕岛巡航 军事宣传讲'台语'"这样的文字。路透社报道不仅以"中国空军用闽南语视频刺激台湾"为新闻标题,还配发了对闽南话使用背景的介绍,如闽南话在台湾的公共场合广泛使用,被视为与普通话相对的、台湾"独特性"的象征等。

海峡两岸:"听拢呒"vs."亲切"

台湾各主流媒体也对事件进行了高度关注。如"中央社"的报道不仅直接引述了《"神威"与"战神"相约》中"强军是强国的标配""神勇亮剑空天,投送大国之威"等用语,还对两部宣传片不同语种或方言版本的时长进行了精确比对,指出虽然主题同为轰-6K绕岛巡航,但汉语闽南话版及英语版经过了

---

① 美国之音中文网2018年4月20日,https://www.voacantonese.com/a/china-air-force-taiwan-20180420/4357431.html。

② 美国有线新闻网2018年4月29日,https://www.cnn.com/2018/04/29/asia/china-taiwan-air-force-video-intl/index.html。

③ 英国路透社网2018年4月20日,https://www.reuters.com/article/us-china-taiwan-defence/china-air-force-goads-taiwan-with-hokkien-language-video-idUSKBN1HR0G2。

④ 德国之声中文网2018年4月20日,www.dw.com/zh/中国战神绕岛巡航-军事宣传讲"台语"/a-43464217。

⑤ 新加坡《海峡时报》网站2018年4月20日,https://www.straitstimes.com/asia/east-asia/china-air-force-fly-by-a-warning-to-taiwan。

⑥ 中国香港《南华早报》网站2018年4月20日,http://www.scmp.com/news/china/diplomacy-defence/article/2142605/china-and-taiwan-air-forces-trade-videos-warning-each。

重新编排，且背景多为夸耀性旁白，与《战神绕岛新航迹》以音乐烘托为主的风格迥异，宣传意味更浓。①

此外，"中央社"新闻还罕见地报道了大陆媒体的反应，称共青团中央微博及《环球时报》等大陆媒体所使用的"怕你听不懂，咱这回说闽南话""有些话说给懂的人听"等新闻标题颇具针对性和挑衅意味。

台湾《中国时报》的报道除直接点出闽南话版宣传片"打击'台独'意味浓厚"之外，还转述了台湾文化界名人以及一些网友的评论，如有网友评论道："至少对岸懂得变通……而台湾的蔡小姐头壳硬是（顶扣寇）扣怜！"（按："顶扣寇"，闽南话"硬邦邦"之意；"扣怜"，"可怜"一词的闽南话发音），还有网友讽刺道："台湾嘴炮干话政府快点开炮回去"。② 这些评论从侧面反映出台湾民众对蔡英文当局的不满。

在高度关注我军闽南话宣传片的同时，一些台湾媒体还对宣传片的方言发音、用词进行了耐人寻味的解读。如《联合报》引述台湾网友的留言，认为宣传片"真不是台湾腔"，而是"正宗闽南腔调"，类似于台湾电视节目《康熙来了》跟厦门卫视闽南话节目的区别。还有网友直白地表示，"这个口音还是太闽南了，一点也不台"，并建议寻找在大陆的台湾人配音。③

政治立场偏绿的三立新闻则直接用闽南话"撂闽南语心战喊话 台湾人听拢呒"④（意为：用闽南话喊话、搞心战，台湾人听不懂）作为标题，蓄意对我闽南话宣传片采用吐槽的言辞，而这实际反映了我们的闽南话宣传片触动了他们的神经，引起了他们的紧张。

厦门媒体的观感则完全不同。《海西晨报》和《厦门日报》分别于4月21日和22日发表了对闽南话版《"神威"与"战神"相约》视频配音人、厦门理工学院广播电视系播音主持专业副教授黄婉彬的专访，介绍了配音精心录制的过程。生于厦门的黄婉彬是地地道道的闽南人，曾担任闽南话栏目《新闻讲讲讲》的主播七年，具有丰富的闽南话播音经验。这次给宣传片的配音也相当严谨，为了确定配音风格，她在录音棚里用不同的音调、不同的方法、不同的风格反

---

① "中央社"网站2018年4月19日，http://www.cna.com.tw/news/acn/201804190384-1.aspx。
② "中时"电子报2018年4月20日，http://www.chinatimes.com/cn/realtimenews/20180420001507-260417。
③ 《联合报》网站2018年4月20日，https://udn.com/news/story/7331/3097839。
④ 三立新闻网2018年4月20日，http://awscdn.setn.com/News.aspx?NewsID=370907。

第五部分 热点篇

反复复试了 30 余遍，颇下了一番功夫[①]；对"多次展翅西太、警巡东海、战巡南海"这一排比句的断字断句，更是字斟句酌、反复修改了很多遍[②]。

《厦门日报》引述的网友"点赞"可以从一个侧面代表闽南话母语者对宣传片的接受度：

"厦门人，全程听懂无障碍，亲切！"

（李 佳）

[①] 《海西晨报》2018 年 4 月 21 日，http://xm.fjsen.com/2018-04/21/content_20959013.htm。
[②] 《厦门日报》2018 年 4 月 22 日，http://epaper.xmnn.cn/xmrb/20180422/201804/t20180422_5176212.htm。

让"外婆"与"姥姥"握手

2018年6月下旬,沪教版《语文》课本"外婆""姥姥"的使用引起了一场风波,上至中央级党报,下至微博、微信等自媒体,都给予了高度关注。

缘起:《语文》课本中的"外婆"换成"姥姥"?

《打碗碗花》是作家李天芳的一篇文笔清新、富于哲理的小散文,作品中除了敢于质疑、破除迷信的主题之外,也饱含着作者同外祖母之间的深厚感情。这篇文章90年代即收入人民教育出版社出版的九年义务教育小学《语文》课本[①],沪教版《语文》课本也常年将其作为保留篇目。可是,2018年最新版的沪教版《语文》课本却将《打碗碗花》一文中的"外婆"一词全部换成了"姥姥",如图5-2。

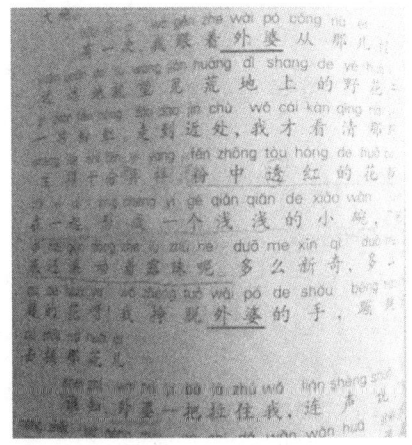

图片来源:左图来自微博网友@白兔老爸,右图来自微博@上海热门资讯

图5-2 沪教版《语文》课本《打碗碗花》一文改前(左图)与改后(右图)对比

在6月20日微博网友爆料之后,多个微信公众号对此进行了整理报道,传

---

① https://baike.baidu.com/item/打碗碗花/16012051?fr=aladdin。

统媒体也迅疾跟进,"外婆""姥姥"之争演变为 2018 年年中最火网络事件,而且成了网友们争相恶搞的对象①:

一个老人,抱着孩子唱着"摇啊摇,摇到姥姥桥,姥姥说我好犊子……"

晚上孩子躲在被子里看看童话书《狼姥姥》。

孩子大了,向着姥姥唱着《姥姥的澎湖湾》:"那是姥姥拄着拐儿将我手轻轻挽"……"澎湖湾澎湖湾姥姥的澎湖湾"。

(杭州知名餐饮)连锁店外婆家正式更名姥姥家,外婆红烧肉更名姥姥红烧肉②。

与此同时,沪教版《语文》课本的编写单位上海市教委教研室 2017 年的一则信访回复也被网友挖了出来。③原来,将"外婆"改为"姥姥"的情况在另一本沪教版教辅《寒假生活》中也出现过,上海市教委教研室对此的解释是:

查《现代汉语词典》(第 6 版),"姥姥"是普通话词语,指"外祖母"。"姥姥""姥爷"一般在口语中使用较多(《现代汉语规范词典》)。"外婆""外公"属于方言。

这则 2017 年的信访回复充分反映了教材编写者对这一问题的看法,即据《现代汉语词典》,认为"姥姥""姥爷"是普通话词语,而"外婆""外公"是方言词语,因此改之有据。

回应:满足识字需要还是"因辞害义"?

如此一来,《现代汉语词典》连同课本编写单位上海市教委教研室、出版单位上海教育出版社一起,都成了整个事件的"被告",陷入网友乃至大众舆论的质疑之中。这三方都几乎在第一时间就做出了回应。此外,《打碗碗花》原作者李天芳也通过媒体表达了自己的看法。

1. 出版方首次回应

作为教材出版方的上海教育出版社在网友爆料的次日(6 月 21 日)就迅

---

① 来自微博网友"@鋼筆樣子"。
② 来自微博网友"@桃朵朵在云溪"。
③ 《语文教材改外婆成姥姥,以后要唱〈姥姥的澎湖湾〉?》,语情局微信公众号 2018 年 6 月 21 日, https://mp.weixin.qq.com/s?src=11&timestamp=1541318418&ver=1223&signature=gLGvV-TXus*mXPFjCwnwcZDfZ7QVoqprLudbcJe8d9k0XSlQDMKlU2rN8Iw5GJ1WSFKpJHX6tu8mp00gX6HAomRlXVcu5kyxjVEJ8TgJVwmFnOrmBMJHsANjHXgNKgxy&new=1。

疾发表声明，①指出二年级第二学期语文教材（即《打碗碗花》出现的教材）把"外婆"改成"姥姥"是该学段识字教学的需要，"外""婆""姥"三个字被分别安排在了二年级第一学期第 4 课、二年级第二学期第 18 课以及第 24 课中。事实上，沪教版小学语文教材中"外婆"和"姥姥"的称谓都有，"外婆"出现了 8 处，"姥姥"出现了 4 处。

此外，声明还承认，除了考虑识字规律和文化多样性之外，语文教材编写还要充分考虑地域文化和语言习惯；声明承诺，后续将协助教研部门共同做好教学过程的指导，准确把握并充分考虑上海地域文化和用语习惯，并在今后的编写和修订过程中防止类似情况再次出现。

2.《现代汉语词典》编写方回应

社科院语言所所属"今日语言学"微信公众号于 6 月 22 日发表了社科院辞书编纂研究中心主任助理兼秘书长、语言所词典编辑室主任杜翔研究员的长文②，代表《现代汉语词典》的编写方对事件做出了回应。文章在探讨"姥姥""外婆"二词的地域分布与语义源流的基础上，对《现代汉语词典》的标注原则和处理办法进行了解释，指出，"姥姥"在《现代汉语词典》第 1、2 版中标〈口〉，第 3 版以后去掉了〈口〉，表明其已变为普通话通用词；"外婆"虽然历史悠久且分布广泛，但在北京话及周边大片官话区确实不说，因此标〈方〉是可以的。但考虑到"外婆"已广为人知，因此取消标〈方〉也有理由，将来修订时会予充分考虑。

此外，文章还对修改事件提出了异议，指出散文《打碗碗花》具有文学特性，表达着作者的个人经验与情感；如果为了识字教学的有序安排而用某些普通话的词代替方言背景的词，首先需要研判与作品的内容风格地域色彩是否相宜，而不应该"因辞害义"，以窜改、牺牲文章内容来迁就识字教学。这一表态跟绝大多数媒体的观点一致。

3. 原作者回应

作为事件当事人，原作者李天芳在 6 月 23 日接受《南方都市报》记者采访时也表达了自己两点不满：③首先出版社改动文章未跟自己商量，缺乏对作者的

---

① http://www.seph.com.cn/NewsDetail.aspx?Id=137&from=groupmessage&isappinstalled=0。
② 杜翔《"姥姥"和"外婆"及相关问题》，中国社会科学院语言研究所网站 2018 年 6 月 25 日，http://ling.cass.cn/xzfc/xzfc_xzgd/201806/t20180625_4395651.html。
③ 苏海伦《上海教委就"外婆"改"姥姥"致歉：将恢复！来听听原作者怎么说》，奥一网 2018 年 6 月 24 日，https://m.mp.oeeee.com/a/BAAFRD00002018062486694.html。

尊重；其次作家的语言有自己的偏好很自然，有乡土特点和地域特点都在所难免，希望自己的语言习惯能得到认可。

4. 主管部门回应

在各方强大的舆论压力下，6月23日，作为主管部门的上海市教育委员会发布了四点处理意见，①包括责成市教委教研室会同上海教育出版社迅速整改，向作者和社会各界致歉；要求全市教材编写工作吸取教训，充分尊重作者原文原意，依法维护作者正当权益等。此外，按照工作计划，2018年9月起将统一使用统编语文教材，原沪教版教材停止使用。

5. 出版方再次回应

就在上海市教委发布处理意见的当日，上海教育出版社联合上海市教委教研室共同发布致歉信，就两方面问题向社会各界及作者本人致歉：一是收录课文时未与作者沟通，二是修改课文时只考虑识字教学因素，既未征求作者意见，也未充分意识到地方用语习惯。

到此整个事件暂告平息。

讨论：方言之争还是赤子情深？

对事件进行回应、评论的远不止当事方。6月20日事件爆出后，从学生家长、社会人士到语言学界，从微博、微信公众号到传统媒体，从上海当地媒体到外地媒体，从地方媒体到中央媒体，密集的质疑接踵而至。讨论的焦点可以概括为两大方面：一是关注语言本身，讨论"外婆"是不是方言这一"技术问题"；二是关注语言文化，讨论方言背后承载的亲情、乡情。

1. "外婆"是方言，不是普通话吗？

绝大多数评论都质疑"'外婆'是方言，不是普通话"的说法。新华社6月22日的报道就引述知名语言文字刊物《咬文嚼字》总编黄安靖的观点，②认为"外婆和姥姥，最初可能都来自方言甚至是外族语言，但它们早就进入汉语普通话词汇系统，变成通用语言，在全国范围内广泛使用"。虽然在人们印象中，南方人普遍爱叫"外婆"，而北方人喜欢称呼"姥姥"，但"外婆""姥姥"的使

---

① 《上海市教委关于上海小学语文教科书外婆改姥姥一事的处理意见》，观察者网2018年6月23日，转引自微信公众号"上海教育"，https://www.guancha.cn/culture/2018_06_23_461139.shtml。

② 孙丽萍《"外婆"还是"姥姥"？语言文字学家：两者都不是方言》，新华社上海6月22日电，http://www.xinhuanet.com/politics/2018-06/22/c_1123023695.htm。

用并不以地域为界。报道还指出,"外婆"始见于唐代文献,而"姥姥"可能在明代才出现,因此"外婆"的历史比"姥姥"长。

《新京报》也用半个版面报道了这一事件。① 报道摘录了《北京方言词典》(商务印书馆1985年出版)对"姥姥"一词的四种解释:

一是儿童称老年妇女,如刘姥姥;二是反驳词,相当于"哼""胡说";三是用于坚决反对,有"任何人"的意思,如"姥姥来了我也不给";四是指外婆。

认为既然词典用"外婆"来解释"姥姥",那么"外婆"当然已不再是方言,而是普通话,因为词典不能用方言解释方言,除非前者已经变成了通用语。此外报道还认为,"外婆"有内外之分,内是父族,外是母族,因此比"姥姥"更能清晰地表达身份。

方言学界也很快从专业角度发出了声音。中国语言资源保护研究中心微信公众号"语宝"于6月21日发文,② 依托《汉语方言地图集》的数据将全国930个调查点对"外祖母"的叙称归为6大类63小类。其中,"外婆"与"姥姥"两种说法的分布最为普遍,全国共288个点称"外婆",分布于安徽、福建、甘肃、广东、广西、贵州、海南、河南、湖北、湖南、江苏、江西、山西、上海、四川、云南、浙江、重庆等18个省区市;63个点称"姥姥",分布于安徽、北京、河北、河南、黑龙江、湖北、吉林、辽宁、内蒙古、山东、山西、天津等12个省区市。

换言之,"外婆"不仅在非官话区(如吴方言、赣方言、湘方言、闽方言区等)广为分布,在包括西南官话、兰银官话在内的官话区也很常见;而"姥姥"的说法则主要分布在以北京官话、东北官话、中原官话和晋方言为代表的北方方言区。

2. "外婆""姥姥"都承载着情感

绝大多数媒体都认识到,"外婆""姥姥"之争背后反映的是方言情感,对于个体而言是赤子亲情,对于文艺作品而言是作者独特的情感体验,而对于国家、社会而言,则是如何正确处理普通话与方言之间关系的宏大主题。

"光明网"主要关注了个体及文艺作品中的方言情感问题,"光明时评"专

---

① 赵清源《"外婆"改成"姥姥",编改教材不必这么刻意》,《新京报》2018年6月22日。
② http://mp.weixin.qq.com/s?__biz=MzAwNDY2MjE2MQ==&mid=2652337475&idx=1&sn=21326f614edc1d/e19fb257587ba4a70&chksm=80cba3bdb7bc2aabea60495515dd9b08bbd8a4e5f135cd52378cd69c6c1d48bc8eb2ea377b45&mpshare=1&scene=1&srcid=0621t1kyRK5y7qQkxTuD75Oh#rd。

栏于6月21日发表了题为"相比'姥姥','外婆'一样承载着每个人的情思"的评论①，指出"外婆"一词承载着深沉而永恒的情感，相比之下，"姥姥"一词对南方人显得陌生而疏离。评论认为，文学的本质就是承载、表达、构建人类的情感世界，而情感离不开个人经验，也离不开个人所使用的语言；简单粗暴地窜改作家的遣词造句只会破坏原著的语言风格，这既是对作家的不尊重，也与培育学生文学素养的目的背道而驰。

新华社6月22日题为"'姥姥'还是'外婆'？在情感与规范间寻找平衡"的"新华时评"也发表了类似看法，②指出以"外婆"为非、以"姥姥"为是，不仅没有考虑不同地域的语言习惯，也忽略了人们积淀多年的情感。

《钱江晚报》一则题为"语文课本用'姥姥'，'外婆'为啥不高兴"的评论更为直白地指出，③习惯的称呼是情感的载体，换一个从来没有使用过的陌生称呼，情感联系就被割断了；随意改动称呼，既是对作者的情感不够尊重，也是不懂文学为何物的结果。

绝大多数评论都认为南北方言文化各有特色、应相互宽容，普通话与方言也彼此互补、应共同繁荣。前者可以成都传媒集团旗下"红星新闻"的评论为代表：④

无论南北叫法有何不同，就如同甜豆浆和咸豆浆，冬至的饺子和汤圆，端午的肉粽和甜粽般，都承载着每个人对亲人、对地缘文化的情思，并无对错，也不应区别对待。

后者可以新华社报道所引述的专家观点为代表：⑤

在汉语的发展历史上，"与时俱进"是一种常态。普通话不断吸收方言的有用成分，普通话的许多成分都来自方言。而方言一旦进入普通话系统，就变成了普通话的一员，不宜再视其为方言。

方言是一种历史记忆，也是地域文化符号，在作品尤其是文艺作品中有特

---

① 封寿炎《相比"姥姥"，"外婆"一样承载着每个人的情思》，腾讯网2018年6月21日，https://view.inews.qq.com/a/20180621A0XYQB00。

② 萧海川《"姥姥"还是"外婆"？在情感与规范间寻找平衡》，新华网2018年6月22日，http://www.xinhuanet.com/2018-06/22/c_129899015.htm。

③ 戎国强《语文课本用"姥姥"，"外婆"为啥不高兴》，《钱江晚报》2018年6月22日。

④ 陈城《"外婆"成方言 周杰伦的〈外婆〉也要改为〈姥姥〉？》，来源：红星新闻，百度"百家号"2018年6月21日转载，http://baijiahao.baidu.com/s?id=1603882663336609442&wfr=spider&for=pc。

⑤ 孙丽萍《"外婆"还是"姥姥"？语言文字学家：两者都不是方言》，新华社上海6月22日电，http://www.xinhuanet.com/politics/2018-06/22/c_1123023695.htm。

殊的表达作用。所以，对于方言，人们也应该给予尊重和保护。

事件平息五天之后，6月28日的《人民日报》在"文教周刊"发表题为"当'姥姥'遇上'外婆'"的署名文章[①]。一方面肯定了历史上普通话与方言相互影响、和谐共存的关系，指出这一发展规律不但能使语言丰富多彩，也能让人们在情感上不产生隔阂，使语言规范得到更广泛的认可。另一方面也重申，推广普通话是为了消除方言之间的隔阂，而不是禁止和消灭方言；方言一旦进入普通话系统，就变成了普通话的一员，不宜再视其为方言。评论以一句颇有深意的话作为结语，"希望让'姥姥'与'外婆'握手拥抱，使普通话的推广运用更科学、更符合时代的要求"，这也为整个事件画上了句号。

（李　佳）

[①] 刘大潮《当"姥姥"遇上"外婆"》，《人民日报》2018年6月28日。

甲骨文遇上表情包

2017年年底，联合国教科文组织世界记忆工程国际咨询委员会评审通过了甲骨文入选《世界记忆名录》，这标志着甲骨文的价值已经"得到世界公认"[①]。此后，甲骨文突然火了，尤其是当甲骨文遇上表情包，撞上网络流行语之后，创意甲骨文表情不仅在网络上迅速蹿红，而且在动态表情中"活"了。它们一改甲骨文在人们心中的"老古董"印象，贴上了"时尚""流行"的标签，一经推出便受到网民热捧和点赞，迅速成为社交圈表情包的斗图新宠，并一跃成为语言生活中的新时尚。

一 甲骨文表情包蹿红

最先走红网络的甲骨文表情包是"生肖甲骨文""甲骨有表情"。"生肖甲骨文"是以十二生肖为主题，与"你说神马""想吃狗粮""小鹿乱撞""猴赛雷"等网络流行语相结合，设计者将几何化的甲骨文字转化成更加直观形象的动物，配有动物的神情、动作，每一个小表情都以搞笑又可爱的甲骨小动物的表情定格，趣味性十足。

图片来源：微信表情包截图

图 5-3 生肖甲骨文

"甲骨有表情"则是套幽默的网络流行语表情动图。用甲骨文把"单身狗""男神""醉了""菜鸟"等词语妙趣横生地表现出来。这组表情让几何化的甲骨文字和汉字——对应，搭配萌萌的小动画还有流行的网络词汇，形象地

---

① 黄德宽《让古老汉字为文化自信注入力量》，《光明日报》2017年12月3日，http://news.gmw.cn/2017-12/03/content_26985823.htm。

讲解了每个甲骨文字的图案意义。如：表情"上天"（ ）中，"上"字形体的两条横线均向下内弯，如同一架飞船，"天"字本身又是一个人形；动态表情中，"小人"跳上"飞船"飞向空中，不仅赋予了文字动态形体，更使人们了解了字形由来，以及背后蕴含的故事背景。

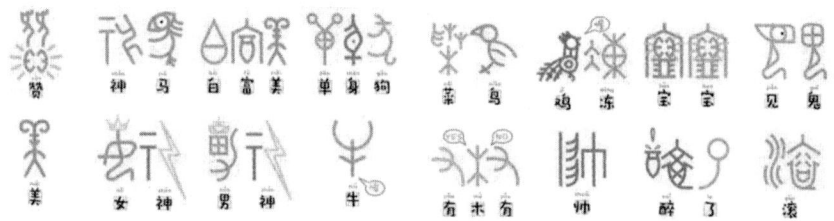

图片来源：微信表情包截图

图 5-4　甲骨有表情

创意甲骨文使象征远古文化的甲骨文和代表时尚年轻的微信表情擦出了奇妙的火花，网友纷纷点赞称：表情包"火"了，甲骨文也"活"了。[①]

在以上两套甲骨文表情包的引领下，涌现出了一批不同创意风格的甲骨文表情，如"甲骨文的问候""甲骨萌表情""甲骨文萌萌哒""疯狂甲骨文""叛逆期的甲骨文""我用甲骨文对你说"等（截图见下），这些表情包成了微博和QQ 表情市场的热门下载，其中"疯狂甲骨文"上线半年，下载量就超 10 万，使用量突破 68 万次。[②]

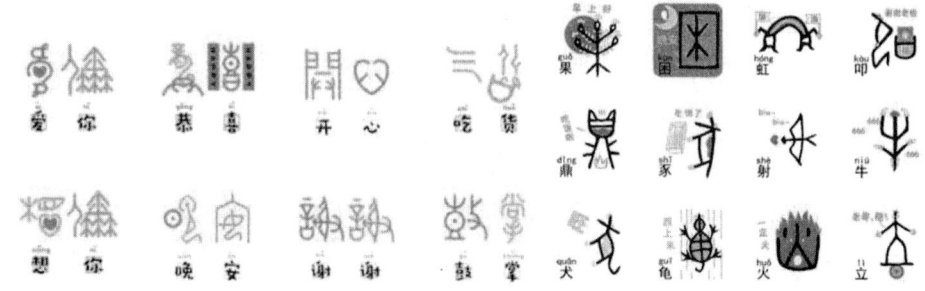

图片来源：微信表情包截图

图 5-5　甲骨文的问候

[①] 《两套甲骨文表情包走红网络 拉近古老文化与现代人的距离》，大河网 2018 年 1 月 23 日，https://news.dahe.cn/2018/01-23/259985.html。

[②] 《女孩用微信表情图说甲骨文：要做草根式科普》，来源：《科技日报》，人民网 2018 年 4 月 2 日转载，http://bj.people.com.cn/n2/2018/0402/c233086-31413935.html。

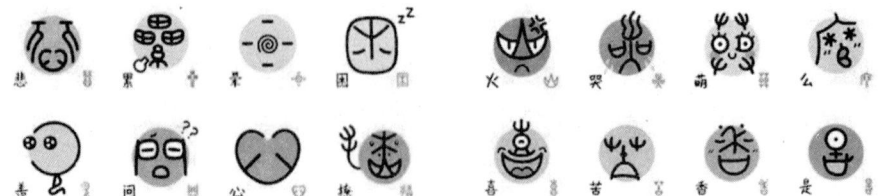

图片来源：QQ 表情包截图

图 5-6　甲骨萌表情

图片来源：微信表情包截图

图 5-7　甲骨文萌萌哒

二　"小"表情的"热"应用

甲骨文表情与"两会"政府工作报告互蹭热度。2018 年 3 月召开的全国两会中，有媒体用"甲骨文表情"解读了 2018 年政府工作报告，为"供给侧""获得感"等当代热词赋予了别样的含义。这些词语中的部分甲骨文形体，通过对字词本源的呈现，直观形象地向公众展示出政府工作取得的成效，同时也让老百姓真正体会到这些实实在在的服务。这些表情由考古系的大学生设计，赢得了广泛赞赏。

| 供给侧 | 获得感 | 环保 | 改革 | 创新 | 扩大消费 | 区域协调 | 乡村振兴 |

图片来源：大河网-大河报①

图 5-8　甲骨文表情解读"两会"政府工作报告

---

① 《9 个"甲骨文表情"带您看报告》，大河网-大河报 2018 年 3 月 6 日，http://newpaper.dahe.cn/dhb/html/2018-03/06/content_227724.htm。

甲骨文表情催生了一系列甲骨文创意设计，带火了一批含有甲骨文元素的创意产品。比如，甲骨文表情被设计成明信片《甲骨文·吉祥成语》，由中国邮政官方发行；甲骨文被设计成绘图模板游戏，甚至让甲骨文表情担任动画片的主角。在《甲骨也嘻哈》MV 视频中，甲骨文表情配上了活泼新潮的说唱："这不是你想的古老文化高高在上，甲骨文也可以时时刻刻就在你身旁……"，受到网友热赞。2017 年年底，某明星转发了甲骨文设计的短视频，该条微博阅读量已超过 3100 万次，转发量突破 14 万次，点赞量超 23 万。其他包含甲骨文元素的创意设计还有动画片《射日》、手机壳、真丝小方巾、手绘本、生肖印章、甲骨文在线转换器、十二生肖信用卡、T 恤衫、新年红包、"中秋团圆"吉祥贺卡图等，都大受网民欢迎。

图片来源：澎湃新闻精选

图 5-9 明信片《甲骨文·吉祥成语》

甲骨文表情包成为国考的预测热点。在备受国民关注的高考作文模拟试题和全国公务员考试预测题中，也出现了"甲骨文"表情的身影，其热度可见一斑。2018 年广东省一份高考模拟作文试题中，以南粤中学高三年级宣传栏上的一组标语为材料进行解读。标语中运用了甲骨文的网络流行语表情包，引起全校师生的广泛关注，同时还提到某报"时尚"专栏以"甲骨文"为主题展开专题讨论，向社会征稿，请考生写一篇文章向该"时尚"专栏投稿。同时，甲骨文表情包也成为各地公务员考试的申论预测热点，要求考生以其为背景，综合分析将传统文化记忆和精神融入现代生活的重要意义。

("我们不是菜鸟,我们要做大神!""高三同学齐努力,牛气冲冲!有木有?")

图片来源:搜狐网①

图 5-10　高考模拟试题中的甲骨文表情

三　传统字体"大变身"

甲骨文表情包与以往的字体设计不同。过去的字体设计主要是美术字设计,通过宋体、黑体、加粗等手段来变换字体形式,而动态字库中的甲骨文称之为"数字化甲骨文",它借助电脑技术、数学审美,重新解读甲骨文,通过研究数学与几何审美创造一个网格,进而揭示甲骨文所蕴含的数学几何之美,最终在"格律设计论"②的指导下,在母图网格中通过基础组合、设色、故事化添加等手段,可以直观形象地绘制出多样主题的甲骨文字绘。同时,2017 年 9 月,全球第一套甲骨文设计字库"汉仪陈体甲骨文"正式上线,1.0 版涵盖 3500 个常用字符。③这意味着,甲骨文的设计已由单一的平面字体设计发展为成套的动态字库建设。字库中字体字面大小的统一、字体笔画粗细的调整,以及字体布白的调整,都需在每一个汉字精心设计的基础之上,进一步做整体统筹与安排,因此甲骨文动态字库的建设来之不易,但也恰恰成为新时代甲骨文创新设计的重要一步。

---

① 《遇到"甲骨文"与"时尚"的碰撞,该如何构思你的作文?》搜狐网 2018 年 5 月 3 日,http://www.sohu.com/a/230466915_372431。

② 根据陈楠团队的创意,"格律设计论"是指隐于表层形式背后的结构规则和系统。详见:姜雨雯《汉字的诱惑——站酷专访全球首套甲骨文字库设计者陈楠》,站酷网 2017 年 12 月 18 日,http://www.zcool.com.cn/article/ZNjAzODMy.html?switchPage=on。

③ 杨逸男《清华美院教授陈楠钻研甲骨文 19 年 将其制作成表情包》,广州日报大洋网 2018 年 1 月 30 日,http://news.dayoo.com/society/201801/30/140000_52065558.htm。

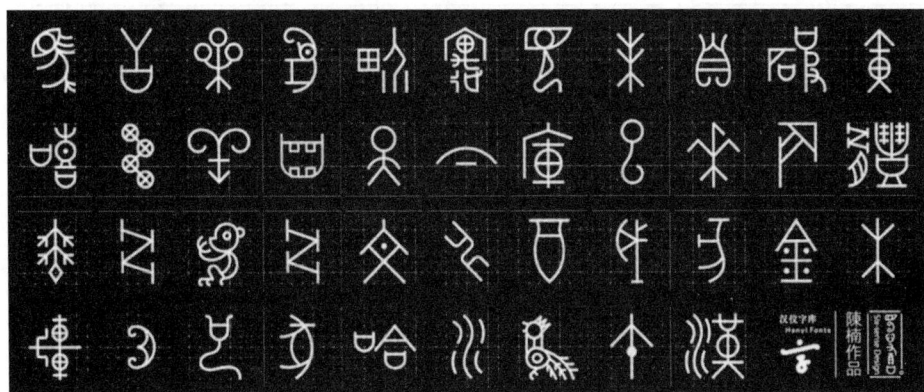

图片来源：汉仪字库官方网站[1]

图 5-11 汉仪陈体甲骨文字库设计（部分）

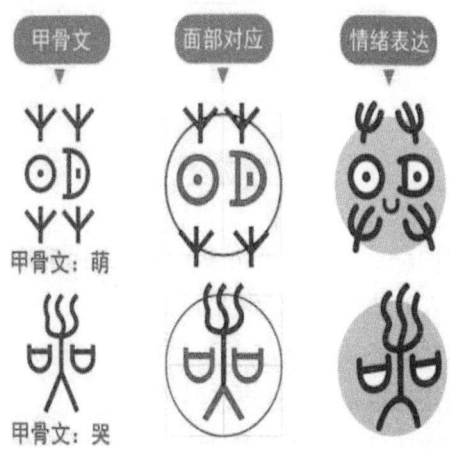

图片来源：解放日报网[2]

图 5-12 甲骨文表情包设计

如上图所示，与传统书写字体相比，甲骨文的创意动画字体显得趣味十足，将几何化的甲骨文字形式转化为直观形象的动画形式，同时添加与网络流行语相匹配的神态、动作、姿势等，使甲骨文的形象焕然一新。

---

[1] 详见 http://www.hanyi.com.cn/productdetail.php?id=2638。
[2] 张熠《会跳舞的骷髅？能变高跟鞋的三寸金莲？甲骨文表情包？他们让"不可能"成为"可能"》，解放日报网 2018 年 11 月 24 日，https://www.jfdaily.com/news/detail?id=118189。

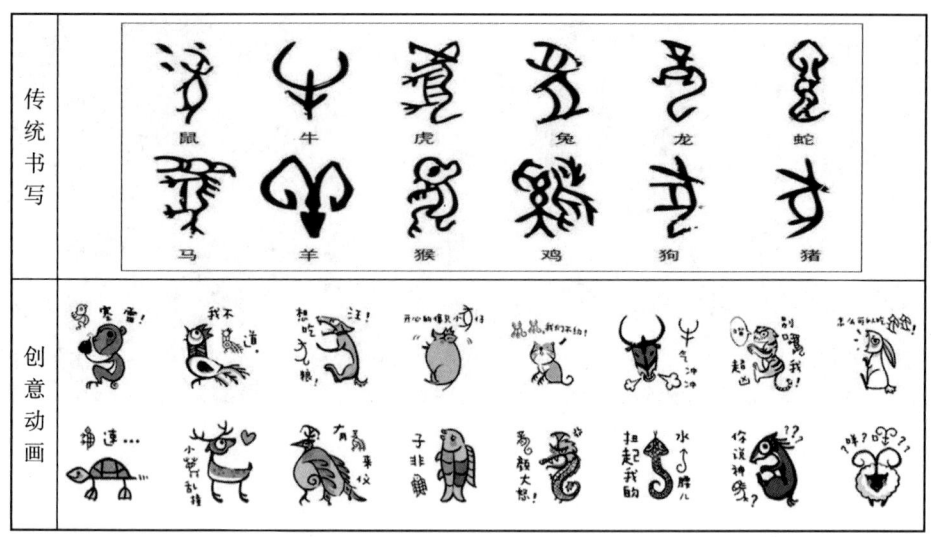

图 5-13　甲骨文传统字体与创意动画对比

四　热赞与思考

各式创意甲骨文的蹿红,被网民认为是流行文化与传统文化结合的优秀成果,引来了绝大多数人的热赞和二次传播。他们认为,"甲骨文表情包"借助互联网,让负载着深厚文化底蕴的古文字形式与当下时新的网络流行语完美融合,使公众在使用过程中认识甲骨文,理解甲骨文的历史意义和文化价值,"好看又能涨知识""既传统又有时代感""创意满满"等。《北京青年报》认为,用"甲骨文表情包"解读甲骨文,将古老而厚重的文化记忆"复制"到现代生活中,让传统文化薪火相传,这真是一个好主意。① 《人民日报》(海外版)从语言资源的角度指出:"这种古老的语言文字也可以被重新开发和利用,进而转化为一种沟通和交流的网络资源。""甲骨文表情包的走红说明,让优秀的传统文化深入普通大众,重新焕发出活力,只是缺一个契机,需要借助新的传播方式,让其重新绽放出生机。"② 中国文字博物馆的工作人员称赞:"这是流行文化与传统文化结合的优秀成果。让甲骨文文化从象牙塔里走出来,搭上手机传媒的快车,走进大众生活。……年轻人或者喜欢文字文化的人对甲骨文表情包很有亲近感,愿意去传

---

① 耿银平《将传统文化记忆和精神融入现代生活》,《北京青年报》2018 年 2 月 6 日,http://epaper.ynet.com/html/2018-02/06/content_278280.htm?div=-1。

② 董晓波、胡波《甲骨文表情包让传统文化"活"起来》,《人民日报》(海外版)2019 年 2 月 25 日,http://paper.people.com.cn/rmrbhwb/html/2019-02/25/content_1910393.htm。

播它。"① 微博网友也给予了极大的赞誉，并表示愿意接受类似的文化传播方式。如："希望多点这些表情包，这样可以多认识这些甲骨文，也可以普及普及知识。"② "做得好，甲骨文作为中国最早的成熟的文字体系，应该传承下去。""这样宣传很好，不是恶搞，很愿意接受……""这样推广文化是极好的。就像小孩子认字一样，一开始不知道，到后来接触多了，就会自然而然地熟悉它们，也就渐渐地记住了，这样我们的文化就推到很广了。最后，为设计者点赞。"

  不少网友或媒体对甲骨文表情包予以热赞的同时，也纷纷提出自己的看法和中肯的建议：创意先行，文化为基。《广州日报》发表了相对保守的看法，"一个优秀的文创产品，必然是文化与创意的深度结合，真不是随随便便拍个脑袋就能学得来的。有创意而没文化，甚至输出了错误的文化，这样的创意还是有害的。"③《扬子晚报》持积极乐观的态度："如今现代设计产生的可爱甲骨文动态识字卡片，一下子降低了其识记门槛，令没有学术基础的民众也能亲近古文字，探究文字的神奇起源。但不管怎么说，网红创意必须建立在文化的深度研究和扎实探索的基础上，得是文化与创意的深度结合，而不是一时的热闹与噱头。"④也有微博网友提出了自己的担忧："趣味中该保留对文字的尊重、对创造我们数千年历史的祖先敬仰！这个度希望把握好，希望后期不要嬉闹过度。""现将甲骨文以现代化的视觉艺术及年轻化的语言运用进行推广，我们会识字，但是否真正理解却很难说。传承应该是一种内涵的传承。"

  创意甲骨文受热捧让我们认识到，人们从来都不缺少去了解、学习、传承中华优秀传统文化的热度，而是缺少把其带入现代生活的创意。在新时代的新媒体环境下，创新和创意可以让传统无处不在。将优秀传统文化的记忆和精神融入现代生活，才能成为更为现代的文化转化方式。今天的我们，在盘点和整理传统文化遗产的同时，更要树立紧迫的创造性转化和创新性发展意识，通过各种文化创新，让传统文化的面孔不再是呆板的、抽象的，而是鲜活的、具象的，这样才能让公众更好地接纳，才能让"创造性转化与创新性发展"成为现实。

（王宁波、邓　雅）

---

① 高志强等《两套甲骨文表情包走红网络 拉近古老文化与现代人的距离》，大河网 2018 年 1 月 23 日，https://news.dahe.cn/2018/01-23/259985.html。

② 以下未添加注释的网友评论均来自新浪微博。

③ 张涨《甲骨文表情包不止有个好创意》，《广州日报》2018 年 1 月 25 日，http://gzdaily.dayoo.com/pc/html/2018-01/25/content_2_3.htm?v=E4。

④ 《动物形象网络用语 高冷的甲骨文有了萌萌的表情包》，《扬子晚报》2018 年 1 月 26 日，http://www.chinanews.com/cul/2018/01-26/8433833.shtml。

热搜词语折射热门事件

微博是全媒体化社交平台，用户群体庞大，能够实现信息的实时分享和迅速传播。截至 2018 年 12 月，新浪微博活跃用户已达 4.62 亿，日活跃用户增至 2 亿。① 微博实时热搜榜按照短时间内的用户搜索量进行排序，每 10 分钟更新一次，它是各种热门话题的集中地，具有极高的社会关注度，在一定程度上反映了特定时间段内网民最为关注的热点内容，是很多热门事件、新词新语和网络流行语的发源地。2018 年上榜热搜共计 86 755 条，② 我们利用"玻森中文语义开放平台"③ 对语料进行处理，考察热搜词语所折射的热门内容。

一 热搜词语的类别

2018 年全年微博热搜榜每日搜索量排名前 10 条的热搜数据共计 3570 条，④ 通过人工主题分类，可以看出微博热搜榜对各种社会事件的反映，详见表 5-1。

表 5-1 微博热搜每日排名前 10 条数据主题分类情况

主题分类	数量（次）	所占比重
明星事件	2415	67.65%
社会新闻	557	15.60%
生活情感	253	7.09%
影视音乐	246	6.89%
体育赛事	51	1.43%
网络游戏	28	0.78%
自然灾害	11	0.31%
政策法规	9	0.25%
合计	3570	100.00%

---

① 《新浪微博数据中心：2018 微博用户发展报告》，https://www.useit.com.cn/thread-22578-1-1.html。
② 热搜神器-热搜榜历史随意查，http://www.enlightent.com/research/rank/weiboSearchRank;jsessionid=5216567E8294E3AF6F9F0E9883DEDE87?top=0#。
③ 玻森中文语义开放平台，https://bosonnlp.com/。
④ 2018 年 1 月 27 日，国家互联网信息办公室指示北京市责令新浪微博自查自纠，全面深入整改，作为回应，新浪暂时下线了热搜榜，因此少数日期数据空白。

从上表可以看出微博成了网民消遣娱乐、关注社会时事的平台，具有泛娱乐化、生活化的特征。

"明星事件"的热搜占比最高，为67.65%。如"白敬亭弹钢琴""赵丽颖冯绍峰结婚""景甜回应恋情"等涉及明星私生活的热搜都高居榜首，搜索量均过百万。微博热搜不仅是网民了解和关注娱乐圈的最主要平台，也是艺人争夺热度、维持人设、吸引粉丝的重要阵地，因此不少明星都会通过长期霸榜、找人刷榜、持续炒作等方式来占据热搜的流量资源，微博热搜已成为娱乐圈最重要的信息战场。

在影视音乐方面，据《2018微博台网数据白皮书》统计，综艺类节目声量表现排名前三为《这就是街舞》《偶像练习生》《歌手》；剧集节目声量表现排名前三为《一千零一夜》《烈火如歌》《镇魂》；剧集节目在视频数据表现方面排名前三为《延禧攻略》《如懿传》《香蜜沉沉烬如霜》。[①] 其在微博热搜榜上的体现如"傅恒我要娶璎珞""如懿断发""好声音没声"等，这些热搜内容大多涉及影视节目的名称、人物角色、剧情和观众评价等。

在网络游戏方面，据《2018微博游戏电竞白皮书》统计，在微博上关注、讨论游戏的兴趣用户达2亿，其中重度、核心的游戏用户人群将近9000万，2018年用户提及次数最高的三部游戏为《英雄联盟》《王者荣耀》和《绝地求生》。[②] RNG电子竞技俱乐部、IG电子竞技俱乐部屡屡上榜，如"RNG夺冠""IG永不五杀""IG冠军"等。

在社会话题中，社会新闻所占比重为15.60%，如"支付宝年度账单""高考作文""重庆公交车坠江原因"等；生活情感类所占比重为7.09%，如"520脱单不脱发""相亲对象差1毫米都不行""自杀式单身"等。

二 热门流行语

微博的实时热搜榜在汇集热点事件的同时，也在进一步扩大热点本身的影响力，引起用户对热点的广泛关注和讨论。因此，微博热搜榜具有逆向性的特点，微博用户既是热点话题的阅读者，又是热点话题的产生者和传播者。由于微博的时效性极强，许多社会事件往往在发生之初就被网民上传到微博平台，

[①]《2018微博台网数据白皮书》，微博数据中心，2018年12月。
[②]《2018微博游戏电竞白皮书》，微博数据中心，2018年12月。

通过巨大的传播网络迅速扩散，在引发广泛关注之后成为热门话题进入热搜榜单，并进一步升温发酵、传播到其他媒体平台。在这个过程中，往往衍生出新的社会流行语和网络流行语，并通过热门事件迅速传播，为广大网友所接受和使用。

微博热搜是热点事件的发酵地，也是热门流行语的发源地。2018年12月20日，"汉语盘点2018"揭晓的2018年度社会生活类十大流行语：基因编辑婴儿、非洲猪瘟、问题疫苗、公交车坠江、大数据杀熟、霸座、英雄机长、网约车安全、时光博物馆和直播课堂，都进入过微博热搜榜。例如"基因编辑婴儿"，11月26日至28日连续三天进入热搜榜，累计搜索量4 295 971次，累计在榜时间3320分钟，日最高排名第二。"问题疫苗"也是来源于微博热搜榜，其背后的长春长生疫苗事件先从微博上引爆，继而向其他网络平台扩散，成了全民热议的社会事件。

2018年7月15日，国家药监局通报长春长生狂犬病疫苗记录造假，责成吉林省食品药品监督管理局收回长春长生相关证书，此时虽然还没有引发网民的广泛关注，但已在微博热搜榜上初露端倪："狂犬病疫苗生产记录造假"，收获246 703次搜索量。随后，从16日到20日，该事件持续升温，共上榜7次，总搜索量为692 563次。

7月21日，有关疫苗事件的微博平台舆情信息开始猛增，疫苗事件上榜3次。同日，"头条新闻""财经网"等媒体官方微博发布有关疫苗事件进展的博文，引发网民的大量转发与跟评。当天晚上，《疫苗之王》一文在微信朋友圈刷屏，引发舆论震荡。22日至24日，事件相关舆情呈井喷式增长，①三天之内，有关疫苗事件的热搜内容上榜42次，其中在22日达到峰值，单日上榜16次。从其他社交平台和媒体网站来看，22日、23日，"中国政府网""人民网""新华网"等多家媒体发表或转载与问题疫苗相关的文章，媒体舆论相关舆情达到顶峰。②

据统计，在长春长生问题疫苗事件中，传播平台量排名前三的是微博、APP和新闻平台，其中微博平台占比为88.05%，③微博在传播社会热点事件中的

---

① 《"长春长生问题疫苗事件"舆情热点分析》，识微科技2018年7月30日，https://www.baidu.com/link?url=D3MfEflMf5I568k2aXG8KQp-hLc7JyvDWoWlbClo9pRNv_3iN1fAg_XlLy6YrnjZ6G991X0fmyLEsygIgMrRr_&wd=&eqid=e408899c000124b5000000065c3df5b9。

② 同上。

③ 同上。

引领和主导作用可见一斑。

表 5-2　微博热搜榜"问题疫苗"相关内容

热搜时间	上榜次数	总搜索量	累计在榜时间（分钟）	当日最高排名	热搜内容举例
2018/7/15	1	246 703	90	10	狂犬病疫苗生产记录造假
2018/7/16	3	350 797	410	15	疫苗造假 长生生物道歉
2018/7/17	1	67 250	30	43	长春长生声明
2018/7/18	1	62 367	60	36	卫健委回应狂犬病疫苗质量事件
2018/7/19	1	63 158	20	43	长生生物疫苗案追踪
2018/7/20	1	148 991	240	16	长生生物被罚 344 万
2018/7/21	3	226 206	160	22	疫苗之王
2018/7/22	16	6 620 424	2840	1	国家药监局通报问题疫苗案
2018/7/23	15	6 234 092	4970	1	长春长生被立案调查
2018/7/24	11	3 034 436	1360	1	国药监对长春长生疫苗彻查
2018/7/25	6	1 968 008	2170	7	长生生物市值蒸发 125 亿
2018/7/26	7	1 804 234	1730	2	国务院调查组赴吉林处理工作
2018/7/27	4	1 209 200	610	3	长春长生违法疫苗事实已查清
2018/7/28	2	414 553	840	10	山东疾控公布疫苗补种方案
2018/7/29	6	1 306 460	920	6	长生疫苗被丢弃的硬盘已追回
2018/7/30	1	50 680	80	49	长春长生董事长被提请批捕
2018/7/31	2	159 165	90	39	ST 长生市值损失 140 亿

半个月内，与"问题疫苗"相关的 72 种不同的表述入榜 81 次，热搜词汇的变化呈现了疫苗事件发展的全过程。7 月 15 日，"狂犬病疫苗生产记录造假"是对事件的简单陈述。随后，"道歉""声明""回应""召回"等词出现，说明事件所涉及的各方主体开始回应此事。19 日至 23 日，"追踪""谴责""通报""立案调查"等词出现，事件进入调查阶段。随后，"疫苗造假""问题疫苗批次"等概括事件的表述再次出现，说明事件的传播范围逐渐扩大，进入公众视野。24 日之后，"刑拘""公诉""处理""查清""批捕"等词出现，说明疫苗事件进入处理阶段。

网络流行语比社会流行语更具有娱乐性，出现在热搜榜上的频率更高。2018 年度十大网络用语"锦鲤、杠精、skr、佛系、确认过眼神、官宣、C 位、土味情话、皮一下、燃烧我的卡路里"多次登上热搜榜。以"官宣"为例，"官宣"从"官网""官微"衍生而来，义为"官方宣布"。10 月 16 日，影视明星赵某、冯某同时在微博上发布"官宣",公布了结婚喜讯。由于两人粉丝众多,婚讯备受关注,引发网络疯狂转发,进入热搜榜,"官宣"一词迅速走红。[①] 从全年数据来看,"官宣"集中出现于10月至12月,3个月的总搜索量达到25 734 120次,累计在榜11 780分钟。

与之相比,另一年度十大网络用语"佛系"明显更具生命力。"佛系"一词最早来源于日本,在国内社交平台流行后,泛指不争不抢、不求输赢的人,表达了一种按自己方式生活的人生态度。[②] 从全年数据来看,"佛系"一词在新年伊始就登上了热搜榜,在1月至7月中,每月平均上榜9.7次,平均搜索量为2 420 248次。"佛系"带着三分调侃和七分自我消解,一出现便火遍全网,得到了广大网友的心理认同。在网络上显示出了超强的构词能力,与众多名词、动词搭配,衍生出"佛系恋爱""佛系少女""佛系萌娃""佛系健身""佛系遛狗"等新用法。

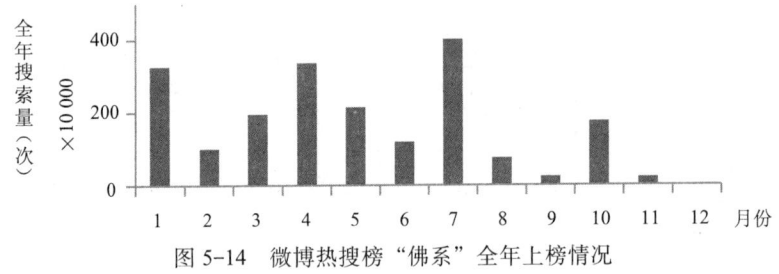

图 5-14　微博热搜榜"佛系"全年上榜情况

三　热门内容

2018年微博热搜榜十大热门人名几乎均为艺人和网红,分别为:王思聪、鹿晗、杨幂、蔡徐坤、易烊千玺、杨紫、蒋劲夫、唐嫣、范丞丞、吴亦凡。

十大热门地名分别为:中国、日本、北京、上海、韩国、美国、重庆、成都、香港、泰国,图5-14为全年搜索量,图5-15为热搜榜前五十的地名构成的词云图。"中国"以3.6亿的搜索量遥遥领先,与"中国"有关的热搜内容如:"两只克隆猴在中国诞生""中国002航母""泰国机场中国游客特别通道""加拿大民众向中国致歉"等。"中国"在热搜词句中大部分充当定语,表示"中国

---

① 《2018十大流行语发布》,《咬文嚼字》2018年12月4日,http://blog.sina.com.cn/s/blog_4c0596f60102y6a6.html。

② 《汉语盘点:2018年十大网络用语发布》,教育部2018年12月19日,http://www.moe.gov.cn/jyb_xwfb/gzdt_gzdt/s5987/201812/t20181219_364094.html。

的";有时作为地点名词出现,如"在中国";此外,还可作为政治实体出现,如"中国或停购美国国债"。紧随"中国"之后的是搜索量达 1 亿的"日本",同时上榜的还包括韩国、美国和泰国。

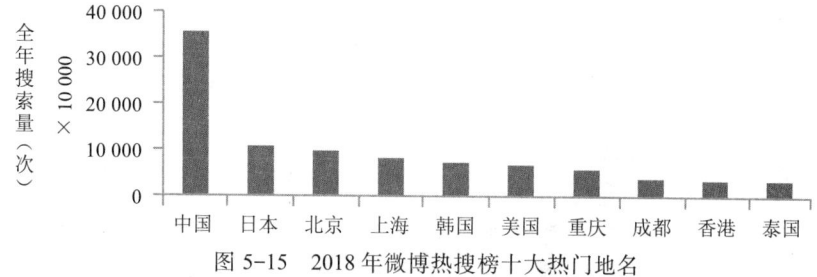

图 5-15　2018 年微博热搜榜十大热门地名

图 5-16　2018 年微博热搜榜前 50 个热门地名词云图

十大热门事件分别为：回应、结婚、道歉、去世、否认、声明、离婚、滴滴、分手、偶遇,见图 5-17。其中"回应"以 8.8 亿的搜索量高居榜首,在微博热搜中多指社会公众人物、组织机构、企事业单位等对某一事件、问题所做出的回答或应对措施。例如"马思纯回应用错张爱玲语录""12306 回应春运车票瞬间没""腾讯回应明日之子停播""我不是药神回应海报抄袭""ofo 回应资金紧张"等。这些"回应"反映了网民对已发生的社会热点新闻的再聚焦和再关注,尤其是要求相关机构、人员对事件内容、后续处理等做出解释的诉求,说明网民普遍具有较强的判断能力、独立意识和社会意识,这反映了网络舆论的监督作用。微博不仅具有传播热点新闻的功能,还为网民提供了与名人明星、网红、政府部门等互动的途径,提高了用户在热点话题中的参与度。

十大热门活动分别为：直播、演唱会、世界杯、春晚、艺考、亚运会、马拉松、春运、奥斯卡、NBA,见图 5-18。直播的搜索量超过 1 亿,与网络直播平台的快速发展关系密切。直播因其即时性和交互性的特点受到了广大网民的青睐。据统计,截至 2018 年 12 月,网络直播用户规模达到 3.97 亿,占我国网民规模的 47.9%。[①] 从十大热门活动的主题来看,既包括直播、演唱会、春晚、奥斯卡等娱乐活动,也包括世界杯、亚运会、马拉松、NBA等体育赛事,以及艺考、春运等社会现象。

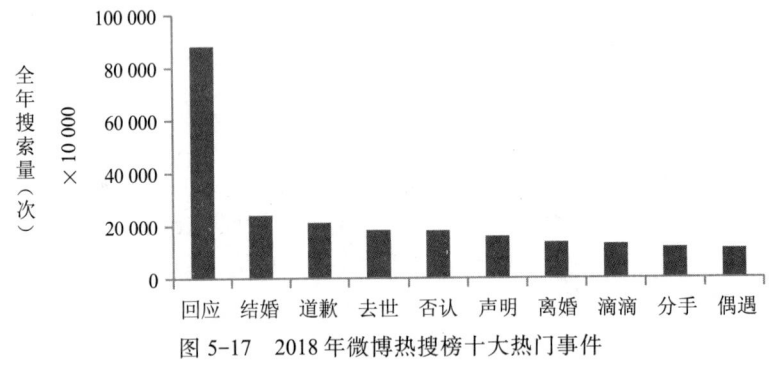

图 5-17　2018 年微博热搜榜十大热门事件

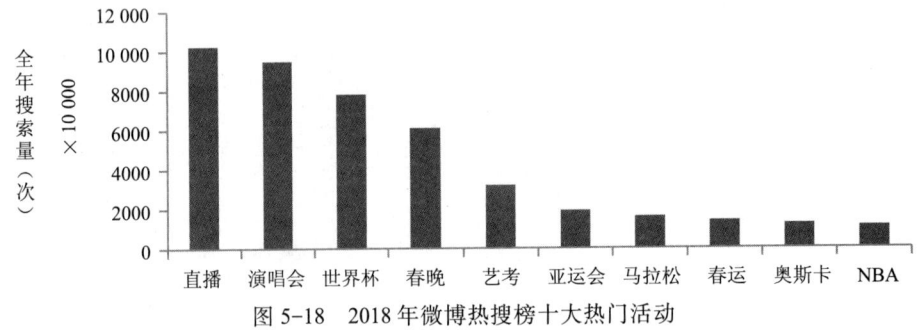

图 5-18　2018 年微博热搜榜十大热门活动

对微博热搜榜年度热门事件的盘点表明,微博已成为一个泛娱乐化的社交媒体平台,娱乐和生活是微博语言生活绕不开的两大主题。这从一定程度上反映了用户的微博使用倾向,带有轻松和消遣属性的娱乐信息更能吸引用户的关注。

四　热搜整治

2018 年 1 月 27 日,国家互联网信息办公室指示北京市约谈新浪微博负责人后,新浪微博热搜榜、热门话题榜等板块下线一周进行了整改。新浪微博社区管理官方微博"微博管理员"分别于 1 月 29 日、3 月 1 日和 5 月 15 日公布刷榜热搜名单,并宣布对相关明星、节目、事件名称,将给予 3 个月不能再上热

---

① 第 43 次《中国互联网络发展状况统计报告》,中国互联网信息中心 2018 年 12 月,http://www.cac.gov.cn/2019-02/28/c_1124175686.htm。

门话题榜和热搜榜、相关账号3个月不能主持话题的处罚。网民对微博热搜下线存在两种态度：一部分网友大力支持，表示终于可以不被一些明星事件刷屏；另一部分网友则表示担忧，微博热搜是其获取时尚信息的主要渠道，没有了热搜榜，无法了解最新的热点资讯。

新浪微博热搜榜受整治是"新媒体自律缺乏"的一个典型。微博对发布的信息不加以必要的质量审核与内容考量，对用户发布违法违规信息未尽到审查义务，持续传播炒作导向错误、低俗色情、民族歧视等违法违规有害信息，过度侧重于其所能带来的经济效益，是对媒体核心价值的破坏。虽然微博热搜在一定程度上满足了人们的文娱需求，《人民日报》也曾表扬其"满足基层文娱需求"这一点，但绝不能"本末倒置"。至于流量经济刺激下催生的"虚假新闻""低俗色情"，则全然违背了媒体的职责与道德，丧失了其自律与操守。

微博等社交媒体平台应该明确其自身定位，主动承担在网络文化传播中的社会责任，展现出中华语言文化的优秀魅力，对自媒体语言采取审核、过滤等措施，抵制低俗的网络语言，推进网络语言的健康发展，为净化网络语言环境做出贡献。

（王宇波、陈语柔）

汉语音译词走红海外

中国外文局所属当代中国与世界研究院组织开展了"中国话语海外认知度"调研，以了解中国话语在英语世界主要国家民众间的认知状况，并于2018年2月17日首次发布了《中国话语海外认知度调研报告》。该报告以拼音形式的汉源词为切入点，从一个侧面深入研究了中国话语在英语世界主要国家民众间的认知状况和中国话语在世界的认知走势。[①]调研选取了美国、英国、澳大利亚、菲律宾、南非、加拿大、新加坡和印度等8个英语圈国家的民众作为调研对象，并统计了300多个中国话语词条在英语国家主流媒体的网络平台报道量等[②]，最终形成进入英语话语体系的汉语拼音形式的汉源词认知度前100总榜，反映了汉语词汇外译新的动向与趋势。

一 Shaolin（少林）居首

近两年中国话语以汉语拼音的形式在国外的接触度和理解度大幅提升，拼音和汉字"中为洋用"正在成为英语圈国家的一种新现象。[③]据《中国话语海外认知度调研报告》，进入英语圈认知度前100总榜的汉语拼音形式的汉源词（以下简称"汉源词"）见表5-3。

表5-3 英语圈认知度前100总榜的汉源词[④]

排名	词汇	排名	词汇	排名	词汇
1	Shaolin（少林）	35	Doufu（豆腐）	69	Tuhao（土豪）
2	Yinyang（阴阳）	36	Guan（官）	70	Gouqi（枸杞）

[①] http://download.china.cn/idc/zixunzhongxin/中国话语海外认知度报告发布缩减版20180215.pdf。

[②] 《外文局首发中国话语海外认知度调研报告，更多拼音进入英语》，澎湃新闻2018年2月18日，https://www.thepaper.cn/newsDetail_forward_2002245。

[③] 《中国话语海外认知度调研报告发布 "中为洋用"成英语国家新趋势》，中国日报网2018年2月18日，https://baijiahao.baidu.com/s?id=1592718093962157162&wfr=spider&for=pc。

[④] 根据中国外文局发布的《中国话语海外认知度调研报告》，我们将文中的汉语拼音首字母统一为大写（引文除外）。

（续表）

排名	词汇	排名	词汇	排名	词汇
3	Yuan（元）	37	Bagua（八卦）	71	Wukong（悟空）
4	Gugong（故宫）	38	Mafan（麻烦）	72	Mantou（馒头）
5	Nihao（你好）	39	Chongyang（重阳）	73	Daigou（代购）
6	Wushu（武术）	40	Tian'anmen（天安门）	74	Zhongguomeng（中国梦）
7	Qi（气）	41	Yanghang（央行）	75	Gongchandang（共产党）
8	Qigong（气功）	42	Laowai（老外）	76	Lianghui（两会）
9	Renminbi（人民币）	43	Mazu（妈祖）	77	Hexie（和谐）
10	Majiang（麻将）	44	Kongzi（孔子）	78	Zhifubao（支付宝）
11	Hutong（胡同）	45	Fantan（反贪）	79	Zhongguozhizao（中国制造）
12	Hukou（户口）	46	Changcheng（长城）	80	Yidaiyilu（一带一路）
13	Long（龙）	47	Sunzi（孙子）	81	Dang（党）
14	Pinyin（拼音）	48	Ru（儒）	82	Zhenshiqincheng（真实亲诚）
15	Hongbao（红包）	49	Mengzi（孟子）	83	Ganbu（干部）
16	Gongfu（功夫）	50	Xiongmao（熊猫）	84	Jinsihou（金丝猴）
17	Taiji（太极）	51	Dia（嗲）	85	Maobi（毛笔）
18	Guanxi（关系）	52	Ganbei（干杯）	86	Gong'an（公安）
19	Shifu（师父）	53	Chunlian（春联）	87	Denglong（灯笼）
20	Dama（大妈）	54	Yuanxiao（院校）	88	Zhenjiu（针灸）
21	Chang'e（嫦娥）	55	Fanfu（反腐）	89	Xiaokang（小康）
22	Laozi（老子）	56	Zhonghua（中华）	90	Wanggou（网购）
23	Dao（道）	57	Zhongyong（中庸）	91	Shisanwu（十三五）
24	Feng（凤）	58	Zhongguo（中国）	92	Jianbing（煎饼）
25	Wuxia（武侠）	59	Duanwu（端午）	93	Gaotie（高铁）
26	Qingming（清明）	60	Chunyun（春运）	94	Zhongguogushi（中国故事）
27	Xiexie（谢谢）	61	Huanghe（黄河）	95	Mingyungongtongti（命运共同体）
28	Jiaozi（饺子）	62	Duibuqi（对不起）	96	Sichouzhilu（丝绸之路）
29	Changjiang（长江）	63	Chuangxin（创新）	97	Bingmayong（兵马俑）
30	Heping（和平）	64	Chunjie（春节）	98	Zhongguodaolu（中国道路）
31	Putonghua（普通话）	65	Huaxia（华夏）	99	Zhongguoshengyin（中国声音）
32	Maidan（买单）	66	Cuju（蹴鞠）	100	Gongbaojiding（宫保鸡丁）
33	Mogu（蘑菇）	67	Huoguo（火锅）		
34	Tiantan（天坛）	68	Zhongqiu（中秋）		

上表100个汉语拼音形式的汉源词，通过对上述8个受访国家主流媒体对中国话语相关词条的报道量与受访国家民众对相关词条的知晓度两个核心指标评价得出，是目前国际社会认知度最高、最常说的100个汉源词，其中"Shaolin（少林）"一词高居"认知度"和"知晓度"两大榜单榜首，在国外网

络上也频繁出现。

（1）How *Shaolin* Monks Obtain Their Superpowers?① （少林僧人如何获得超凡的能力？）

（2）The *kungfu* masters of *Shaolin* Warriors have undergone a lifetime of training in hand-to-hand and weapons combat toperform remarkable skills, breathtaking artistry and death-defying feats of strength and endurance.② （少林武士的功夫大师们经历了一生的徒手和武器格斗训练，展现了非凡的技能、惊人的艺术技巧和不畏死亡的力量和耐力。）

（3）Will they change America? Or will America change *Shaolin*?③ （是少林将改变美国还是美国将改变他们？）

二 *Gaotie*（高铁）提速

与以往汉语借词多为中国日常生活特有事物（如豆腐、功夫）不同，认知度排名前100的汉源词，涵盖政治、经济等多个领域，涉及社会、政治、经济、文化生活的方方面面。

表5-4 认知度前100汉源词领域分布④

	领域	例词	数量
1	经济科技	*Xiaokang*（小康）、*Gaotie*（高铁）、*Daigou*（代购）、*Wanggou*（网购）、*Chuangxin*（创新）、*Wukong*（悟空）、*Chang'e*（嫦娥）、*Renminbi*（人民币）、*Yanghang*（央行）、*Yuan*（元）、*Zhifubao*（支付宝）、*Zhongguozhizao*（中国制造）、*Chunyun*（春运）、*Tuhao*（土豪）、*Dama*（大妈）	15
2	核心政治话语	*Shisanwu*（十三五）、*Hexie*（和谐）、*Heping*（和平）、*Sichouzhilu*（丝绸之路）、*Zhongguomeng*（中国梦）、*Yidaiyilu*（一带一路）、*Mingyungongtongti*（命运共同体）、*Zhenshiqincheng*（真实亲诚）、*Zhongguodaolu*（中国道路）、*Zhongguogushi*（中国故事）、*Zhongguoshengyin*（中国声音）	11

---

① https://www.ripleys.com/weird-news/shaolin-monks/。
② https://www.thesmithcenter.com/event/shaolin-warriors/。
③ http://www.pbs.org/independentlens/shaolinulysses/。
④ http://download.china.cn/idc/zixunzhongxin/中国话语海外认知度报告发布缩减版20180215.pdf。

（续表）

	领域	例词	数量
3	中华文化	Feng（凤）、Huaxia（华夏）、Long（龙）、Zhonghua（中华）、Mazu（妈祖）、Zhongguo（中国）、Cuju（蹴鞠）、Maobi（毛笔）、Majiang（麻将）、Zhenjiu（针灸）	10
4	中国宗教哲学	Dao（道）、Bagua（八卦）、Kongzi（孔子）、Laozi（老子）、Mengzi（孟子）、Sunzi（孙子）、Yinyang（阴阳）、Zhongyong（中庸）、Qi（气）、Ru（儒）	10
5	自然文化景观	Bingmayong（兵马俑）、Changjiang（长江）、Changcheng（长城）、Gugong（故宫）、Hutong（胡同）、Huanghe（黄河）、Jinsihou（金丝猴）、Tian'anmen（天安门）、Tiantan（天坛）、Xiongmao（熊猫）	10
6	政治机构与政治关系	Dang（党）、Fanfu（反腐）、Fantan（反贪）、Gongchandang（共产党）、Guan（官）、Ganbu（干部）、Gong'an（公安）、Lianghui（两会）、Hukou（户口）	9
7	节日民俗	Chunjie（春节）、Chongyang（重阳）、Chunlian（春联）、Denglong（灯笼）、Duanwu（端午）、Qingming（清明）、Zhongqiu（中秋）、Yuanxiao（元宵）	8
8	中华美食	Jianbing（煎饼）、Mantou（馒头）、Doufu（豆腐）、Gongbaojiding（宫保鸡丁）、Gouqi（枸杞）、Huoguo（火锅）、Jiaozi（饺子）、Mogu（蘑菇）	8
9	武术功夫	Gongfu（功夫）、Qigong（气功）、Shifu（师父）、Shaolin（少林）、Taiji（太极）、Wushu（武术）、Wuxia（武侠）	7
10	汉语常用语	Duibuqi（对不起）、Pinyin（拼音）、Putonghua（普通话）、Dia（嗲）、Mafan（麻烦）、Nihao（你好）、Xiexie（谢谢）	7
11	社会关系	Ganbei（干杯）、Laowai（老外）、Maidan（买单）、Guanxi（关系）、Hongbao（红包）	5

如上表所示，英语圈认知度前100总榜的汉源词具体涉及经济科技、核心政治话语、中华文化、中国宗教哲学、自然文化景观、政治机构与政治关系、节日民俗、中华美食、武术功夫、汉语常用语和社会关系等11个领域，其中包含汉源词数量最多的是经济科技领域（15个），这与新时期中国在经济科技领域的高速发展以及在世界范围内影响力不断扩大的经济现状一致。在排名前十的汉源词中，经济领域的"Yuan（元）"与"Renminbi（人民币）"占据了两席关键位置，且已被收入《牛津英语词典》。而"Daigou（代购）""Zhifubao（支付宝）""Wanggou（网购）"等因我国移动支付技术迅猛发展而产生的新兴词汇在年轻群体中有较高的认知度，在英语圈以及其他国家影响甚大。另外榜单中还

包括一些代表我国高端科技创新能力与成果的科技领域词汇，比如引领世界速度、让外国人艳羡的"*Gaotie*（高铁）"、代表中国航空航天实力的"*Chang'e*（嫦娥）""*Wukong*（悟空）"等词汇，足见中国高速的经济发展和不断领先的科技创新能力在世界范围内的巨大影响。

（4）I like to ask for opinion with ctrip and *gaotie* for buying train tickets online.①（我想询问一下有关网上购买高铁票的情况。）

（5）It was the third-deadliest high-speed rail disaster in history, and the first fatal crash to befall China's *gaotie* network.②（这是历史上第三次最严重的高铁事故，也是中国高铁网络最严重的事故。）

排在第 2 位的是核心政治话语领域（11 个）。党的十八大以来产生的政治话语如"*Shisanwu*（十三五）""*Zhongguomeng*（中国梦）""*Yidaiyilu*（一带一路）""*Mingyungongtongti*（命运共同体）""*Zhongguodaolu*（中国道路）"等词汇强势上榜，说明随着中国日益走近世界舞台中央，国际社会对中国的认知需求越来越强烈，中国道路和中国方案正得到越来越多国际社会的理解和认同③，中国的执政理念与方针政策日益得到世界各国的广泛关注，"中国特色政治话语也将以更加原汁原味的方式走进他国的话语体系"④。另外，政治机构与政治关系领域上榜的词汇包括"*Dang*（党）""*Fanfu*（反腐）""*Fantan*（反贪）""*Gongchandang*（共产党）""*Lianghui*（两会）""*Hukou*（户口）"等 9 个，排在第 6 位，其中"*Hukou*（户口）"还被收入《牛津英语词典》。

正如中国外文局副局长王刚毅所说："不仅反映我们传统的文化当中软的那一方面，同时我们在科技、在经济、在政治领域的一些概念，也以汉语拼音的表现形式搁到了国外的这些有关中国的话语当中。"⑤

而"中华文化""中国宗教哲学"和"自然文化景观"等三个领域都以 10 个汉源词的数量位列之后，分别包括"*Feng*（凤）""*Huaxia*（华夏）""*Long*（龙）"等、"*Dao*（道）""*Kongzi*（孔子）""*Laozi*（老子）"等和"*Bingmayong*（兵马俑）""*Changjiang*（长江）""*Changcheng*（长城）"等。另外，"*Chunjie*（春

---

① https://www.tripadvisor.com/ShowTopic-g294211-i642-k11171680-Ctrip_cn_vs_gaotie_cn-China.html。
② https://www.theatlantic.com/technology/archive/2019/03/what-went-wrong-chinas-weibo-social-network/584728/。
③ 《中国外文局首次发布〈中国话语海外认知度调研报告〉》，中国网 2018 年 2 月 17 日，http://guoqing.china.com.cn/2018-02/17/content_50550737.htm。
④ http://download.china.cn/idc/zixunzhongxin/中国话语海外认知度报告发布缩减版 20180215.pdf。
⑤ 《外文局首发中国话语海外认知度调研报告，更多拼音进入英语》，澎湃新闻 2018 年 2 月 18 日，https://www.thepaper.cn/newsDetail_forward_2002245。

节）""Duanwu（端午）""Zhongqiu（中秋）"等节日民俗领域、"Doufu（豆腐）""Gongbaojiding（宫保鸡丁）""Jiaozi（饺子）"等中华美食领域和"Gongfu（功夫）""Shaolin（少林）""Taiji（太极）"等武术功夫领域，分列上表7至9位。这些都属于中国传统文化的范畴，总计53个词，占前100的50%以上，其中"Jiaozi（饺子）""Gouqi（枸杞）"等被收入《牛津英语词典》。可见不仅中国传统节日民俗、先贤思想、传统美食等对世界影响深远，现代中国人的生活方式、思考方式和话语方式也正在悄然影响、改变着世界。[①]

社会关系领域上榜的词汇包括"Ganbei（干杯）""Maidan（买单）""Guanxi（关系）""Hongbao（红包）"等5个，尤其"Guanxi（关系）""Hongbao（红包）"还被收入《牛津英语词典》，可见中国人民的社会关系特征以及生活方式等越来越为国际社会所关注并熟知。

"Duibuqi（对不起）""Pinyin（拼音）""Putonghua（普通话）""Dia（嗲）""Mafan（麻烦）""Nihao（你好）"和"Xiexie（谢谢）"等7个汉语常用语上榜，位列第10位，其中既包括"Duibuqi（对不起）""Nihao（你好）""Xiexie（谢谢）"等汉语一般用语，还包括为年轻人所熟知并且频繁使用的"Dia（嗲）"，可见，受网络传播广度与速度的影响，年轻人的生活方式及其用语的影响力日益扩大，为越来越多的外国朋友所熟悉并且接受。

三 Jiaozi（饺子）变身

美国"全球语言监督机构"发布报告称：自1994年以来进入英语的新词汇中，汉源词数量独占鳌头，以5%—20%的比例超过任何其他语言。[②] 在经济全球化一体化日益增强、网络传播速度飞速发展的当代国际社会，语言之间的接触与互相影响渗透必定越来越频繁与深入，而且愈发带有新时代的烙印。

英语是最开放的语言之一，从汉语中吸收了大量词语，其中不少汉语借词已经进入英语的权威词典，很多也被英语俚语词典收录。汉语词进入英语系统，大致有三种方式：一是意译，如"free individual travel（自由行）""online shoppers（淘客）"；二是音译加标明词性的词缀，如"niubility（牛）""huaweians（华为员工）""jiujielity（纠结）"；三是音译，即直接以汉语拼音的形式借

---

① http://download.china.cn/idc/zixunzhongxin/ 中国话语海外认知度报告发布缩减版 20180215.pdf。
② 同上。

入，包括专有名词如"*Youku*（优酷）""*Jiaolong*（蛟龙载人潜水器）"等、汉语词所描述的概念在英语中找不到对应词的词如"*Hukou*（户口）""*Geili*（给力）""*Dama*（大妈）"等，以及英语中有对应表达形式但文化联想意义等差别很大的词如"*Shengnv*（剩女，old spinster）""*Anmo*（按摩，massage）"等。①

2017年7月，习近平总书记主持召开的中央全面深化改革领导小组会议审议通过《关于加强和改进中外人文交流工作的若干意见》，指出："要构建语言互通工作机制，推动我国与世界各国语言互通，互辟多种层次语言文化交流渠道。"汉语拼音作为汉语的特殊表现形式，在对外推广与传播中国话语方面有着独特优势。《汉语拼音方案》实施60多年来，以拼音形式为载体进入英语话语体系的中文词汇不断增加。②《中国话语海外认知度调研报告》显示：近两年中国话语以汉语拼音的形式在国外的接触度和理解度大幅提升，过去不少翻译成英文的中国词，开始被汉语拼音替代。比如"饺子"，过去在英文中的对应词是"dumpling"，但现在越来越多的外国人，直接叫它"*Jiaozi*"，并被《牛津英语词典》收录③；"针灸"一词，过去在英语中对应"acupuncture"，现在常被直接称作"*Zhenjiu*"。

（6）Application of *Zhen-Jiu* therapy in treating diabetic neuropatic pain④（针灸疗法在糖尿病神经性疼痛治疗中的应用）

英语圈汉源词借入形式及类型的变化，体现了在全球化一体化程度日益增强的时代，随着中国经济科技实力的高速发展，中国日益走近世界舞台中央，国际社会对中国的认知需求越来越强烈，"中国声音"在国际上的受关注度与接受度日益增强，越来越多具有中国特色的词汇和概念被借入。美国"全球语言监督机构"主席帕亚克就曾指出："由于中国经济增长的影响，中文对英语的冲击比英语国家还大。"⑤而汉语拼音形式的保留，更大程度地避免了直译或意译带来的误解与偏差，因此成为当今英语圈借入汉源词的主要方式，带有新时代的烙印。

（田　源）

---

① 冯学锋、陈熹《"走出国门"的那些词语》，《中国语言生活状况报告（2014）》，北京：商务印书馆，2014年。
② http://download.china.cn/idc/zixunzhongxin/中国话语海外认知度报告发布缩减版20180215.pdf。
③ 《中国话语海外认知度调研报告发布 "中为洋用"成英语国家新趋势》，中国日报网2018年2月18日，https://baijiahao.baidu.com/s?id=1592718093962157162&wfr=spider&for=pc。
④ https://www.jns-journal.com/article/S0022-510X(17)33248-3/fulltext。
⑤ 同注②。

第六部分

字词语篇

2018，年度字词书写时代编年史

国家语言资源监测与研究中心、商务印书馆、人民网、腾讯公司联合主办的"汉语盘点2018"活动12月20日揭晓，"奋""改革开放四十年"当选年度国内字、词，"退""贸易摩擦"当选国际字、词，活动同时发布2018年度十大流行语、十大新词语、十大网络用语。

一 "汉语盘点"见证时代变迁

"汉语盘点"已走过13个年头，这13年的年度字词紧扣时代脉搏，记录社会变迁，反映人民心声，描述世界万象。"汉语盘点"见证着国家的蓬勃发展和世界的万千变化，成为折射社会民意的重要窗口。

"汉语盘点"活动旨在"用一个字、一个词描述当年的中国和世界"，鼓励全民用语言记录生活，描述中国视野下的社会变迁和世界万象。本次活动有众多媒体多角度、多方式深度参与，共襄盛举，扩大活动参与量级。腾讯公司利用创意H5产品征集字词、收集投票，并首次在微视开设"话题活动页面"，向网友征集创意，演绎年度汉语字词，收到专家、网民的趣味视频400余个，累计播放量超200万；央视新闻全程跟踪报道，为活动宣传造势；微博发起话题讨论，与网友互动交流，更精准即时地获取反馈，为活动注入新鲜的血液；国家语言资源监测语料库、腾讯指数、搜狗输入法和清博大数据提供海量数据资源；全民参与推荐字词与投票，专家评议并从专业角度进行解读。汉语盘点真正得到了网友们多种方式的全情参与，引导人们理性思考自身、社会、国家和世界。

数据显示，本次活动共收到网友推荐字词数千条，投票量数十万。以下为"汉语盘点2018"年度字词候选名单：

国内字（前5名）：稳、芯、奋、税、改

国内词（前5名）：改革开放四十年、锦鲤、进博会、佛系、民营经济

国际字（前5名）：退、战、债、核、乱

国际词（前5名）：贸易摩擦、板门店、伊核协议、区块链、世界杯

二　一字一词勾勒年度热点

（一）国内字：奋

奋，是习近平总书记民营企业座谈会讲话的振奋人心，是中国要把关键核心技术掌握在自己手中的奋发图强，是人民群众对美好生活向往的奋勇拼搏，更是共产党人为崇高理想信念奋不顾身，为实现中华民族伟大复兴的中国梦艰苦奋斗、奋勇前行。正如习近平总书记2018年新年贺词所言，幸福都是奋斗出来的。在波澜壮阔的新时代画卷中，奋斗本身就是一种幸福。

（二）国内词：改革开放四十年

这是世界人口第一大国的脱贫致富奔小康，更是思想观念的解放和社会创造力的泉涌。从恢复高考到包产到户，从喇叭裤到迪斯科，从高铁到电子商务，40年间的一切，让过来人眼花缭乱又百感交集。"虽然我们已走过万水千山，但仍需要不断跋山涉水"，未来40年，只要精诚团结，共同奋斗，没有任何力量能够阻挡中国人民实现梦想的步伐！

（三）国际字：退

2018年，"退"字诀横扫三大洲。美国"退"到极致，无论《伊核协议》、联合国人权理事会，还是《维也纳外交关系公约》、万国邮政联盟、《中导条约》，都要一退了之；英国"退"意坚决，女王批准脱欧法案，政府发布退欧白皮书，首相表示即将达成退欧协议；沙特"退"得纠结，为逃避可能的制裁威胁退出欧佩克；卡塔尔"退"得突然，毫无征兆宣布退出欧佩克。各国"退群"目的不同，或以退为进，或虚张声势，或去意已决，但都是国家利益使然。

（四）国际词：贸易摩擦

2018年，美国将"贸易大棒"举得高高，屡屡用本国法律挑战世界贸易组织框架，对进口铝钢产品增收关税，对部分中国产品增收关税。各国纷纷批评，中国坚决反制。其实，作为世界大国的中美，经济深度融合，共同肩负着促进世界和解、和平与繁荣的重要责任，彼此尊重、平等相待、合作共赢才是硬道

理。中国表示需要合作解决贸易摩擦，这才是一个负责任大国的姿态。

2018的年度字词综合了时政性和共情性的观测视角，反映了过去一年的大事小情，既勾勒热点、反映社会发展，又贴近民生、描摹世俗人情，记录了社会的发展与变化，凝聚着人们对社会与国家的美好寄望。国内字"奋"展现了中国人昂扬向上的生活态度——不忘初心，砥砺前行，正是对这个字最真切的描述；国内词"改革开放四十年"体现了语言的时代特征——从开启新时期到跨入新世纪，从站上新起点到进入新时代，改革开放只有进行时，没有完成时；国际字词"退"和"贸易摩擦"反映了近年来不断产生的冲突与碰撞，然而，经济全球化是大势所趋，和平与发展是民心所向，合作是唯一正确的选择，共赢才能通向更好的未来。

三　境外汉字评选传递世情民心

近年来，在日本、新加坡、马来西亚、中国台湾、中国香港等国家和地区，年度汉字评选活动也在火热进行。这些汉字或反映政治格局，或呈现社会态势，或传递世情民心，道尽了国家、时代的共同记忆。

（一）日本："灾"字折射世态民情

2018年12月12日，京都清水寺住持森清范挥毫写下了日本的2018年度汉字——"灾"。评选共收到19万余张选票，"灾"字获2万余票。当选理由除了北海道地震以及西日本暴雨等自然灾害频发、防灾意识增强外，还包括虚拟货币外流以及体育界的职权骚扰等人灾。此字是继2004年以来第二次当选。

图6-1　森清范书写日本2018年度汉字"灾"

(二)新加坡:"马"字呈现邻国关系

2018年12月8日,新加坡《联合早报》公布了"字述一年"年度汉字投选的结果,"马"字以最高票数当选2018年度汉字,排在第二位和第三位的则分别是"贸"和"金"。马来西亚与新加坡一水之隔,当地发生的许多大事也对新加坡有直接影响。今年马国大选首次出现政党轮替、马哈迪再当首相的情况,新马关系的复杂变化受到新加坡国民关注。

(三)马来西亚:"变"字体现时代变迁

2018年12月8日,马来西亚"年度汉字"评选在吉隆坡中华大会堂总会揭晓。经过世界各地马来西亚籍人士投票,"变"字以逾四成的得票率中选,"新"字则以超过37%的得票率居于第二。"变"与"新"异曲同工,代表了马来西亚民众对这一年国家现状的一致看法,既反映马来西亚政治格局、政治观念的变化,也展现民众对国家未来新的期待。

图6-2 "变"当选马来西亚2018年度汉字

(四)中国台湾:"翻"字成为政治缩影

2018年12月6日,"台湾2018代表字大选"公布票选结果,"翻"字在53个候选字中拔得头筹,获选年度代表字。"翻"字正如2018年台湾政治社会缩影,"九合一"选举结果呈现蓝绿"翻"盘,台湾民众也希望台湾能"翻"转出全新的未来。其他位列前十的字也精准反映了台湾这一年中,包括"选举""公投""假新闻""年改""促转"等在内的时事。

图 6-3 "翻"获选台湾 2018 代表字

(五)中国香港:"顺"字反映社会态势

中国香港 2018 年度汉字为"顺"。其他入选汉字依次为:民、楼、公、风、通、守、地、禁、判。"顺"字表示顺利、顺畅。自香港特区立法会通过修订议事规则决议案后,立法会的运作比过往更为顺畅有序。香港市民选择"顺"为 2018 年的年度汉字,不但反映过去一年来香港社会管理及运行更加顺畅,还表达出市民希望未来顺顺利利的美好愿望。

(六)海峡两岸:"望"字道尽两岸民心

海峡两岸年度汉字于 2018 年 12 月 14 日在台北揭晓,逾 1000 万投票中"望"字以 51 万的最高票当选。在甲骨文中,"望"是侧身之人立于土堆之上,瞳子突出,有登高远看之意。"望"是发展经济、改善环境的民生期望,是回顾过去、细数变迁的时代守望,更是满怀期待、憧憬未来的和平展望。一个"望"字,道出了两岸的民心,道出了世事变迁中两岸民众的共同期望。

语言文字是文化传承、发展、繁荣的重要载体,表达和传递着一个国家文化的魅力、一个民族的凝聚力。"汉语盘点"和世界各地的年度汉字评选活动以汉字为桥梁、为纽带,串联起汉字文化圈共同的传统和记忆,将亿万学习汉字、使用汉字、热爱汉字的人团结起来,谱写汉字文化的新篇章。

(曹 婉)

2018，新词语里的社会热点

国家语言资源监测与研究有声媒体中心利用语言信息处理技术，加上后期层层筛选，从国家语言监测语料库①中共获得了320条2018年度新词。这些新词语真实反映了2018年度中国出现的新事物、新概念、新情况，以及这一年里社会发展的状况、人们心理发生的变化。其中，"十大新词语"作为"汉语盘点2018"活动的一部分，由国家语言资源监测与研究中心、商务印书馆等多家机构联合向社会发布，受到了社会的广泛关注。

一 十大新词语

进博会、直播答题、信联、政治站位、限竞房、消费降级、中国农民丰收节、贸易霸凌、大数据杀熟、冰屏

这些新词语记录下2018年一个个反映社会发展变化的热点。

（一）进博会：国际贸易发展史上的创举

进博会，是"中国国际进口博览会"的简称。2018年11月5日至10日，首届中国国际进口博览会在上海成功举办，这是世界上第一个以进口为主题的国家级展会，不仅成为国际贸易发展史上的一大创举，更是中国主动开放市场的重大政策宣示和行动。《人民日报》署名文章将其形容为"一次合作共赢的'东方之约'""一席开放融通的贸易盛宴""一曲活力澎湃的恢宏乐章"。

（二）直播答题：来也匆匆，去也匆匆

2018年年初，直播答题火了，从《冲顶大会》到《百万英雄》，这种在线答题赢奖金活动瞬间刷屏网络，吸引了大量用户。直播时，由一名主持人出题，

---

① 语料库包括8份报纸、25家电视台和广播电台，以及新浪网、腾讯网、搜狐网、人民网等4家网站2018年的语料，共计125万个文本，约17亿字次。

每题有10秒的作答时间,一般为12道选择题,如果全部答对将赢取数量不等的奖金。其后不久,随着新鲜感的褪去和监管的加强,直播答题的热度逐渐下降,可谓来也匆匆,去也匆匆。

(三)信联:个人征信的大数据时代

信联,是中国人民银行批准的第一家持牌个人征信机构,与银联、网联齐名,又名"百行征信"。它将对互联网金融机构积累的海量用户信用信息进行共享与联动,以大数据的方式防范借贷业务风险,促进金融市场的健康发展。这标志着个人征信正式进入"大数据征信时代"。

(四)政治站位:做好工作的重要前提

政治站位,是衡量一名党员干部合格与否的重要标准。提高政治站位、增强政治意识是坚持共产党领导的首要前提,每个党员都应坚定政治自觉,坚定为社会主义事业奋斗终生的伟大信念。

(五)限竞房:目的是平抑房价

限竞房,即通过"限房价,竞地价"的土地出让方式产生的商品房。其重点是,在土地出让时就提前锁定房屋未来的上市销售价格,而土地则由参与竞买的房地产开发企业竞拍,由出价最高者获得。这是防止开发商炒地进而推高房价的一种调控举措。

(六)引发诸多讨论的"消费降级"

2017年,"消费升级"成为热词;2018年,"消费降级"又引发人们诸多讨论。有人把"花最合理的价钱,买最合适的商品,理性地消费,过更聪明的生活"概括为消费降级,但其实质是理性消费。与其说是消费降级,不如说是消费升级中的分级,追求的是高性价比,彰显的是消费理念的进步。

(七)中国农民丰收节:亿万农民的专属节日

经党中央批准、国务院批复,自2018年起,将每年农历秋分日设立为"中国农民丰收节"。这是第一个国家层面专门为农民设立的节日,将极大调动亿万农民的积极性、主动性和创造性,提升亿万农民的荣誉感、幸福感和获得感。

农历戊戌年八月十四,即 2018 年 9 月 23 日,迎来第一届"中国农民丰收节"。

(八)贸易霸凌:对多边贸易体制的践踏

贸易霸凌,是贸易国之间的经济强国对其他国家的一种欺凌与压迫行为。2018 年 7 月,美国特朗普政府正式对 340 亿美元中国产品加征 25% 的进口关税,在贸易上对中国实行霸凌,同时还与加拿大、墨西哥等多个国家发生贸易摩擦。美国的贸易霸凌主义行径破坏世界贸易秩序,粗暴践踏多边贸易体制,损害各国企业和人民的利益。

(九)大数据杀熟:无关技术关乎伦理

同样的商品或服务,老客户得到的价格反而比新客户要贵出许多,这也就是利用大数据对老客户进行利益宰割。其技术原理是,商家/企业利用平台收集的海量用户信息和数据,生成用户画像,再基于用户画像对用户进行精准识别和归类,开启个性化推荐,并通过向消费能力高、消费意愿强的用户展示更高的价格来赚取更多利润。

(十)冰屏:一种新型 LED 显示技术

冰屏,是一种采用侧发光工艺的 LED 产品,具有高通透(通透率达 85%)、大角度的特点,因其显示面板像一块透明的大冰块而得名。该产品双面显像、画面逼真、立体感与真实感极强,在平昌冬奥会闭幕式"北京 8 分钟"中的亮相惊艳了世界。

二 新词语中的社会热点纵览

回望跌宕起伏的 2018 年,有许多的令人振奋,如港珠澳大桥通车;也有许多的不容易,如中美贸易摩擦。一些新情况、新变化已为年度新词语及时记录,成为人们的记忆留存。

(一)机构改革:新面孔、新格局、新衔级

2018 年 3 月 17 日,《国务院机构改革方案》在十三届全国人大一次会议获表决通过,由此拉开"改革开放四十年"以来第八次政府机构改革的序幕,有媒体报道称这是"一场前所未有的整合"。

这次改革出现了十五张新面孔，即 7 个国务院组成部门和 8 个国务院其他机构。这些新面孔，有的在语言生活中很活跃，如"银保监会""卫健委""农业农村部"等。"银保监会"的全称是"中国银行保险监督管理委员会"，由银监会和保监会合并组建而成，这次金融监管机构的调整，进一步健全了我国的金融监管体系，形成了"一委一行两会"的监管新格局。

新组建的国家卫生健康委员会，简称"**卫健委**"，整合了国家卫计委、国务院深化医药卫生体制改革领导小组办公室、全国老龄工作委员会办公室的职责，以及工信部牵头的《烟草控制框架公约》履约工作职责、国家安监总局的职业安全健康监督管理职责。

新组建的应急管理部集中了国家安监总局、公安部、民政部、国土部等 13 个部门应对突发事件和救灾的职责，统一协调管理消防、地震、森林防火、矿难救援等所有突发自然灾害及生产安全事故的处理。而随着消防、森林部队的转制，"**消防救援衔**"也随之设立。10 月 26 日，《中华人民共和国消防救援衔条例》在十三届全国人大常务委员会第六次会议上表决通过，并于 10 月 27 日起施行，这也是继军衔、警衔、关衔、外交衔之后我国设立的一种新衔级。

（二）人工智能：更广的应用、更新的体验

如果说 2017 年的人工智能更多地专注于技术深度应用，如"人机围棋大战"，2018 年则是人工智能技术在广度上的应用。2018 年 11 月 7 日，新华社与搜狗在第五届世界互联网大会上联合发布全球首个合成新闻主播——"**AI 合成主播**"，运用最新人工智能技术，"克隆"出与真人主播拥有同样播报能力的"分身"。这项技术能够将所输入的中英文文本自动生成相应内容的视频，并确保视频中音频和表情、唇形自然一致，展现与真人主播几乎无异的信息传达效果。

"AI 合成主播"的发布再一次让人们关注人工智能，关注它带给我们生活的全新体验以及诸多便利。例如，新东方推出"**AI 班主任**"，对在线外教小班课学生的上课情绪表现、开口时长、课程参与度以及学习结果等进行量化分析，效果显著。继"无人药房""无人快递车"等之后，雄安新区又迎来一名新的高科技"员工"——美团无人配送车"小袋"。"媒体大脑"使新闻信息生产更为智能化；"社区智脑"深入社区居民群众身边，有效提升了社会治理能级。

人工智能技术在不同领域的应用与实践，将最终实现"**AI 平民化**"。

(三)高铁霸座:引发关于社会文明的思考

8月21日上午,济南开往北京的G334次高铁上,一名男乘客霸占了另一名女乘客的靠窗座位,列车员与乘警上前劝说,该男子却声称"我站不起来,你帮我呗",仍然执意半躺在座位上。事件发生后,"**霸座**""**霸座男**"等在各种媒体、社交平台上刷屏,引起了公众舆论的广泛关注。8月24日,中国铁路济南局集团公司表示,霸座男孙某被处治安罚款200元,并在一定期限内被限制购票乘坐火车。当天,《人民日报》评论道:高铁霸座,考验的不只是道德,还有社会公共秩序的维护。

"霸座男"的热度尚存,"**霸座女**"又来了。9月19日,在永州到深圳北的G6078次高铁上,一名女子强行坐到其他乘客靠窗的座位,当列车工作人员协调座位时,却遭到该女子的"强词夺理",不肯让座。第二天,铁路客运部门在铁路征信体系中记录了该女子的信息,并在一定期限内限制其购票乘坐火车。

针对高铁霸座、火车"**霸铺**"和公交互殴等发生在公共场域的不文明行为乃至违法事件,11月12日至19日《人民日报》的"人民观点"中推出"如何提升我们的社会文明"系列评论,希望在改革开放四十年之际,在我们迈向社会主义现代化的征程中,思考人的现代化课题,推动构建与不断提升的物质文明相适应、与我们的大国身份相匹配的精神文明。

(四)贸易摩擦:美国吃亏了吗?

中美贸易争端一直不断,从新词语的视角来看2018年的这场贸易摩擦,其特点是**贸易霸凌**,是美国的"**贸易霸凌主义**""**贸易恐怖主义**"的具体体现。

3月1日,特朗普政府宣布计划对钢铁和铝分别征收25%和10%进口关税。紧接着3月8日特朗普在白宫举行了与钢铝行业高管和工人的见面会,并在会上正式签署了命令,"**钢铝关税**"实锤落地。6月1日,美国宣布对加、墨和欧盟征收钢铝关税,随即引起相应国家的反对,加、墨对美国征收报复性关税。7月6日起美国又对第一批清单上818个类别、价值340亿美元的中国商品加征25%的进口关税。为此我国商务部新闻发言人当即表示,这种征税行为是典型的**贸易霸凌**主义,它正在严重危害全球产业链和价值链安全。

而另一方面,美国政府却多次对世界贸易组织表示不满,威胁要"**退群**",

宣称美国在贸易等方面受到不公平待遇，美国吃亏了。7月6日，人民日报发表题为《"美国贸易吃亏论"当休矣》的评论员文章，指出一个当今世界综合实力最强的发达国家，竟堂而皇之大讲自己在国际贸易中受到欺负、吃了大亏，这实在是令世人大跌眼镜的咄咄怪事。"美国吃亏论"彻底暴露了美国一味谋求利益最大化、在国际交往中占了大便宜还嫌不够的贪相。

（五）土味文化：持久吸引力源于真实的生活

2018年，"土味情话"成为非常流行的网络用语之一，不管是在日常生活中，还是在各种电视剧中，"土味情话"的使用频率都非常高，因此它也入选了国家语言资源监测与研究中心发布的"2018年度十大网络用语"。

这些带着土气、冷幽默式的情话，与文艺情话相对应，常使用文字游戏式的表达，听起来直白而腻人。例如：你累不累啊，你在我脑子里跑了一天了。当然，真正让土味情话爆红网络的，是《偶像练习生》节目中的土味情话大比拼花絮。

继土味情话走红之后，土味视频、土味少年、土味青年、土味表情包等各种"土味"同样受到了大众异乎寻常的欢迎，"土味文化"迅速流行起来。"土味"最初指的是诞生于三四线乡镇的富有乡土气息的表演风格，但现在当我们将某一段视频称作土味视频时，它一定是与都市文化和城市精英的趣味截然相反，因为它没有经典的构图，没有精致的妆容，没有刻意的台词，等等。

土味文化，是伴随网络直播视频流行起来的一种网络文化。10月23日，《人民日报》一篇题为"打动我们的是值得铭记的生活"的评论员文章指出，一段时间，也有一些"三俗"的东西借"土味"之名传播，夸张妆容、雷人雷语，甚至打暴力色情擦边球，似乎带上"土味"就可以理所当然地不雅，这不仅违背了公序良俗，逾越了法律边界，也不可能有持续的生命力。而那些"去除虚火与邪火之后，来源于生活的'土味'注定会火，而且会一直火下去"。让人们能看到真实的生活、体味到各自的奋斗，才有更加持久的吸引力。

我们如约来到了2019年，但那些记录了2018年社会发展变化的新词语，有些或许只是昙花一现，有些或许会被记住长存，并持续影响甚至改变我们的社会生活。

（邹　煜、滕永林、程南昌）

2018，流行语里的中国与世界

国家语言资源监测与研究平面媒体中心利用语言信息处理技术，结合人工后期处理从国家语言资源监测语料库[①]中提取出了综合类、国内时政类、国际时政类、经济类、科技类、文化教育类、社会生活类和民生专题类等八类十大流行语，以反映媒体上的中国与世界。其中，综合类"十大流行语"作为"汉语盘点2018"活动的一部分，由国家语言资源监测与研究中心、商务印书馆等多家机构在现场联合向社会发布，受到了广泛关注。

一 综合类十大流行语

宪法修正案、命运共同体、进博会、贸易摩擦、锦鲤、板门店宣言、立德树人、"一箭双星"、幸福都是奋斗出来的、改革开放四十周年

（一）宪法修正案

2018年3月11日，第十三届全国人民代表大会第一次会议高票通过了《中华人民共和国宪法修正案》，对宪法进行修改。宪法修改是国家政治生活中的一件大事，是以习近平同志为核心的党中央从新时代坚持和发展中国特色社会主义全局和战略高度做出的重大决策，是推进全面依法治国，推进国家治理体系和治理能力现代化的重大举措。

[①] 国家语言资源监测语料库包括报纸、广播、电视、门户网站等语料。2018年度流行语提取的语料包括：《北京青年报》《北京日报》《北京晚报》《法制日报》《光明日报》《华西都市报》《今晚报》《南方都市报》《齐鲁晚报》《钱江晚报》《人民日报》《深圳特区报》《新京报》《新民晚报》《羊城晚报》《中国青年报》等16家报纸（按照音序排列）；中央电视台、安徽电视台、湖北电视台、黑龙江电视台等10家电视台；中央人民广播电台、北京人民广播电台、天津人民广播电台、江苏人民广播电台、湖南人民广播电台、河北人民广播电台、云南人民广播电台、山东人民广播电台等15家广播电台，以及新浪、腾讯的新闻网页。

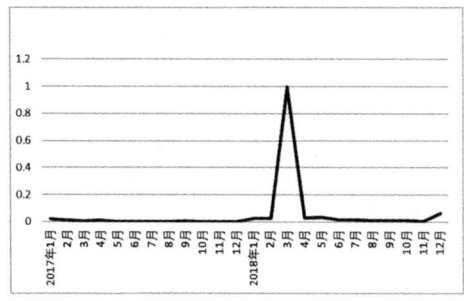 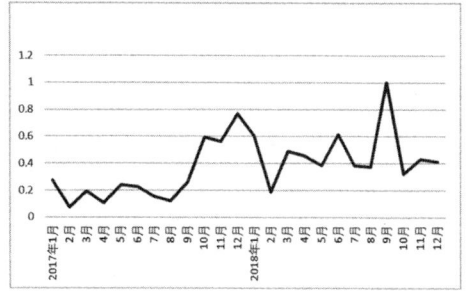

图 6-4　2017—2018 年度"宪法修正案"使用情况　　图 6-5　2017—2018 年度"命运共同体"使用情况

（二）命运共同体

命运共同体，是指存在诸多差异的国家、民族所组成的命运攸关、利益相连、相互依存的国家集合体。十八大以来，习近平总书记在一系列国内国际场合提出构建"人类命运共同体"。2018 年 3 月 11 日，第十三届全国人民代表大会第一次会议通过《宪法修正案》，将"序言"中"发展同各国的外交关系和经济、文化的交流"修改为"发展同各国的外交关系和经济、文化交流，推动构建人类命运共同体"。回顾整个 2018 年，从仲春时节的博鳌亚洲论坛、孟夏之时的青岛峰会，到金秋时节的中非合作论坛北京峰会、初冬之时的中国国际进口博览会，中国一次次向世界宣告推动构建人类命运共同体的脚步不会停滞，构建人类命运共同体已成为推动全球治理体系变革、构建新型国际关系的国际共识。

（三）进博会

即中国国际进口博览会（CIIE）的简称。2018 年 11 月 5 日至 10 日，由中华人民共和国商务部、上海市人民政府主办，世界首个以进口为主题的大型国家级展会在国家会展中心（上海）举行，习近平总书记出席开幕式并发表重要讲话。首届"进博会"以"新时代，共享未来"为主题，共吸引 172 个国家、地区和国际组织参会，3600 多家企业参展，超过 40 万名境内外采购商到会洽谈采购，展览总面积达 30 万平方米。"进博会"富有成效，精彩纷呈，广受赞誉，取得了圆满成功。

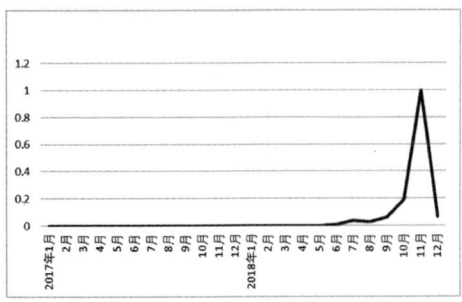
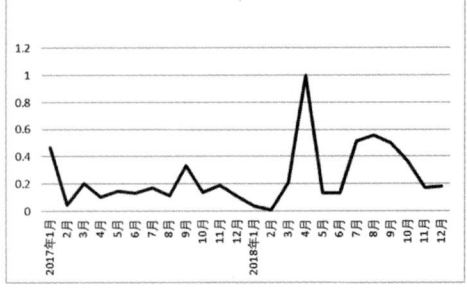

图 6-6　2017—2018 年度"进博会"使用情况　　图 6-7　2017—2018 年度"贸易摩擦"使用情况

（四）贸易摩擦

2018 年 3 月 23 日，美国总统特朗普签署备忘录，宣布将对中国 1300 多种进口商品加征关税，涉及金额 500 亿美元，用以惩罚中国钢铁、铝贸易和"窃取知识产权"。这是现代历史上美国总统对中国开出的最大一笔贸易"罚单"，标志着特朗普酝酿已久的对华贸易战正式打响，中美贸易摩擦到达沸点。此后，中美双方就贸易摩擦问题多次进行协商，但是美国单方面撕毁协议，实行贸易单边主义。2018 年 12 月 2 日，中美元首举行会晤并达成共识，停止加征新的关税，就如何妥善解决分歧提出了一系列建设性的建议。面对贸易摩擦，中国始终坚持通过平等对话与协商，按照规则和共识予以妥善解决。

（五）锦鲤

"锦鲤"，本是一种观赏鱼，有"水中活宝石""会游泳的艺术品"的美称。相传锦鲤能为人们带来好运，一直被视作吉祥、好运的象征。2018 年国庆期间，支付宝官方微博推出寻找"中国锦鲤"转发抽奖活动，中奖者即为"中国锦鲤"。活动吸引 300 多万次转发，"锦鲤"一词也迅速流行，成为社交平台上的新宠。"锦鲤"成为"好运"的象征，也泛指运气极佳的人。

（六）板门店宣言

2018 年 4 月 27 日，韩国总统文在寅与朝鲜最高领导人金正恩在韩朝边境板门店"和平之家"举行首脑会谈，双方签署《为实现半岛和平、繁荣和统一的板门店宣言》（简称《板门店宣言》）。宣言约定：一、韩朝将划时代地全面改善并发展双边关系,让民族血脉再相连,提前迎接共同繁荣和自主统一的未来。改善和发展韩朝关系是全民族始终不渝的梦想,也是时代的迫切要求,不容再拖。二、韩朝将共同努力,缓和半岛军事紧张,消除战争风险。三、韩朝将为在半岛构建牢固的永久性和平机制积极合作,终结半岛目前不正常的停战状态并建立牢固的和平机制是刻不容缓的历史使命。

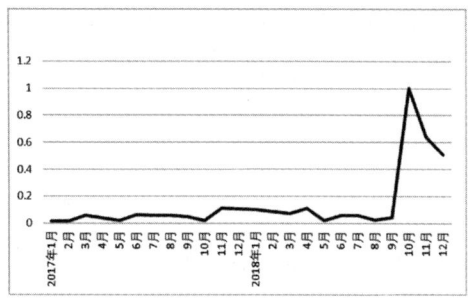

图 6-8　2017—2018年度"锦鲤"使用情况

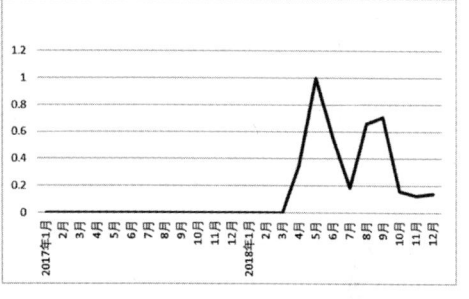

图 6-9　2017—2018年度"板门店宣言"使用情况

(七)立德树人

国无德不兴,人无德不立。育人之本,在于立德铸魂。党的十八大报告首次把"立德树人"作为教育的根本任务;党的十九大进一步指出,要落实"立德树人"的根本任务,培养德智体美全面发展的社会主义建设者和接班人;2018年9月11日,在全国教育大会上,习近平总书记指出,要坚持把"立德树人"融入思想道德教育、文化知识教育、社会实践教育各个环节,贯穿基础教育、职业教育、高等教育等各领域。

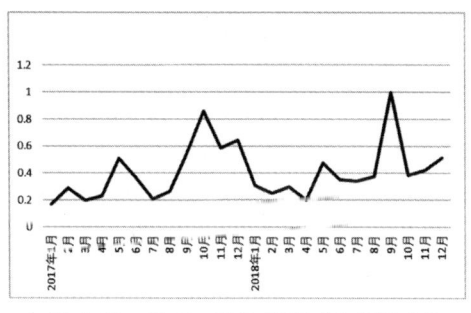

图 6-10　2017—2018年度"立德树人"使用情况

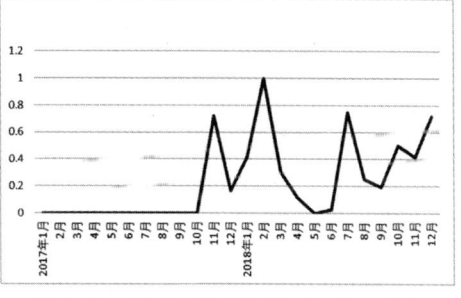

图 6-11　2017—2018年度"一箭双星"使用情况

（八）"一箭双星"

这是一种卫星发射的方式，即一枚火箭携带两颗卫星进入太空，先释放一颗，末级火箭通过变轨后再释放另一颗。2018年1月12日，我国在西昌卫星发射中心用长征三号乙运载火箭（及远征一号上面级），以"一箭双星"方式成功发射第二十六、二十七颗北斗导航卫星。之后又多次采用"一箭双星"的方式发射卫星，其中多数为北斗导航卫星，截至2018年年底，太空中已有43颗北斗导航卫星。

（九）幸福都是奋斗出来的

这句话出自习近平主席2018年新年贺词。2017年12月31日，习近平主席通过中国国际广播电台、中央人民广播电台、中央电视台和互联网等媒体，发表了新年贺词，说道："广大人民群众坚持爱国奉献，无怨无悔，让我感到千千万万普通人最伟大，同时让我感到幸福都是奋斗出来的。"之后，"幸福都是奋斗出来的"广为传播。

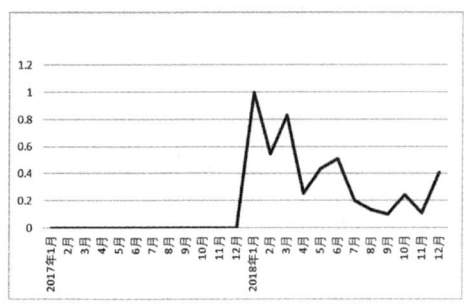

图6-12　2017—2018年度"幸福都是奋斗出来的"使用情况

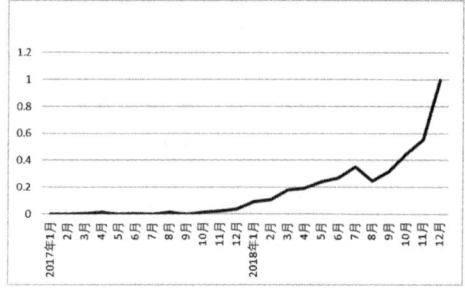

图6-13　2017—2018年度"改革开放四十周年"使用情况

（十）改革开放四十周年

2018年是中国改革开放四十周年。1978年12月召开的十一届三中全会，标志着中国开始实行"对内改革、对外开放"的政策，正式吹响中国改革开放的号角。改革开放四十年来，在中国共产党坚强领导下，中国人民艰苦奋斗、顽强拼搏，用双手书写了国家和民族发展的壮丽史诗，中华大地发生了感天动地的伟大变革，中国社会实现了由封闭、贫穷、落后和缺乏生机到开放、富强、文明和充满活力的历史巨变。

二 分类流行语

（一）国内时政类十大流行语

扫黑除恶专项斗争、乡村振兴战略、监察法草案、"枫桥经验"、八大行动、中国农民丰收节、"三旧"、友谊勋章、全国教育大会、革命文物保护

2018年，全国教育大会顺利召开，统筹指导新时代的教育发展；乡村振兴战略谱写新时代乡村全面振兴的新篇章；为民、利民、惠民，迎丰收、晒丰收、庆丰收，神州喜迎第一个"中国农民丰收节"；"三旧"改造政策改善了城乡面貌，基础设施建设齐全，人民生活环境优美；扫黑除恶专项斗争保障了人民安居乐业，社会安定有序，国家长治久安；"枫桥经验"走过55年，是新时代构建和谐社会的中国治理智慧；监察法草案实施进一步推动政治生态建设，社会风尚风清气正；革命文物保护工作的开展，让革命文物"亮"出来、"保"下来、"活"起来；八大行动擘画了新时代中非合作的美好蓝图，首枚"友谊勋章"授予俄罗斯总统普京，诠释了"背靠背拥抱"的温暖——中俄、中非向世界树立了"友谊典范"。

（二）国际时政类十大流行语

卡舒吉、上海精神、加征关税、"16+1合作"、游船倾覆、特金会、美国"退群"、用户数据泄露、领航之旅、"黄背心"运动

2018年，全球性的加征关税为世界经济蒙上阴影；美国相继退出了多个世界组织，被网友称为美国"退群"，给全球治理带来了挑战和不确定性；卡舒吉遇害，毫无争议的暗杀行动，激起人们抗议"操纵和滥用真相"的强权；民众走上街头抗议政府提高燃油价格，"黄背心"运动使得法国社会不稳定因素急剧增加；脸书用户数据泄露事件引发行业地震，共筑数据安全值得重视；泰国游船倾覆事故导致47名中国同胞遇难，安全警钟再次敲响；特金会如期举行，为建立新型美朝关系以及朝鲜半岛长久、稳固的和平机制提供新可能；中国始终不忘初心，砥砺前行："上海精神"贯穿上合组织的整个发展历程；"16+1合作"日趋完善并初现成效；习近平总书记欧洲拉美之行是中国特色大国外交

又一次成功实践的领航之旅,彰显中国在国际舞台上的影响力、感召力和塑造力。

(三)经济类十大流行语

民营经济、营商环境、港珠澳大桥、贸易战、科创板、进口关税、中兴通讯、减税降费、美团收购摩拜、"双创"升级版

2018年,中国化压力为动力,成为全球营商环境改善最大的经济体之一;改革开放四十年,民营经济从小变大,由弱变强,发展前途不可限量;中兴通讯事件再次警示国人,只有掌握核心技术,才能掌握市场话语权;贸易战打响,中国有理有利有节进行反制,维护了自由贸易和多边主义,赢得了世界上越来越多国家的认同;港珠澳大桥建成通车,地缘相近、文缘相连、商缘相通,港珠澳三地联系将更加便利;部分商品进口关税降低,促进了更高水平的对外开放;科创板改善了科技创新企业的资本环境;"双创"升级版为实现更充分的就业和经济高质量发展提供了坚实保障;减税降费措施令人目不暇接,企业迎来一波政策"红包雨";美团收购摩拜,资本市场强强联手,我们期待共享单车为人们绿色健康出行带来更多便捷。

(四)科技类十大流行语

"猎鹰重型"、嫦娥四号、"张衡一号"、体细胞克隆猴、"鲲龙"、中国散裂中子源、冰屏、5G标准、"深海一号"、APM浦江线

2018年是科技日新月异蓬勃发展的一年。"嫦娥四号"探测器发射升空;电磁检测试验卫星"张衡一号"让中国空间探测任务迈上新台阶;中国自主研发的世界上最大的水陆两用飞机"鲲龙"填补了我国在该领域的空白;而在地球另一端的美国,人类现役火箭中运载能力之最——"猎鹰重型"怀揣着人类永无止境的太空梦飞上云霄;中国首艘自主研制的载人潜水器支持母船"深海一号"下水,与"蛟龙号"正式组合后将共同探索海底世界。2018年,人类亦在各个领域不断拓宽知识疆界,挑战科学极限:平昌冬奥会闭幕式,"冰屏"惊艳亮相,以人工智能为代表的中国科技新元素惊艳世界;"5G标准"首次实现商用,中国已具备引领全球5G标准的态势;上海首条旅客自动捷运系统(APM)轨道交通线"APM浦江线"投入运营,国际领先的全自动无人驾驶系统引发新的出行革命;我国首台、世界第四台"中国散裂中子源"建成,填补了国内脉

冲中子应用领域的空白；体细胞克隆猴姐妹"中中"和"华华"降生，这是克隆技术领域的又一个里程碑，人类将揭开更多健康的奥秘。

（五）文化教育类十大流行语

金庸、俄罗斯世界杯、科研诚信、马克思诞辰200周年、中国男篮、西湖大学、直播答题、阴阳合同、"北京8分钟"、经典咏流传

北京"8"分钟，中国再一次向全世界发出2022年冬奥会盛情邀请；俄罗斯世界杯引领青春风暴，点燃盛夏激情；2018雅加达亚运会上，中国男篮时隔八年再一次站在亚洲之巅，宣告王者归来；经典咏流传，"和诗以歌"，将传统诗词与现代流行相融合，让经典具有新时代属性；直播答题迅速火爆各大网络平台，人们在瓜分奖金的同时，体验智能时代新鲜事；"飞雪连天射白鹿，笑书神侠倚碧鸳"——金庸逝世，带不走的是中国人的侠义精神；马克思诞辰200周年，其思想依然指引着人类追寻理想社会的脚步；西湖大学杭州落地，一所新型研究型大学就此诞生；"阴阳合同"扰攘社会，严厉打击偷税漏税者，合同要"真"，做人也要真；科研诚信是科技创新的基石，2018，我们要"把论文写在祖国的大地上"。

（六）社会生活类十大流行语

基因编辑婴儿、非洲猪瘟、问题疫苗、公交车坠江、大数据杀熟、"霸座"、英雄机长、网约车安全、"时光博物馆"、直播课堂

2018年，"时光博物馆"让改革开放四十年的光荣与梦想，瞬间穿越来到我们面前；英雄机长刘传建面对突发状况，临危不惧，沉着冷静，把飞机从地狱开回人间；直播课堂通过一块小小的屏幕，连接着亿万人的梦想；社会生活日益美好，但总有一些不和谐的因素：长春长生等问题疫苗引爆信任危机，药品监管任重道远；非洲猪瘟来势汹汹，"放心肉"再一次成为焦点；高铁"霸座"挑战社会公共秩序；公交车坠江暴露公共出行安全隐患；大数据杀熟引起行业深思；基因编辑婴儿引发社会伦理探讨；滴滴顺风车事件再一次把网约车安全推到风口浪尖。

（七）民生专题类十大流行语

抗癌药、实体书店、人才落户、一网通办、普惠性幼儿园、取消流量"漫

游"、个税改革、三年棚改攻坚计划、"31条惠及台胞措施"、提高基础养老金标准

民之所望，施政所向。2018年，政务服务一网通办，实现"一把钥匙打开所有的门"；放宽人才落户政策，创新人才发展机制，充分吸纳新生力量；增加实体书店，推进全民"悦读"进入新时代；建设普惠性幼儿园，切实办好学前教育；新三年棚改攻坚计划，圆亿万人住房梦；17种抗癌药纳入医保，彰显政策温度；"31条惠及台胞措施"，搭建两岸共同发展平台，共享发展机遇；取消流量"漫游"，提速降费再升级；个税改革，减负让利、藏富于民；提高基础养老金标准，促社会保障精准扶贫，全力打赢脱贫攻坚战。

（杨尔弘、肖　丹、陈芳宇、陆天荧）

2018，网络用语中的草根百态

国家语言资源监测与研究网络媒体中心以网络语言监测语料库[①]为基础、利用中文信息处理技术对网络语言的真实使用情况进行建模与分析，提取了2018年流行网络用语及相关数量特征，以揭示一年网络用语的使用及流行特点。其中，"十大网络用语"作为"汉语盘点2018"活动的一部分，由国家语言资源监测与研究中心、商务印书馆等多家机构联合向社会发布，受到了社会的广泛关注。

一 十大网络用语

锦鲤、杠精、skr、佛系、确认过眼神、官宣、C位、土味情话、皮一下、燃烧我的卡路里

本年度的"十大网络用语"生动描绘了网民一年来的关注点与精神风貌。

（一）锦鲤

锦鲤，本是一种高档观赏鱼。2018年国庆期间，支付宝官方微博推出寻找"中国锦鲤"转发抽奖活动，中奖者即为"中国锦鲤"，这引来网友的疯狂转发。"锦鲤"一词也因此走红，成为"好运"的象征，隐含了人们对美好生活的向往。该词的使用度在全年呈波动状态，其中在年底附近的使用度到达峰值。

（二）杠精

指抬杠成精的人。这类人以抬杠为"己任"，往往并不关注客观事实，经常为反对而反对，不管别人所说内容的对错而进行持续的反驳。该词的使用度在年中达到第一个高峰，在10月附近达到全年最高点。

[①] 文中数据来源于天涯网络论坛在2018年度全年的帖子，原始文件大小约55GB，包含约46万条帖子。天涯论坛的网址为http://www.tianya.cn。

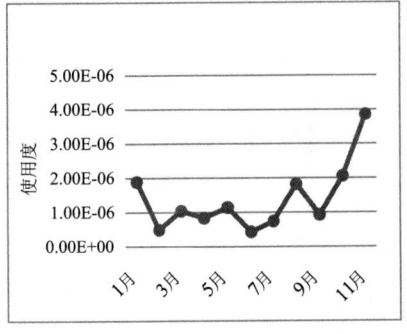
图6-14 2018年"锦鲤"使用情况

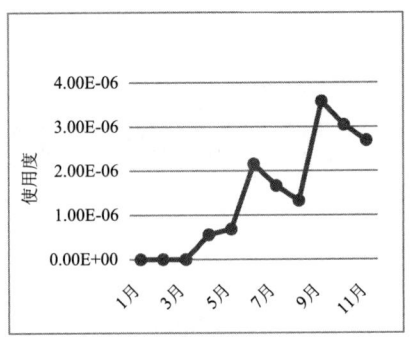
图6-15 2018年"杠精"使用情况

(三) skr

原指汽车轮胎摩擦的声音,后随着某流行歌手在综艺节目中的频繁使用而迅速走红,并被网友模仿传播。当遇到某些认可的事情时,会用skr表达佩服、赞扬之意。该词使用度全年呈整体上升趋势,其中在9月附近和11月附近有两个高峰。

(四) 佛系

最早来源于日本某杂志介绍的"佛系男子",指爱独处并专注于自己的兴趣、不想花时间与异性交往的男子。在国内社交平台流行后,该词泛指不争不抢、不求输赢的人,表达了一种按自己方式生活的人生态度,并衍生出"佛系青年""佛系女子"等一系列词语。该词全年使用度呈逐步上升态势,其中在年底附近达到最高点。

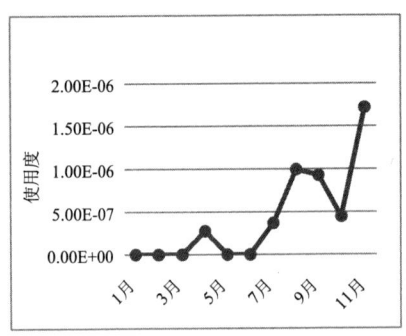
图6-16 2018年"skr"使用情况

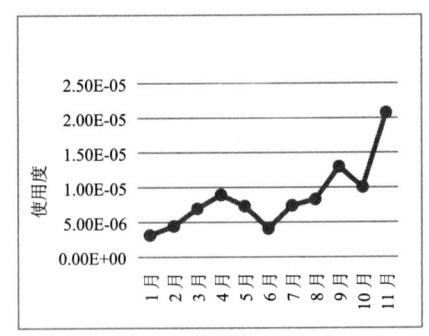
图6-17 2018年"佛系"使用情况

(五) 确认过眼神

源自歌曲《醉赤壁》里的一句歌词"确认过眼神,我遇上对的人"。该词语作为网络用语开始流行是在2018年的除夕。某网友发布了一张内容为"确认过眼神,你是广东人"的图片,借以吐槽广东人的过年红包面额很小,引发网友对各地红包数额的讨论,从而使该词爆红网络,使用度在上半年和下半年各有一个高峰。

(六)官宣

2018年10月,两位明星在微博上公布结婚喜讯时使用了"官宣"一词。因二人粉丝众多,该词的使用受到高度关注,并被广泛模仿使用。"官宣"的字面意思是"官方宣布",现泛指某机构或某人对外正式发布信息,有广而告之的含义。该词使用度的高峰主要在下半年。

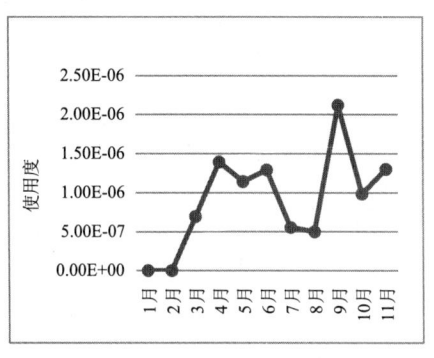
图 6-18 2018年"确认过眼神"使用情况

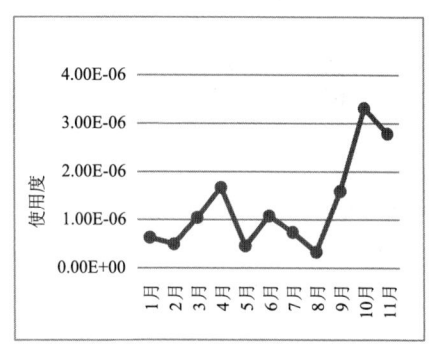
图 6-19 2018年"官宣"使用情况

(七)C位

"C"一说为英文单词 center 的缩写,意为中央、中心。"C位"一般指舞台中央或艺人处在宣传海报的中间位置,现被引申为各种场合中最重要、最受关注的位置。该词全年使用度波动较大,无明显规律。

(八)土味情话

指那些听起来腻人、带着土气、冷幽默式的情话,多采用转折、夸张的表达方式。例如,我对你的爱,就像拖拉机上山轰轰烈烈。该词使用度在年中有一个高峰,之后呈下降趋势。

(九)皮一下

该词源于方言,走红于游戏解说,后被网友广泛用于社交网络。"皮"在方言里是调皮、淘气的意思,"皮一下"用于吐槽对方很调皮,不按常理出牌,常用于微博上具有反转性的搞笑内容。该词使用度全年波动较大,规律不明显。

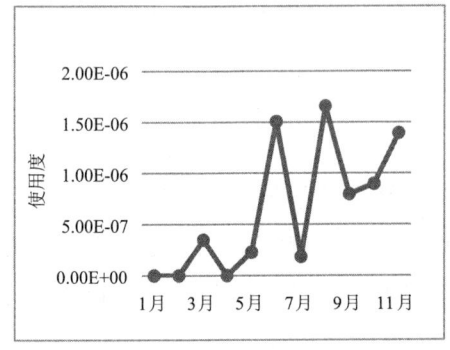

图 6-20　2018 年"C 位"使用情况

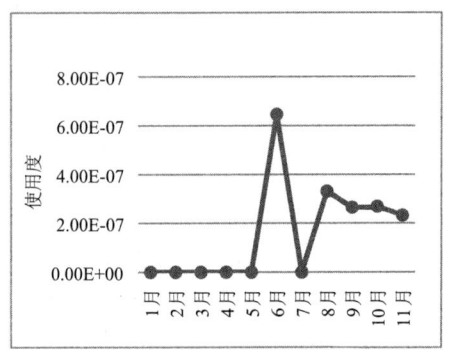

图 6-21　2018 年"土味情话"使用情况

(十)燃烧我的卡路里

此语为歌曲《卡路里》中的一句歌词。这首歌因其独特的旋律和歌词火遍全网,成为广场舞、健身房的火热神曲。该词在下半年的使用度维持在一个较高水平。

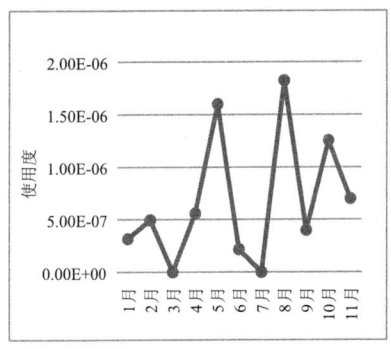

图 6-22　2018 年"皮一下"使用情况

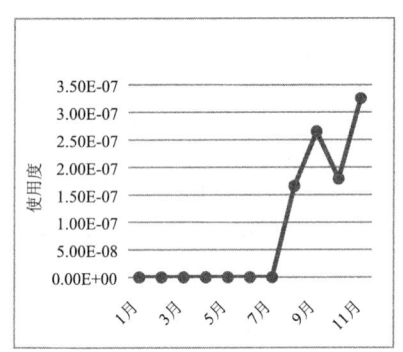

图 6-23　2018 年"燃烧我的卡路里"使用情况

二　流行网络用语中的草根百态

网络用语来源于广大网民的自主创造,它不仅是一种语言现象,更是一种文化现象。一个网络用语的产生与流行,往往伴随着网民特别是其中的草根群体的喜怒哀乐,反映草根群体的生活百态。

（一）外为中用

skr、C位、pick

这类词语多是由英语单词直接演变或借用而来，以寓意、谐音等各种方式传递。选秀类综艺节目的崛起，带来了迷妹们的春天，通常站在"C位"的小哥哥，总是迷"skr"人（谐"迷死个人"），引得众多粉丝"pick"与支持。

佛系、肥宅、肥宅快乐水

这类词语源于国外对某些年轻人生活方式的描述和评价。当代"佛系青年""佛系女子"都喜欢宅在家里看着网络直播，喝着"肥宅快乐水"（即可乐），这就是他们向往的"肥宅"生活（可以简单地理解为肥肥地宅在家里）。

（二）吐槽、讽刺

大猪蹄子、钢铁直男

这类词语多是用来吐槽男人口是心非或不解风情。2018年，随着电视剧《延禧攻略》热播，剧中的经典台词"男人都是大猪蹄子"引发了网友的共鸣，"大猪蹄子"从此被用来吐槽男人口是心非或者不解风情，具有这种特质的男人有时也被称作"钢铁直男"。

杠精、舔狗、彩虹屁、家里有矿、安排地明明白白

这类词语多用于对某类人群或者现象进行讽刺。网友们用"杠精"来讽刺为了反对而反对、以抬杠为己任的一类人，用"舔狗"来讽刺不顾原则和尊严去讨好他人的人。一些粉丝群体喜欢盲目夸耀自己的偶像，认为偶像的一切都是好的，网友就用"彩虹屁"来形象讽刺这类盲目追星行为。"家里有矿"源于某网络表情包，后来被网友用来讽刺花钱很厉害、不知节俭的人。"安排地明明白白"则通常被用来讽刺程序不透明，有幕后操作等。

（三）自嘲、卖萌

打工是不可能打工的、隐形贫困人口、真香、"小猪佩奇身上纹，掌声送给社会人"

这类词多用于网友的自嘲或者卖萌。朝九晚五的上班族工作辛苦而枯燥，因此用"打工是不可能打工的"来调侃自己的工作状态和生活理想。所谓"隐

形贫困人口"是一些网民对个人经济和生活状况的一种自嘲说法,"隐形贫困"并非真的贫困,更多的是表达了网民对更好生活的向往。"真香"出自某电视节目中城市主人公初到农村家庭时撂下狠话,又啪啪打脸的搞笑情节,后来被网友用于自嘲自己的反悔行为。"小猪佩奇身上纹,掌声送给社会人"源于一群涉世未深的孩子自嘲为社会人,实际上是以此行为来卖萌求关注。

(四)幽默、反转

土味情话、"皮一下,很开心"

这类词语多含有因前后反转造成的幽默感。"土味情话"指那些听起来腻人、带着土气、冷幽默式的情话,多采用转折、夸张的表达方式,比如"你脸上有点东西。什么东西?有点漂亮"。"皮一下,很开心"中的"皮"源于方言,走红于游戏解说,后来被网友广泛用于社交网络,指对方不按常理出牌的反转性场景。

(五)歌曲、明星

确认过眼神、燃烧我的卡路里、凉凉

这类词多来源于流行歌曲的歌词。"确认过眼神"来源于歌曲《醉赤壁》中的歌词"确认过眼神,我遇上对的人",作为流行的网络用语始于2018年除夕,网友用此词语来吐槽广东人过年红包面额很小。"燃烧我的卡路里"源自于歌曲《卡路里》,这首歌因其独特的旋律和歌词火遍全网,成为广场舞、健身房的火热神曲。"凉凉"是电视剧《三生三世十里桃花》的片尾曲,而游戏主播们常常喜欢用"凉了"一词表示失败,网友就会习惯性地发弹幕"一首凉凉送给你","凉凉"作为网络用语也在互联网上逐渐流行开来。

官宣

"官宣"字面意为"官方宣布"。2018年10月,两位明星在微博上公布结婚喜讯时使用了"官宣"一词,因二人粉丝众多,该词的使用受到高度关注,并被广泛模仿使用,进而产生各种"官宣体"。

(六)祈福、加油

锦鲤、"大吉大利,今晚吃鸡"、冲鸭

这类词多被网友用于祈求好运或是加油。锦鲤,本是一种高档观赏鱼。2018年支付宝推出寻找"中国锦鲤"抽奖活动引来网友的疯狂转发,"锦鲤"一词也因此走红,成为"好运"的象征。"大吉大利,今晚吃鸡"因某游戏中对获胜者打出的台词"大吉大利,晚上吃鸡"而火遍网络,该词语可用于指获得第一。"冲鸭"是"冲啊(呀)"一词的谐音说法,是网络上一种生动活泼的加油打气方式。

(七)其他

我劝你善良、游泳健身了解一下

"我劝你善良"为电视剧《延禧攻略》里的一句台词,意思是虽然每个人都可以按照自己的想法去做事,但还是应当多做好事、帮助他人,该词因电视剧《延禧攻略》的热播而走红网络。走在大街上经常能听见发传单的销售人员说"游泳健身了解一下",后来这个语句演变成为一种通用的流行体,即"了解一下体"。

2018年度的流行网络用语传承了网络用语一贯的幽默、生动、有趣的特点,代表了广大网民在过去一年中的所闻、所思、所想,是我们观察网民生活和网络生态环境的一个切入点。与往年相比,本年度的网络流行语中粗俗词语的比例有一定下降,反映出我国互联网环境正朝着文明、清朗的方向发展。

(李 波、何婷婷、汤 丽)

年度热词"改革开放四十年"

在"汉语盘点2018"揭晓仪式上,"改革开放四十年"当选年度国内词。"没有改革开放,就没有中国的今天,也就没有中国的明天"[①],改革开放四十年连接着过去,彰显着当下,也将见证未来。

一 "改革""开放"一路走来

1978至2018,中国改革开放走过整整四十年,人民生活发生了翻天覆地的变化,伟大祖国欣欣向荣。"改革开放四十年"作为年度国内词,正是人民情感和社会风貌的表征,从语言文字来看这四十年,我们能真切地感受到社会在进步,[②]日新月异。

1978年12月,党的十一届三中全会后,中国开始实行对内改革、对外开放的政策,简称"改革开放",党和国家领导人对"改革""开放""改革开放"的使用逐渐增多。从表6-1可以看出,每一次报告,"改革"是三个词中使用次数最多的,"开放"与"改革开放"大体相当,略有差异。

表6-1 改革开放以来历届全国党代会报告中词语使用情况

文件 词频 词语	十二大报告 (1982)	十三大报告 (1987)	十四大报告 (1992)	十五大报告 (1997)	十六大报告 (2002)	十七大报告 (2007)	十八大报告 (2012)	十九大报告 (2017)
改革	10	139	68	66	75	68	66	52
开放	2	24	22	12	15	25	17	9
改革开放	0	24	55	27	14	34	19	9

"改革"是对内而言,"开放"则是对外,这表明,党和国家领导人首先看

---

① 习近平《改革开放只有进行时没有完成时》,人民网,http://cpc.people.com.cn/xuexi/n/2015/0720/c397563-27331294.html。

② 《"汉语盘点2018"年度字词揭晓》,商务印书馆,http://www.cp.com.cn/Content/2018/12-20/1912212321.html。

重的是国内的"改革"政策,更加强调对内改革以提高人民的生活水平;改革又是开放的前提,在国内改革的基础上,逐步实行对外"开放"的政策,"开放"伴随着"改革"的深入,因此,从图6-24可以看出,报告中"改革"与"开放"的使用趋势基本保持一致。

改革开放政策使中国发生了巨大变化,"改革开放"也就成为我国社会主义初级阶段基本路线的两个基本点之一,因此,"改革开放"的使用频次基本高于单用的"开放"。

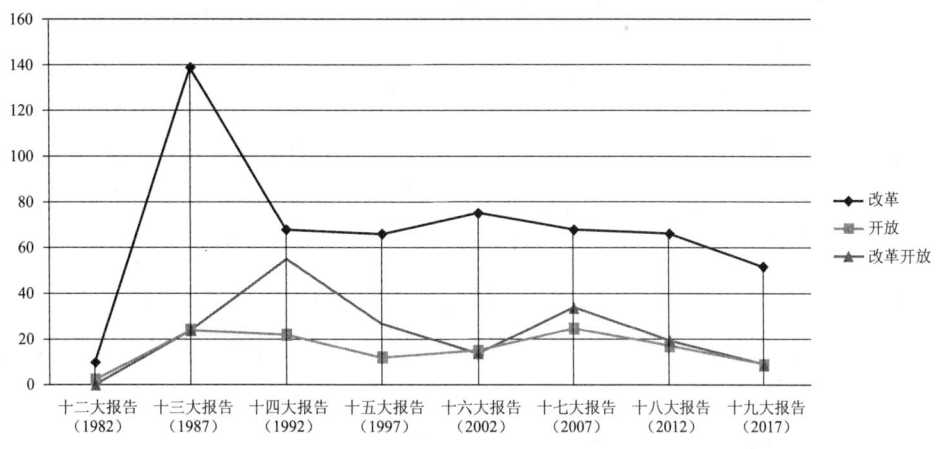

图6-24 历届党代会报告中"改革""开放""改革开放"的使用趋势

为了能更加立体地反映"改革开放"在政府工作中的变化,本文另选取与之对应的政府工作报告进行统计分析。从表6-2中可以发现,政府工作报告与全国党代会报告一样,"改革"的使用频次一直高于"开放""改革开放";"开放""改革开放"的使用相对较少;从图6-24与图6-25的纵坐标数值可以看出,党代会报告在"改革""开放""改革开放"的使用上,频次总体高于政府工作报告。

表6-2 历届政府工作报告中词语使用情况

文件 词频 词语	政府工作报告（1982）	政府工作报告（1987）	政府工作报告（1992）	政府工作报告（1997）	政府工作报告（2002）	政府工作报告（2007）	政府工作报告（2012）	政府工作报告（2017）
改革	38	112	55	52	54	66	66	82
开放	0	30	20	6	5	6	10	12
改革开放	0	0	25	6	7	8	8	3

第六部分 字词语篇

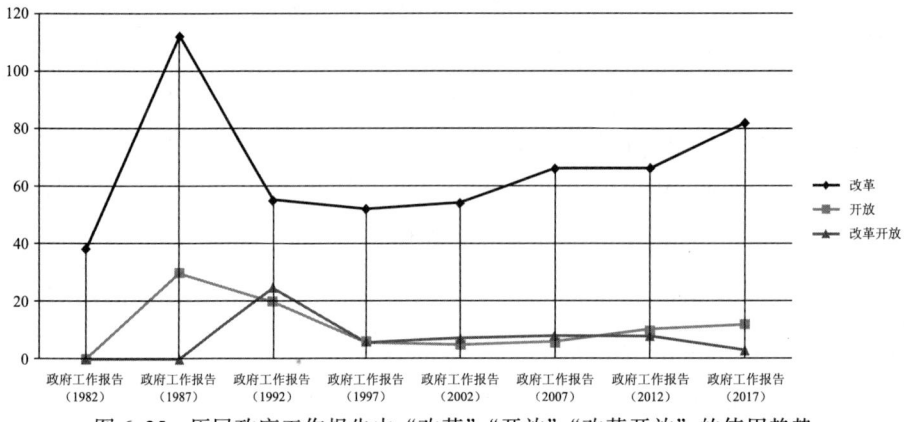

图 6-25　历届政府工作报告中"改革""开放""改革开放"的使用趋势

"改革开放"的具体内容又是什么呢？通过提取含"改革""开放""改革开放"的句子或段落，并获取它们的关键词。从表 6-3 的词频统计分析来看，四十年来，我国"改革"涉及经济体制、企业（体制）、农村（体制）、教育（体制）、价格（体制）、金融体制、科技体制、管理体制等，内容十分广泛；"开放"则常常与"经济特区""经济体制""安定团结""出口创汇""上海浦东新区""自由化""现代化"共同提及，这也反映了我国对外开放、积极融入世界的心态；"改革开放"的关键词有"现代化""社会主义""经济社会""竞争力""社会""同志""紧密团结""环境"等，这反映了"改革开放"是我国实现现代化、发展社会主义、提升竞争力的重要政策。

表 6-3　"改革""开放""改革开放"关键词前 20

	"改革"关键词	"开放"关键词	"改革开放"关键词
1	推进	改革	现代化
2	经济体制	扩大	社会主义
3	加快	经济特区	建设
4	发展	水平	发展
5	企业	方针	开放
6	建设	推进	经济社会
7	国有企业	发展	竞争力
8	体制	经济体制	社会
9	试点	安定团结	着力
10	制度	坚持	推进

（续表）

	"改革"关键词	"开放"关键词	"改革开放"关键词
11	农村	加快	坚持
12	深入	加入	同志
13	教育	利用外资	创造
14	价格	出口创汇	面对
15	金融体制	上海浦东新区	适应
16	科技体制	适应	迈出
17	步伐	自由化	经济特区
18	全面	经济	经济
19	管理体制	离不开	紧密团结
20	社会主义	现代化	环境

为了更加直观、全面地反映"改革""开放""改革开放"的具体内容，我们将与它们相关的所有关键词做成词云图，详见图6-26、图6-27、图6-28。很明显，"改革"的核心关键词是"经济体制"，"开放"的核心关键词是"经济特区"，"改革开放"的核心关键词是"现代化"。

图6-26 "改革"关键词词云图　　图6-27 "开放"关键词词云图　　图6-28 "改革开放"关键词词云图

二 "改革"不停，"开放"不止

2018年，"改革开放四十年"的火热不是偶然，在建设社会主义现代化国家的进程中，媒体对"改革开放"一直高度关注。从2009—2018年《人民日报》《中国青年报》《北京青年报》《北京晚报》等16家主流报纸媒体和人民网、搜狐网、腾讯网、新浪网以及广电中，我们对含"改革开放"的文本数及词频数进行了统计,图6-29可以发现,十年间,"改革开放"被提及的次数居高不下,总体呈现上升趋势;特别是"改革开放四十年"的到来以及四十年的光辉成就,使2017—2018年"改革开放"的词频数和文本数呈现大幅增长,2018年词频数超过十万,"改革开放"的相关文本数近4万。

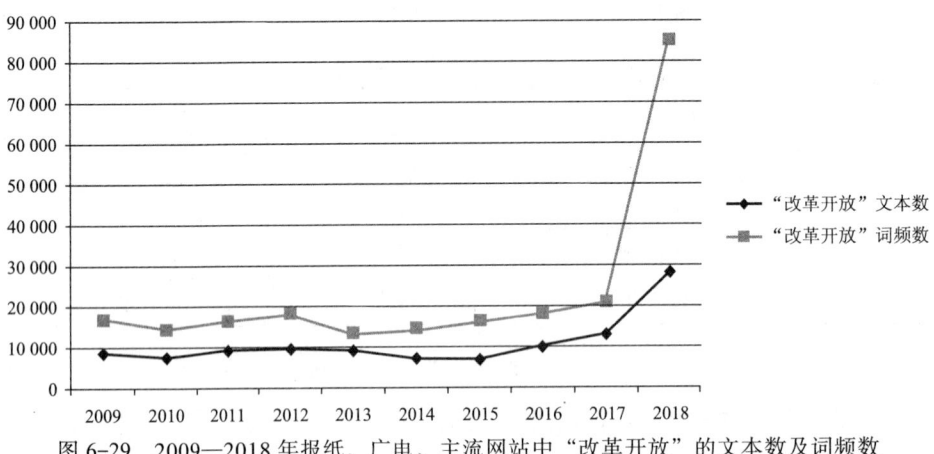

图6-29　2009—2018年报纸、广电、主流网站中"改革开放"的文本数及词频数

词汇的使用反映了社会思想的动向。通过对上述主流媒体以及微信社交平台中篇名含"改革开放四十年"的文章所进行的统计,可以看出,不论在哪一类媒体平台,关于"改革开放四十年"的发文量都很多,其中微信平台的发文数量最多,足见个人自媒体对庆祝改革开放四十年的传播,并不亚于主流媒体和平台的传播,详见表6-4。

尽管发文量多,发布时间却分布不均匀。从图6-30"改革开放四十年"的媒体指数趋势可以看出,媒体中关于"改革开放四十年"的新闻发布主要集中在2018年的11月、12月。11月可以说是"改革开放四十年"的准备阶段,新闻主题集中在各地、各行业庆祝改革开放四十年的活动,包括了人物故事、书画展览、汉语盘点等多种形式,例如《"汉语盘点2018"启动特推"改革开放四十年四十词"》[1]《常州罗溪:改革开放四十年空港小镇焕新颜》[2]等。2018年12月18日,庆祝改革开放四十年大会召开,与"改革开放四十年"相关的新闻

---

[1] 《"汉语盘点2018"启动特推"改革开放四十年四十词"》,中国新闻网,http://cnews.chinadaily.com.cn/2018-11/20/content_37288425.htm。

[2] 《常州罗溪:改革开放四十年空港小镇焕新颜》,东方头条,http://mini.eastday.com/a/181025182818643-2.html。

报道较多,"改革开放四十年"的媒体指数也达到峰值。

表6-4 2018年主流媒体及平台篇名含"改革开放四十年"的发文数

	报纸	人民网	搜狐网	腾讯网	新浪网	微信
篇名含"改革开放四十年"文章	5384	2270	2143	562	423	14 044

图6-30 2018年"改革开放四十年"的媒体指数

作为受众,在接收媒体传播的"改革开放四十年"印象的同时,也会以互联网用户的身份自发地在网上选择、甄别信息。对2018年关注关键词"改革开放四十年"的人群属性进行聚类分析[①],可以看出,"改革开放四十年"的关注人群集中在30至39岁年龄段,这年龄段的人刚好出生于"改革开放"政策的实施元年——1978年之后,换言之,他们是与"改革开放"政策共同成长的一代;其次是40至49岁,他们既见证了"文化大革命"时期的萧条,又沐浴着"改革开放"的春光;接着是20至29岁,享受着"改革开放四十年"的累累硕果,详见图6-31。

图6-32显示,关注人群的性别差异微小,不论男女,都普遍关注"改革开放四十年";在地域分布上,对"改革开放四十年"关注度最高的是广东省,详见图6-33,这应与广东作为改革开放的前沿省份,以及广东省率先设立深圳、珠海和汕头三个经济特区直接有关。

此外,资讯指数也可以反映互联网用户对"改革开放四十年"主题的讨论程度,从图6-35可以发现,资讯指数的峰值出现在2018年12月19日,资讯指数与搜索指数的趋势基本保持一致,这说明互联网用户从积极关注"改革开放四十年"到热烈讨论参与"改革开放四十年"的变化。这一变化更进一步表

---

① 百度指数,http://index.baidu.com/。

明，作为现象级传播的"改革开放四十年"深入人心，引发全民参与的热潮。

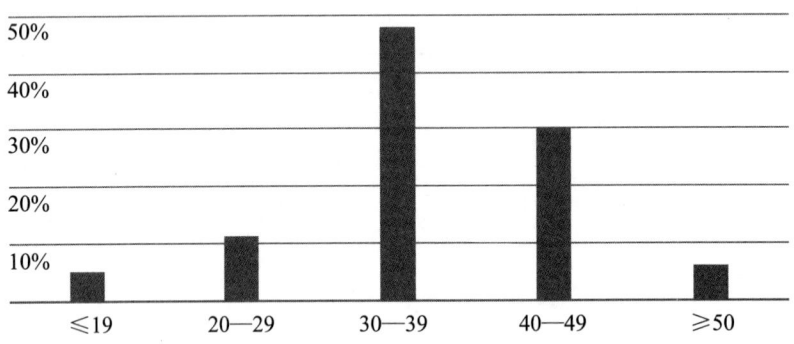

图 6-31　关注"改革开放四十年"受众的年龄分布

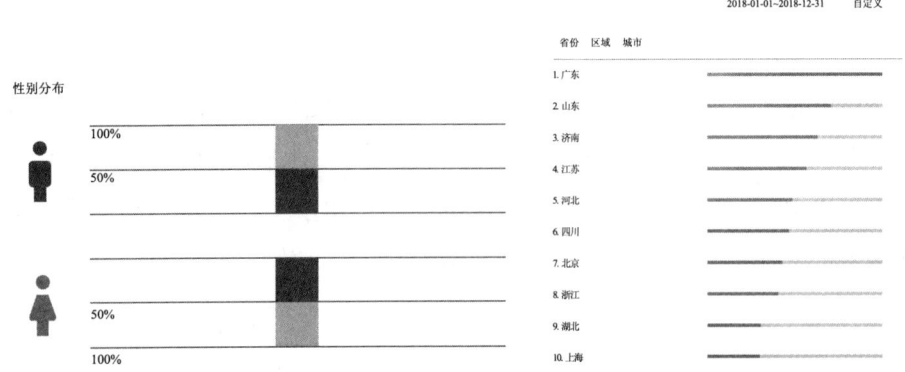

图 6-32　关注"改革开放四十年"受众的性别分布　　图 6-33　关注"改革开放四十年"受众的地域分布

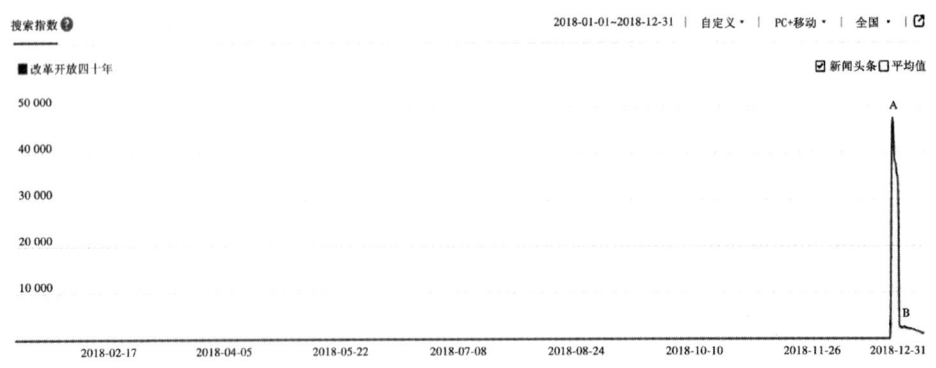

图 6-34　2018年互联网用户对于"改革开放四十年"的搜索指数

在中国知网上，以"改革开放"为主题词，得到相关论文的发文量及发表趋势，如图6-36。显而易见，发文量的峰值在2008年和2018年，分别为1 3708篇和14 295篇。这两年恰恰是"改革开放三十年"和"改革开放四十年"。

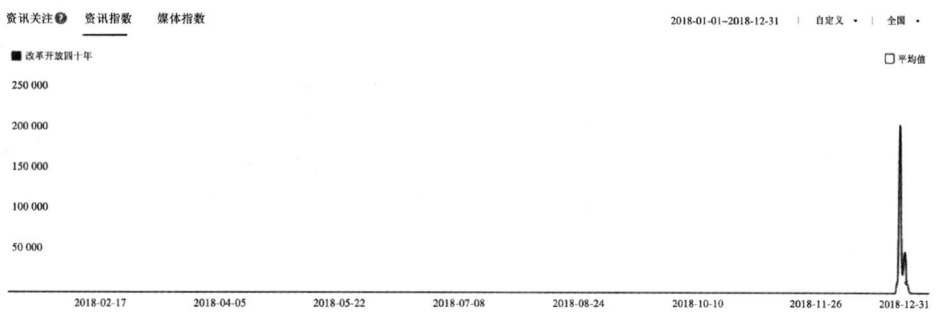

图6-35　2018年"改革开放四十年"的资讯指数

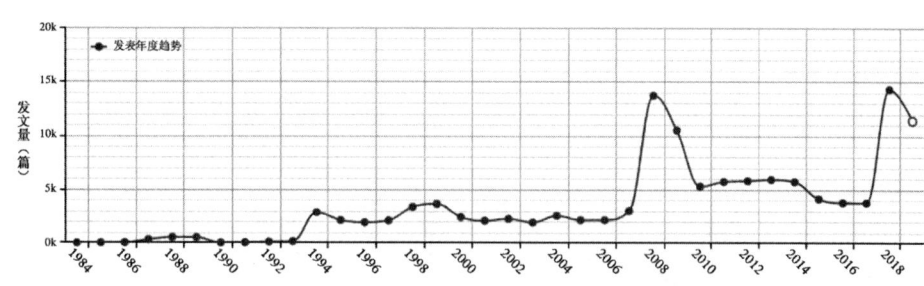

图6-36　知网"改革开放"论文的发文量及发表趋势

"改革开放四十年"作为年度国内词，不仅体现在语言文字上，还在视频内容的制作上。在当今主流视频网站上，以关键词"改革开放"进行搜索，经过粗略统计可以看出，以"改革开放"为关键词的视频数量很多，其中第一位是爱奇艺网站，第二位是央视网，可见"改革开放"在视频网站上的传播也十分广泛，详见表6-5。

表6-5　以"改革开放"为关键词的视频量

	Bilibili	爱奇艺	优酷	央视网	腾讯视频	搜狐视频
以"改革开放"为关键词	1000	189 000	220	13 352	300	314

"40年众志成城，40年砥砺奋进，40年春风化雨"[①]，我们对改革开放矢志

---

① 《以改革开放的眼光看待改革开放》，人民网，http://opinion.people.com.cn/n1/2018/1030/c1003-30369815.html。

不渝,我们对改革开放一直充满激情,正如习近平总书记所指出的,"改革开放只有进行时没有完成时""中国开放的大门不会关闭,只会越开越大!"①"改革开放四十年"是"改革开放"的"不惑之年",它既成熟又自信,具有坚定的信念与为之奋斗的决心和毅力;它既是历史的坐标更是未来的灯塔,必将照见中华民族的伟大复兴!

(邱哲文、邹　煜)

---

① 《习近平出席博鳌亚洲论坛2018年年会开幕式并发表主旨演讲》,新华网,http://www.xinhuanet.com/2018-04/10/c_1122660064.htm。

第七部分

港澳台篇

香港南亚族群的语言使用状况

香港的南亚族群共有 84 875 人,占全港人口的 1.2%。2006—2016 年这十年间,以印度、巴基斯坦和尼泊尔人为主的南亚族群,人口增长了 71%,大大高于华人人口 4% 的增长幅度。① 南亚族群的语言使用状况值得特别关注。

一 族群基本情况

(一)人员概况

在上述三个主要的南亚族群中,最早出现在香港的是印度人。根据记载,1841 年鸦片战争后,2700 多名印度士兵随英国军队进驻这个小渔港。开埠之初,社会秩序混乱,贪污严重,于是英国政府在 1867 年从印度旁遮普邦征调了 100 名锡克教徒加入香港警队,这些身穿绿色制服、包着头巾的印籍警察,虽被香港民众戏称为"大头绿衣",② 但却为维持当地的社会秩序出了不少力。早年来港的印度人当中,还有来自西印度的巴斯人(Parsee)。巴斯人善于营商,不少人逐步成为香港的富商巨贾,对香港早期的社会建设和发展,做出了卓越的贡献。③ 经过世代经营,香港的印度人普遍比较富裕。从表 7-1 可以看出,印度人的每月收入远高于尼泊尔人和巴基斯坦人,也比全港的平均数高。

至 2016 年,在港的尼泊尔人有 25 472 名,大部分是英军啹喀兵(Gurkhas)的后代。尼泊尔人口比较年轻化,30 岁以下人口占 41%,劳动人口占 74.4%,远高于全港的平均数,但却是三个南亚族群中平均收入最低的。④

至 2016 年,在港的巴基斯坦人有 18 094 名,其中 56% 在 30 岁以下,50

---

① 政府统计处《2016 年中期人口统计结果》,香港特别行政区政府,2017 年。
② http://www.hkmemory.org/central-police/text/station-q5.php。
③ 马克·奥尼尔、安妮玛莉·埃文斯著《香港的颜色——南亚裔》,陈曼欣译,香港:三联书店(香港)有限公司,2018 年。
④ 同注①。

岁以上的人口只占3%,但劳动人口却只有48.5%,在三个南亚族群中最低,一个主要原因是巴基斯坦女性只有18.5%投入劳动力市场。

表7-1 三个南亚族群的劳动人口及每月收入①

劳动人口及月入 族群	男 %	女 %	合计 %	月入 4 000—15 000 %	月入 ≥ 30 000 %
印度	81.1	55.3	67.8	42.4	33.7
尼泊尔	84.6	63.8	74.4	64.8	6
巴基斯坦	68.5	18.5	48.5	60.4	11.2
全港	68.4	54.5	60.8	41.1	22.1

香港财政司司长办公室在2015年发表了一份《2014香港少数族裔人士贫穷情况报告》(下称《贫穷报告》)。报告显示,印度人由于受教育程度和技术水平比较高,贫穷率只有9.7%;尼泊尔人学历和技术都比较逊色,但人口比较年轻化,而且不论男女,劳动参与率都比较高,因此,虽然个人收入不高,但家庭收入不算太低,贫穷率为13.6%;情况最差的是巴基斯坦人,他们家庭成员多,生育率高,虽然人口也年轻化,但劳动人口低,家庭每月收入也偏低,加上家庭儿童人数多,对教育的需求大,教育开支也大,致使巴基斯坦家庭的贫穷率达50.2%。

表7-2 三个南亚族群的家庭人口、每月收入及学历②

家庭人口等 族群	六人及 以上家庭	三个儿童 以上家庭	家庭月入 中位数	劳动人口	初中或 以下学历	高等教育 学历
印度	4.7%	4.8%	40 000	63.9%	34%	43%
尼泊尔	8.7%	4.3%	20 500	75.6%	39%	11%
巴基斯坦	24.4%	36.6%	12 000	46%	62%	14%
全港	3.3%	0.9%	25 000	51%	44%	29%

香港平等机会委员会2012年一项有关南亚族群升学状况的调查显示,南亚学生占了香港小学生的3.2%,占中学生的1.1%,但是只占高校学生的0.59%。导致这种现象,不少人认为与这些少数族裔的中文能力低下、难以进入本地主流学校、求职机会受局限有莫大关系。

---

① 政府统计处《2016年中期人口统计结果》,香港特别行政区政府,2017年。
② 财政司司长办公室《2014年香港少数族裔人士贫穷情况报告》,香港特别行政区政府,2015年。

（二）政府举措

近些年来，香港特区政府接连推出了一系列措施，尝试舒缓少数族裔的困境，包括：为学校提供资助或中文教学校本支援，为非华语学生推出中文课程指引和评估工具，资助高校学者开展中文二语教学研究及资源开发，以及容许非华语学生以国际中文考试成绩报考大学等。2010—2012 年的行政长官《施政报告》都提出协助少数族裔融入社会的政策，努力通过投资教育、职业支援以及社会福利等渠道，解决贫富差距问题；2013—2014 年的《施政报告》更直接指出要帮助少数族裔学好中文，让他们更好地融入香港社会；2015 年的《施政报告》则进一步提出教育局会为非华语学生提供"中国语文课程第二语言学习架构"和与资历架构挂钩的《应用学习（中文）》课程，以及其他社区的支援措施；2017 年《施政报告》提出检讨公务员招聘程序中中文书写的要求，为少数族裔提供更多加入政府工作的机会，并加强社会的支援服务；等等。

可以看出，施政层面所考虑到的少数族裔支援问题，很大一部分与帮助少数族裔提升中文水平有关，中文能力始终是影响少数族裔融入本地社会、向社会上层流动的重要因素。

二 语言状况调查

《施政报告》中曾多次强调"两文三语"政策对香港的重要性：中文和英文是香港的法定语文，汉语粤方言是香港九成人口赖以沟通的日常用语，汉语普通话则是国家通用语言。身为香港社会的一分子，不论种族背景，自然都应该以掌握两文三语为目标。

从 1983 年开始，香港大学几位学者每隔十年对香港人的语言使用状况展开一次调查，2014 年的调查结果[①]显示，香港社会日渐三语化，12—39 岁的年龄层有八成以上可以使用汉语粤方言、英语和汉语普通话；59 岁以下的也有六成具备三语能力。此外还发现，至少有 27 种语言正在香港使用。南亚族群中的绝大部分年轻人能说英语，有一半能同时说英语和汉语粤方言，但书面汉语水平普遍较低。2016 年的中期人口调查，也对少数族裔的语言使用展开了调查，但调查结

---

① Bacon-Shone, J., Bolton, K., Luke, K.K.（2015）*Language Use, Proficiency and Attitudes in Hong Kong*（《香港居民语言应用、语言能力及语言态度研究》）. Social Sciences Research Centre, the University of Hong Kong, Hong Kong.

果跟上述研究报告并不相符。① 从数据来看,南亚族群大部分不能掌握香港最通行的语言,虽然印度人和巴基斯坦人的英语略好,但三个族群能说汉语粤方言的都不超过 7%,能读写中文的更在少数。他们看不懂通过中文发放的社区福利信息和活动资讯,因而错过很多参与的机会,减少了跟主流社会融合的机会。

我们在 2018 年 11 月—12 月,又开展了一次南亚族群人士语言使用的调查,希望借此对他们的境况有更深入的了解。

前述调查数据显示,南亚族群中巴基斯坦人的贫穷率最高,就业情况也最不理想,因此本次调查的对象偏重巴基斯坦人。访问主要通过宗教团体、社会福利机构和教育机构以网络问卷形式进行,辅以纸质调查和少量面对面访谈,以配合年龄较大、没有上网习惯的受访者需要。调查收回问卷 586 份,其中有效问卷 578 份。问卷中 248 份(43%)是巴基斯坦人的,64 份(11%)印度人的,44 份(7%)尼泊尔人的。但由于网络问卷形式开放,自认为"非华语"人士的都可以参与,出乎意料地收到了 134 份(23%)菲律宾人的回应,其余还有印度尼西亚人、泰国人、土耳其人、越南人、埃及人、南非人、西班牙人以及不同族群的混血儿(包括中外混血儿),占回收问卷的 16%。

由于南亚人士对教育和就业的诉求,以年轻者最为迫切,因此访问对象也以年轻群体为主。年龄在 18 岁以下的受访者占 65.4%,大部分仍处于中学教育阶段;19—30 岁的受访者占 20.1%,受教育程度最高;其次是 31—40 岁群体;50 岁以上的受访者则多数没有接受过正规教育,部分小学程度;60 岁以上的受访者只有 8 人,碰巧受教育程度都比较高,有 4 人拥有硕士或以上学历,由于样本数太小,不具备代表性。

表 7-3 不同年龄段受访者的受教育程度

年龄段 受教育程度	18 岁以下 %	19—30 岁 %	31—40 岁 %	41—50 岁 %	51—60 岁 %	60 岁以上 %
没有正规教育	0.9	0.0	0.0	0.2	1.2	0.3
小学	0.3	0.0	0.7	0.3	0.5	0.0
初中	26.6	1.0	1.2	0.3	0.2	0.2
高中	36.9	9.2	1.4	1.4	0.0	0.2
大专	0.7	9.2	2.4	0.9	0.2	0.0
硕士或以上	0.0	0.7	1.6	0.5	0.2	0.6
占总人数比例	65.4	20.1	7.3	3.6	2.3	1.3

---

① 政府统计处《2016 年中期人口统计结果》表 124,香港特别行政区政府,2017 年。

受访的三个南亚族群人士受教育程度相当，具备高中及以上受教育程度的印度人、巴基斯坦人和尼泊尔人分别占其总数的 62.9%、66.6% 和 64.5%，相比之下，菲律宾人有 79.6% 接受过高中及以上程度的教育。

表 7-4　不同族群受访者的受教育程度

族群 受教育程度	印度 %	巴基斯坦 %	尼泊尔 %	菲律宾 %
没有正规教育	7.9	2.8	0	0.8
小学	3.1	3.2	2.2	0
初中	26.3	27.4	33.3	19.5
高中	40.7	44.5	48.9	71.3
大专	20.4	16.1	13.4	7.6
硕士或以上	1.6	6.0	2.2	0.8
占其种族比例	100	100	100	100

至于语言使用状况，以英语为母语的占受访者总数的 45.4%，其中菲律宾人和南亚人各占 18%。由于受访者以巴基斯坦人占多数，因此以乌尔都语为母语的占了受访者的 41%。他加禄语则由于接近四分之一问卷来自菲律宾人，成为 20.4% 受访者的母语。其次，也有部分印度人和巴基斯坦人以印地语和旁遮普语为母语；并有 2.9% 的人（主要是混血儿）以汉语（主要是粤方言，还有少量普通话）为母语。

表 7-5　不同族群受访者所使用的语言

语种 族群	英语 %	乌尔都语 %	印地语 %	旁遮普语 %	泰米尔语 %	尼泊尔语 %	他加禄语 %	汉语 %
印度	3.1	0.9	6.0	5.0	1.7	0.3	0.0	0.2
尼泊尔	2.6	0.5	0.7	0.0	0.0	7.5	0.0	0.0
巴基斯坦	12.4	38.7	3.7	0.0	0.0	0.3	0.0	1.0
菲律宾	18.1	0.0	0.0	0.0	0.0	0.0	19.0	0.9
其他	9.2	0.7	0.8	0.0	0.0	0.6	1.4	0.9
总数	45.4	40.8	11.2	5.0	1.7	8.7	20.4	3

如果把作为母语和作为其他语言计算在内的话，92.4% 的受访者能说英语，55.4% 能说汉语粤方言，51.5% 能说乌尔都语，33% 能说印地语，20.7% 能说他加禄语，10.7% 能说尼泊尔语，8.3% 能说旁遮普语，2.3% 能说普通话。

全部受访者当中，只有 3.6% 是单语者，其余绝大部分是双语者，能说三四

种语言的也为数不少:

全部菲律宾受访者都能兼说他加禄语和英语,这两种语言都到达母语水平的人数接近七成,另有51.7%的菲律宾人也说汉语粤方言。

印度人当中,只有17.2%是单语人,其余大部分能在母语之外兼说英语,部分人还同时能说印地语、乌尔都语或旁遮普语,另有45.3%的人能说汉语粤方言。

尼泊尔人全部能在母语之外兼说英语,部分还会说乌尔都语或印地语,42.2%能说汉语粤方言。

巴基斯坦人当中,只有8.9%不会说英语,其余的都具备母语和英语能力,60.1%的巴基斯坦人能说汉语粤方言。

从上面的数据可以看出,英语是香港少数族裔在其母语之外最重要的语言,三个族群中有八成以上的人能说不同程度的英语;南亚人士和菲律宾人都有超过四成的人能说汉语粤方言,这也许跟他们在香港生活的时间有关:75%的印度人、60%的尼泊尔人、44.9%的巴基斯坦人,自幼在香港生活,有不少接触英语和汉语粤方言的机会。这两种香港通行的语言都未能掌握的,主要是50岁以上较年长的人士或18岁以下来港时间比较短的青少年;18岁以下的受访者中,52.35%是在香港土生土长或幼年就移居香港的,其余的都是在不同时段来港、居留时间在10年以下的。

如果集中审视香港通行的英语和汉语粤方言,会发现大部分受访者的英语和汉语粤方言是通过学校教育学习得来的,同时与别人沟通、网上聊天和观看影视节目也是少数族裔学习中文、英文的重要途径。

表7-6 香港通行语言的学习途径

学习途径 语种	课堂学习 %	与人沟通 %	网上聊天/传讯 %	观看影视节目 %
英语	86.0	81.7	79.1	82.0
汉语粤方言	56.4	59.0	23.0	36.7
汉语普通话	15.7	10.6	4.5	9.3

有87%的受访者学习时使用英语,并有61%在工作上会用英语,英语也是大部分受访者读报、写电邮和上网时所使用的语言,有一半人跟朋友或家人聊天时会用英语;汉语则是少数族裔在学习和工作中次常用的语言,有少数18

岁以下及 19—30 岁年龄段的受访者会用中文读报、写电邮、上网、跟家人/朋友聊天、观看影视节目。后面这三种活动也有一定数量的人会用乌尔都语进行。详见表 7-7。

表 7-7 不同语言的使用范畴

使用范畴 语种	学习 %	工作 %	读报 %	写电邮 %	上网 %	与朋友聊天 %	与家人聊天 %	看影视节目 %
英语	87.2	60.9	71.6	85	77.4	55.5	52.8	50.7
汉语	26.3	21.8	7.4	4.7	6.5	11.2	11.4	12.2
乌尔都语	14.4	7.6	7.7	4.3	4.2	17.6	34.4	18.5
印地语	6.2	3.5	2.8	1.6	1.6	12.6	9.5	19.5
尼泊尔语	2.8	1.7	1.6	1.4	1.9	4.7	9.2	3.1
其他	7.4	31.7	9.3	11.9	8.8	2.8	11.4	3.6

至于各种通行语言的掌握程度，由于数据有重叠，只能看出大概面貌：四成多受访者认为自己的英语流利；三成认为自己英语表达虽然有点问题，但能与人沟通；一成多表示自己虽然懂得不少英语词汇，但表达有困难；另有不到一成人表示自己不懂得英语。汉语粤方言方面，一成多人认为自己能说流利的汉语粤方言，三成认为自己虽然懂得不少词汇，但表达完整意思有困难；三成人只懂得少量词汇，无法成句；另外 7% 表明自己完全不懂汉语粤方言。汉语普通话方面则有 1.7% 认为自己达到流利程度，9% 表示自己基本上能用汉语普通话与人沟通，13% 表示自己懂得一些词汇但无法完整表达，26% 表示自己完全不懂汉语普通话。

关于受访者对上述各种语言的态度，多数受访者表示英语和汉语粤方言是他们跟本地社会联系的重要手段，也可以帮助他们获得更多的教育和工作机会。但是对于是否愿意花时间和精力去学习香港通行的几种语言，受访者则有不同的意见。

表 7-8 对不同语言的态度

态度 语种	有利于融入社区 %	有利于升学 %	有利于就业 %	想学但感到困难 %	会尽力学好 %	有用但不打算学 %	对我无关紧要 %
英语	71.5	73.2	70.8	19.0	26.1	21.5	15.9
汉语粤方言	43.4	37.5	46.9	41.4	44.5	25.3	13.0
汉语普通话	5.7	9.7	12.5	33.0	27.5	28.7	30.5

三 结语

本次受访对象属于年龄比较轻、受教育程度比较高的群体,因此调查结果跟港大学者2014年的调查较为接近。两次调查都主要通过英语进行,2014年的调查也用汉语粤方言进行访问,调查无法覆盖两种语言都不懂的南亚族群受访者,而人口普查可以把这些人群包含在内,因此跟这两次调查的结果有所出入。从人口普查的数据看,南亚人士对主流语言的掌握相当有限,似乎他们因为语言障碍而面对的种种生活、学习和就业上的困难还没能解决。2014年和2018年的调查显示:年轻一辈、受教育程度比较高的南亚人士,对英语和汉语粤方言已经有一定程度的掌握,年轻的巴基斯坦人跟其他两个南亚族群比起来,语文掌握的情况和教育状况都相差不远,并没有呈现出明显的劣势。可以看出,多年来政府所提供的各种中文学习的支援,已经初见成效,只是书面汉语的学习,对于他们来说,还是一个无法逾越的难关,仍需要教育当局提供更多更有效的支援措施。

《南华早报》的文章①提出,南亚族群对国家"一带一路"政策可以有所参与,并能做出一定贡献,但是缺乏汉语能力,尤其是普通话沟通能力,无异于剥夺了他们在这方面的机会。本次调查却表明有多于三成的南亚人士认为学习普通话挺困难,也有三成认为学不学普通话都无所谓,因此也不打算学。要他们在掌握粤方言之余再学习普通话,恐怕是一个短时间内不容易达成的目标。

(陈瑞端〔中国香港〕)

---

① https://www.scmp.com/comment/insight-opinion/article/2134112/hong-kongs-battle-over-language-ethnic-minority-children。

澳门语言规划的两种取向

2014年12月19日,国家主席习近平在澳门走访市民谭玉娥家庭时,得知她的大女儿在澳门大学学习葡萄牙语(简称"葡语"),说"学好葡语很重要"。还提到,(中央)要把澳门打造成为中国与葡语系国家联系的平台。根据"一国两制"的原则,澳门回归之后,中文和葡萄牙文(简称"葡文")同为澳门的官方语文。中文成为行政机关、立法机关、司法机关用语,体现了"一国"的主权和尊严;葡文可以继续在官方场合使用,体现了对不同政治制度的包容和尊重。十几年来的实践表明,澳门官方双语政策顺应了历史和时代的需要,取得了相当的成功。今后澳门语言政策和语言规划的发展,有两种取向值得关注。第一种是中文的"官语化"、规范化取向,第二种是葡文的国际化取向。

一 双语政策与多语生活

"一国两制"原则是制定澳门官方双语政策的政治基础,澳门的多种语言现象通常被概括为"三文四语"景观。截至2008年9月30日,澳门居住人口约为55.7万人,其中华人占总人口的97%,葡萄牙人及其他外国人如印度尼西亚人、菲律宾人和越南人等占3%。[①]

(一)"一国两制"原则与官方双语政策

1993年颁布,1999年12月20日开始实施的《基本法》第一章第九条规定:"澳门特别行政区的行政机关、立法机关和司法机关,除使用中文外,还可使用葡文,葡文也是正式语文。"[②]《基本法》规定中葡两种语文都是澳门的官方语文,两种语文的地位相等。

---

① 澳门统计暨普查局数据调查报告《人口》,http://www.uomacau.com/zh-tw/information/detail/1063?redirect=1。
② 《中华人民共和国澳门特别行政区基本法》,中国政府网2005年7月29日,http://www.gov.cn/test/2005-07/29/content_18300.htm。

1999年12月13日，澳门政府颁发第101/99/m号法令，该法令第一条关于正式语文规定："一、中文及葡文均为澳门正式语文；二、两种正式语文具同等尊严，且均为表达任何法律行为之有效工具；三、以上两款之规定并不妨碍每一个人选择本身语文的自由，在个人与家庭范围内使用该语文之权利，以及学习与教授该语文之权利；四、行政当局应促进正式语文之教授及正确使用。"①

根据"一国两制"的原则，中文和葡文同为澳门的官方语文。《基本法》规定中文是行政机关、立法机关、司法机关的用语，体现了"一国"的主权和尊严；正确使用中文是落实澳门《基本法》、依法施政所必需的，也是社会的需要，是市民的诉求。《基本法》还规定"除使用中文外，还可使用葡文，葡文也是正式语文"，葡文可以继续在官方场合使用，这是对"两制"的体现，体现了对不同政治制度的包容和尊重。没有"一国"，就没有语文的主权和尊严；没有"两制"，就没有语文生活生动多样的局面。十几年来的实践表明，澳门的官方双语政策顺应了历史和时代的需要，取得了相当的成功。

（二）"三文四语"景观

"中文"有口语和书面语之分，"中文口语"指粤方言还是普通话？"中文书面语"指文言还是白话？上述《基本法》没有明确界定"中文"这个概念。由此便衍生出所谓"两文三语"的政策解读，即官方语言的书面语可用中文和葡文书写，官方语言的口语则使用汉语粤方言、汉语普通话和葡语。

英语虽然不是官方语言，但使用范围广泛，跟"两文三语"政策紧密相关，因此又衍生出所谓"三文四语"景观："三文"指中文、葡文和英文，其中，中文和葡文是官方语文，排序是中文在前，葡文在后；实际上，中文的书写还有繁体字和简化字之分。"四语"指汉语普通话、汉语粤方言、葡语和英语。其中，中文、葡文、英文是社会普遍使用的交际工具；汉语粤方言和中文繁体字使用广泛，汉语普通话运用正在扩展，葡语仍在使用，英语使用正不断增大。

1. 汉语粤方言和中文繁体字

澳门的粤方言（亦称"广东话"或"广府话"）是一种社会通用语言，也是一种官方用语，还是华人的身份象征，多在人们日常生活、工作，政府办公、学校教育、新闻传媒、文化娱乐、交通运输服务中广泛使用。

---

① 转引自郭济修《澳门的中文回归之路——兼读〈中文变迁在澳门〉》，载程祥徽主编《澳门人文社会科学研究文选·语言翻译卷》，北京：社会科学文献出版社，2010年，657页。

中文繁体字是澳门大部分居民的日常用字，也是澳门的一种官方文字，主要在官方语文、葡文法律译本、政府公文及各级教育中应用。

2. 汉语普通话和中文简化字

澳门回归前，官方正式场合很少使用普通话；澳门回归后，普通话的声音不断增多。普通话的地位明显上升，使用人口不断增多，使用领域适当扩大，普通话开始进入官方场合。澳门特首向国家领导人宣誓就职或向中央述职时，使用普通话；澳门高官与内地官员往来沟通，澳门各界与内地、台湾开展经贸活动或文化交流，部分司法判决也都使用普通话。报纸上许多行业的招聘广告也都提出需要普通话的条件。

澳门政府于2006年12月30日指出，政府部门表格除可使用繁体中文和葡文填写外，亦可使用中文简化字填写，相关职员会将其转换成对应的繁体字。澳门教科书中有一部分使用的是中国内地版本，因此一些课堂会讲授中文简化字。由于简化字书写简单，与内地沟通便捷，外加内地新移民的增加，简化字的使用率不断增加。

3. 葡语

葡语是一种重要的国际语言，1992年以前，是澳门唯一的官方语言，主要在行政、立法、司法事务和公务员中使用，还在与葡萄牙有关联的商户或书店、社区流行。行政人员和领导层主管多数使用葡语。葡语是葡萄牙人的工作语言和生活语言，使用人口约占澳门总人口的2%。

澳门回归后，虽然政府公文、立法、司法语言、法律文本、多数法律文书或文件仍然用葡文，但是使用葡语的人数明显下降，澳门年轻一代学习外文，通常首选英文，葡文次之。不过，报读非主流学校葡语培训的人数没有减少反而有所增加。这种现象说明澳门政府需要精通葡语的公务人员，社会个体认识到，学习掌握葡语，对于提升个人的经济地位和社会地位，能够发挥一定的作用。

4. 英语

在澳门，英语不是官方语言，但却是金融、国际贸易、商业、高等教育、高科技、国际旅游、国际会议等领域的通行语言，是增加知识的重要手段，还是国际上最流行的一种通用语言。澳门后设的两个赌牌建成后，英语世界的游客和赌客大量增加，英语的使用范围和使用频率也相应扩充。

澳门对英语的需求十分迫切，大力加强英语教学，一些行业也加强了对员工的英语培训。许多年轻人都非常看重学习英语，使用英语的人数一直在稳步上升。2001 学年，英文教育的占有率超越葡文教育晋升为第二位[①]，2006 年使用葡语的人数占澳门总人口的 0.6%，说英语的人数比说葡语的多 0.9%[②]。

二　中文"官语化"

中文"官语化"是中文"官方语言化"的简称，20 世纪七八十年代称中文合法化。其出现旨在推进中文扎实进入行政和法律领域，成为规范的官方语言。自 1987 年中葡两国签署《联合声明》以后，中文合法化问题即中文"官语化"问题，开始引起澳门政府的关注。为了解决这一问题，政府采取了一系列措施。

（一）中文"官语化"举措

从 1989 年开始，澳门当局推出诸多实现中文官语化的措施，其中包括：

1. 总督文礼治颁布了第 11/89/M 号法令，规定在政府文件内使用中文，该法令规定：

凡"以葡文颁布具有立法及管制性质的法律、法令、训令及批示时，必须连同中文译本刊登""居民与本地区公共机关包括自治机关及市政机构，或与有关公务员及公职人员交往时，得使用葡文或中文"；政府机关"印制之所有印件、表格及同类文件，必须使用葡文及中文"。[③]

2. 每年用公费选派一批人士（含公务员）履行"赴京就读计划"，到北京学习中文和普通话。

3. 在本地举办公务员在职中文学习班。

4. 官方表格、身份证明文件、重要的法律法例逐步使用中文和葡文。据一项官方调查称，截至 1994 年，比较各政务司下属部门使用的文件中，以与公众有关的文件计算，平均已有近八成开始使用中葡双语。从 1992 年开始，《政府公报》中刊登重要法令，全部附有中文译本；3 年之后，中葡文法令同时并排刊登。在澳门司法界，法院于 1994 年中开始在合议庭刑事案件的审讯中使用即时传译，一年后，更将即时传译范围扩大至合议庭的民事案件审讯中。

5. 澳门的最高学府澳门大学于香港回归之际，成立了中文系，旨在加强

---

① 阮邦球《澳门学前教育：回顾和展望》，澳门政府《行政》杂志总第 71 期。
② 张桂菊《澳门语言状况与语言政策》，《语言文字应用》2010 年第 3 期。
③ 《第 11/89/M 号法令，规定在政府文件内使用中文》，中顾法律网，http://news.9ask.cn/fagui/amflfgk/201002/331334.html。

中文教学和研究工作，夯实中文在澳门的官方地位。中文系设有"中国语言文学""应用中文及中文传译"等专业，教授、讲师、助教及学生，达数百人。后来中文系又升格为中文学院，对于提高澳门公务员素质和保障澳门的平稳过渡，具有重要的现实意义。

6. 母语教学逐步推开，得到社会各界的热烈拥护。舆论普遍认为：应立法明确母语教育的重要性，消除家长担心母语教育会降低其他外语水平的疑虑，更大程度地激发学生的爱国爱澳热情，为祖国的强大和澳门的明天刻苦学习，奋发向上。

（二）中文"官语化"现状

澳门回归以后，中文的官方地位问题已经解决，但是，中文作为官方语言，要达到类似葡文那样的应用广度和规范程度，还有很长的路要走。在实践中，很多问题并未得到真正解决，中文的"官语化"无法落在实处。主要表现为：

1. 如何培训提升公务员的双语水平问题

过渡时期的澳葡政府曾花费大量公帑，派公务员到北京学习普通话，到里斯本学习葡语。但是，这种短期语言培训很难达到标本兼治的目的，经过培训的公务员往往只会说几句第二语言，根本无法满足在行政、立法及司法领域熟练使用双语的要求。

2. 政府公文的语文规范问题

在官方文书、公文、政府文件中不规范中文及葡式中文大量存在；澳门居民身份证上的姓与名之间，加用逗号，或者按照外国人"先名后姓"的顺序书写等。

3. 中文立法问题

迄今，澳门特区实现了葡文立法，而且，几乎所有葡文法律都有中文译本，但是，尚未实现中文立法，用中文起草的法律法规微不足道。一些以中文为母语的居民进行诉讼，法庭不用中文判案，当事人得不到法院的中文判词或通知。中文立法问题及相关的法律语言问题，已经成为真正实现澳门法律本地化的一个关键问题。这个问题不解决，中文的官方地位只能流于形式，得不到切实保障。

4. 中文法律译本的规范化问题

截至 2007 年，澳门的五部法典都相应出台了中文译本，几乎所有的法律条文都完成了相应的翻译工作，但中文译本的规范化问题非常凸显。一部法典通篇读来，往往让人不知所云，语言表达，不中不西，不古不今，理解困难，歧义丛生。例如，刑法典第一条（罪刑法定原则）："事实可受刑事处罚，以做出事实之时，其之前之法律已叙述该事实且表明其为可科刑者为限。"①

造成这种状况有多种原因。澳门的大多数法律，包括五大法典在内，都是葡萄牙古老科英布拉学派的杰作。该学派爱用艰深晦涩的专业法律词汇，来表达幽微曲折的法学观点，澳门法律又将这一传统发挥得淋漓尽致。外加中文译者的水平不高，整部法律虽然个个汉字都认识，但怎么读来都觉得拗口和别扭，怎么读都读不明白。这种状况还损害了中文的形象。

三 葡文国际化

所谓"葡文国际化"，就是最大限度地发挥葡语葡文在连接葡语国家中的媒介作用，推进中国内地、葡语国家和中国澳门特区之间的互利、共赢和发展。

葡语是全球第七大语言，使用者超过两亿。葡语还是国际商贸语言，具有重要的文化价值、经济价值和战略开发价值。葡语人分布在世界七八个国家和地区，其市场大多未开发，具有很大的发展潜力。

澳门作为中国对外交流的门户，历史悠久。葡语是澳门可利用的语言资源，是支撑中国与葡语国家发展经济贸易交流的重要平台。澳门拥有葡语文化优势，已在"中国-葡语国家经贸合作论坛"（简称"中葡论坛"）中发挥了得天独厚、不可取代的作用。广泛的国际经济联系、多元语言文化环境、高度开放的自由港制度，是澳门跨越不同语言、文化和制度障碍，参加国际竞争与合作的三大突出优势。

（一）澳门的葡语文化优势

澳门的葡语文化基础已有百余年的历史，很多政府公务员都会说葡语，部分澳门商人及学者也能操流利的葡语。澳门可为中国沟通葡语国家提供大量的人才。澳门与葡萄牙以及其他葡语国家之间，关系紧密，源远流长。

重视澳门的葡语人才优势，开发利用葡语资源，既可为中国开发葡语国家市场牵线搭桥，为中国"走出去"战略搭建新平台，还可改变澳门娱乐产业单一化的结构，形成投资贸易等产业适度多元化趋势。

---

① 转引自石磊《澳门刑法中的连续犯研究——兼谈澳门法律的语言》，《中国刑事法杂志》2008年9月号。

（二）澳门成为中国内地与葡语国家经贸往来与合作的桥梁

"中葡论坛"的成员除中国外，还有葡语国家，如葡萄牙、东帝汶、巴西、佛得角、几内亚比绍、安哥拉和莫桑比克。葡语国家巴西的国土面积居世界第5位，相当于东盟10国总和的两倍，经济规模和市场容量也与之相近，自然资源极为丰富。安哥拉石油、天然气、钻石、黄金、森林等资源丰裕，现已成为中国第二大原油进口国。

"中葡论坛"于2003年在澳门成立，旨在加强中国与葡语国家之间的经贸交流与合作，发挥澳门特区联系中国与葡语国家的平台作用，促进中国内地、葡语国家和中国澳门特区的共同发展。论坛成立时，中国和葡语国家的贸易额刚过100亿美元，2008年已达770亿美元[1]，到2013年，中国与葡语国家间贸易额将达1000亿美元[2]。

2010—2013年《经贸合作行动纲领》特别强调，要发挥澳门独特的葡语作为语言媒介可以为中国和欧盟及其他拉丁语系国家的经济、贸易、科技和文化交流搭建平台的作用。

（三）关于"东方迈阿密"的构想

迈阿密距拉丁美洲最近，是美国进入拉丁美洲市场的门户，也是美国唯一以拉美方式做生意的城市。居民110万，使用多种语言，具备多元文化背景，能为当地跨国公司提供大量的双语人才，号称"拉丁美洲的经济首都"。[3]

葡语和法语、西班牙语、意大利语等同属印欧语系拉丁语族，由古拉丁语演变而来，其语音、语法和词汇等多有相通或相似之处。澳门与拉丁语系国家的语言文化环境相同或相近，易于相互沟通。澳门的外籍居民来自50多个国家，其中一半以上是拉丁语系国家。在文化、教育、宗教、法律等许多方面，澳门与拉丁语系国家的国际联系优势，在中国乃至东亚都是独一无二的。

"中葡论坛"的成立，标志着澳门已开始成为中国和葡语国家的重要合作平台，并且还有很大发展空间。世界上通用葡语的国家不到10个，而使用西班牙语、法语等其他拉丁系语言的国家有70多个，这些国家和葡语国家一样，主要

---

[1] 《温家宝：中葡论坛推动中国与葡语国家之间的交流与合作》，新华网2010年11月13日，http://finance.qq.com/a/20101113/001482.htm。

[2] 人民网，http://www.chinadaily.com.cn/hqpl/zggc/2010-11-14/content_1199745.html。

[3] 汪海《澳门：中国和拉丁语系国家的经贸合作平台》，《国际经济合作》2008年第5期。

分布在拉丁美洲、非洲和南欧，一直是我国全方位开放体系中相对薄弱而又亟须与之加强合作的地区。澳门和这些国家有着传统联系，又有"中葡论坛"合作平台的良好基础，今后能够顺理成章地升级为中国和西班牙语、法语等拉丁语系国家的合作平台，全面扩大并深度拓展中国同众多拉丁美洲、非洲和南欧国家的友好交往，实现澳门发展成为"东方迈阿密"的构想。

在初步形成的"中葡论坛"交流平台基础上，进一步构建面向80多个拉丁语系国家的经贸合作平台，澳门能在社会繁荣稳定、经济多元发展的新路上走得更远，能在中国全球化的进程中发挥更加突出的作用。

四 结语

作为澳门的官方语文，葡文已经使用了一个半世纪，中文才用了十几年，要在官方领域使中文真正达到像葡文那样的成熟程度，实现所谓"语言回归"，似乎还有很长的路要走。当然，也有很多权宜之计，但从长远的观点看，从初等教育甚至学前教育抓起，开设中文及普通话课程，全面提升中文的教育质量，提升澳门青少年的中文水平，恐怕才是治本之策。

另外，为了长期稳定地发挥澳门特区在联系中国与葡语国家中的平台作用，促进中国内地、葡语国家和中国澳门特区的共同发展，实现把澳门建设成"东方迈阿密"的构想，需要源源不断地培养出通晓中葡双语专业人才，以及懂得法语、西班牙语、意大利语等其他拉丁语系语言的专业人才，没有大量的双语和多语专业人才，澳门就无法为中国与葡语国家、拉丁语系国家交流提供良好的服务，难以成为有效的国际交流平台。

因此，相关部门应该制定和调整相关的语文政策，鼓励澳门一定比例的华裔居民学习葡语和其他拉丁语系语言，支持澳门的葡裔居民掌握中文。在中小学阶段，就普遍实行中、葡、西（班牙）、法、英等双语或多语教育。以澳门大学等高等院校为主，建设中国和东亚的国际葡语高等教育中心，培养更多中葡双语专业人才，还可从中国内地及拉丁语系国家大量引进中拉双语人才。借助澳门多语环境、国际联系优势及珠海高等教育的优势，面向国内外引进和培养各种类型的跨语言、跨文化人才，以满足澳门国际交流平台发展的需要。

（周庆生）

台湾语文生活状况（2018）

2018年台湾语文生活总体上延续了近三年的基本态势，并在以下方面有新动向。

一 通过所谓"国家语言发展法"

（一）背景和过程

实施所谓的"语言平等法"或"语言发展法"是民进党一贯的价值追求。早在2003年，民进党就曾力推"语言平等法"，后不了了之。在国民党执政时期的2013年5月，民进党籍民意代表管碧玲再次提出所谓的"国家语言发展法"，虽通过了立法部门的初次审议，却一直未能往下推进。

2016年4月，管碧玲再次提出该草案，得到了台湾文化事务主管部门负责人郑丽君的大力支持。2017年7月，所谓的"国家语言发展法草案"，以台湾文化事务主管部门的名义颁布，在征求社会意见后提请台湾地区行政管理机构审议。2018年1月，台湾地区行政管理机构通过该草案，并按照台湾地区立法程序，提交台湾地区立法机构专业委员会审查；5月，台湾地区立法机构教育文化委员会审查通过该草案，并明确规定应在中小学教育阶段，将所谓"国家语言"列为基础或必修课程；12月，台湾地区立法机构第三次审议通过所谓的"国家语言发展法"。至此，这部所谓的"法律"走完了行政和立法程序，成为台湾当局所谓的"正式法律"。

（二）主要内容和分析

该"法律"明确规定，所谓"国家语言"，就是台湾"各族群使用之自然语言"，主要包括"客家话""闽南话""少数民族语言""台湾手语"等。除了原则性内容外，该"法律"主要包括以下几点：1.台湾教育事务主管机构应于基础教育各阶段,将"国家语言"列为"部定"课程,并协助各级教育部门以专职方式聘用"国家语言"师资。2.应奖励出版、制作、播映多元"国家语言"的出版品、电影、广播电视节目及各种形式通讯传播服务,特别强调设置"闽南话"频道。3.应办理"国家语言"的保存、传习及研究;对于面临传承危机之语言,应制订复振计划及建置"国家语言"数据库,积极鼓励进行语言复育、传承及记录。4.应要求各级政府以其使用之"国家语言"提供服务及利用公共资源和提供沟通必要的公共服务。

从语言政策角度看,这部所谓的"法律"将"少数民族语言""客家话""闽南话"和"台湾手语"确定为所谓"国家语言",提升这些语言或方言的地位,相对弱化了既有"国语"的地位,是"文化台独"的一种表现形式。

二 再度炒作所谓"第二官方语言"

(一)背景

2002年3月,"台联党"提出将闽南话、客家话、台湾少数民族语言同列为"第二官方语言"。随后时任台湾地区领导人的陈水扁提出一个将英语作为"第二官方语言"的计划;时任台湾地区行政管理机构负责人的游锡堃表示要以六年时间,让英语成为"准官方语言",并设立了所谓的"'行政院'营造英语生活环境推动委员会"。将英语列为"第二官方语言"在当时虽未实现,但那时设立的"'行政院'营造英语生活环境推动委员会"一直保留下来,成为台湾当局推动英语社会化工作的主导部门。

(二)台南设立所谓的"第二官方语言"

2014年年初,时任台南市长的赖清德提出将"英语"设立为台南市的"第二官方语言",并从2015年开始实行这一计划。随后三年多来台南市采取了一系列措施支持所谓的"第二官方语言"计划。主要包括:1.设立"第二官方语言"专门办公室和专属网站,负责"第二官方语言"的指导和宣传工作;2.推动台南市文书、信息和"市政记录"双语化;3.实施推广友善英语标章活动,促使商家采用汉英双语;4.建立庞大的英语志愿者人才数据库,提供各类社会需求;5.提升公务人员英语能力,规定公务员相关职位须参加"英语精英简报班"

和"市长杯简报竞赛"。规定和促成台南市政府 26 个局处会以及 37 个区公所组成"英语共学小组",每周开展一次英语活动;6. 将英语教学延伸至一年级,并设立多所双语实验学校。7. 举办"台南英语阅读季"等。赖清德离任后,这一活动仍然在台南市进行得"如火如荼",成为台南市所谓的"文化品牌"。

(三)拟将英语列为台湾"第二官方语言"

2017 年 9 月,赖清德担任台湾地区行政管理机构负责人后,有民进党籍民意代表提议将英语列为台湾"第二官方语言";2018 年 1 月,赖清德对此进行回应,表示台湾将于 2019 年确立所谓的"双语国家"政策,并要求台湾教育事务主管部门负责人研究此事。2018 年 6 月和 9 月,台湾教育事务主管部门两次向台湾地区行政管理部门提出相关规划。2018 年 9 月,赖清德又要求台湾当局发展事务主管部门为负责机构,邀集教育部门、内务部门、经济部门、外事部门、文化部门、交通部门等进行讨论,要求教育部门审查教育相关"法律"或行政规则,为英语成为台湾"第二官方语言"进行松绑,特别要求教育部门针对幼儿园能不能开放英语教学进行讨论。

(四)制定所谓的"2030 双语发展蓝图"

2018 年 11 月,台湾当局发展事务主管部门负责人陈美伶表示,台湾要在 2030 年成为所谓的"双语国家",并制定所谓的"2030 双语发展蓝图"。该蓝图主要内容是:要提升台湾整体英语竞争力,采取措施提升台湾民众英语能力,带动民众学英文,要求从幼儿园起学习英语;鼓励民众用英文说、用英文思考,扩大台湾发展空间。陈美伶还表示,现阶段是整合英文教育资源、建立平台,提升台湾的英语能力,至于是否成为"第二官方语言",要视 2030 年后的情况而定。

"2030 双语发展蓝图",试图通过从幼儿园开始就学习英语,从而培植下一代的英语认同,为未来将"英语"列为所谓的"第二官方语言"打下基础。

三 新课纲及语文新课纲的修订

(一)12 年新课纲的修订

2016 年民进党重新上台后,当年 9 月启动 12 年教育课纲的修改工作,历经约一年半的时间完成。2018 年 1 月—3 月,台湾教育事务主管部门相继公布了

"国语文"、本土语文、"新住民"语文、英语文、第二外国语文等八门学科的课纲，并拟于2019年秋季正式使用。此次12年新课纲修改幅度之大，为历年之最，从小学到高中、从课纲内容到授课时数和选修必修的规定，都有很大的变革。其中语文和历史课纲修订内容最令人注目，引起的争议最大。

（二）语文新课纲修订的主要内容

一是调整高中语文课纲文言文的比例，将文言文占比由45%—55%降至35%—45%。此外，从对象上来看，这次文言文比例调整涉及台湾的普通高中、综合高中和高职（原来不涉及高职）三种类型，涉及范围也有所扩大，三种类型高中的推荐选文也分别降到15篇、14篇和6篇。目前各种教科书正按照这个比例选文。①

二是增加"新住民"语文。所谓"新住民"主要指东南亚各国新移民及其子女，当前"新住民"子女学生数约占全台学生比例的10%。2019年新课纲中增开"新住民语文"包括越南语、印度尼西亚语、泰语、缅甸语、柬埔寨语、菲律宾语及马来西亚语等7种语文，要求每个"新住民"小学生必选一种，以每周一节为原则，未来，初高中也将把"新住民语文"列为选修。为给新课纲提前做准备，2018年台湾有21县市50所小学和2所初中总计63个班级参与试点，开设了7种语文课程，其中有42校开设1种东南亚语言，9所学校开设2种语言，1所小学开设3种语言。

三是强调"国语文"工具性，淡化"国语文"文化性。新课纲规定不论是"国语文""本土语文"还是"'新住民'语文"，都强调在学习这些语文课程时，应注重将语文知识与性别平等教育、人权教育、环境教育、海洋教育四个门类教育相融合。

四 语文考试改革

（一）大学学测② 语文考试选择题和写作题分卷考试

2018年是台湾地区语文（台湾地区称为"国语文"）考试改革年，出台多

---

① 关于这个问题，《台湾语文生活状况（2017）》（载《中国语言生活状况报告（2018）》）曾分析过，在此不再赘述。

② 大学学测是台湾的一种大型考试，旨在考查学生是否具备接受大学教育基本学科能力，是大学校系筛选学生的主要依据，大陆很多高校招收台湾学生也依据这项考试。

个语文考试改革措施。改革前,台湾地区大学学测语文考试为一张试卷,前面是选择题,题量较大,分值占一半以上,后面是主观题和作文题,两者占比不到一半。改革后,从2018年1月份开始,大学学测语文考试分为两部分:一为"国文科"选择题测验,二为"国语文"写作能力测验,进行分别考试(第一次考试一个安排在周五,一个在周六)。作文题由过去的一题增加为两题,要求学生在80分钟内写出两篇作文,一篇字数在500字左右,另一篇在600—700字左右。选择题和作文题各占国文科成绩一半。

(二)改革专业技术人员语文考试题型,增加作文题

改革前,台湾83种专门职业及技术人员考试类科中,民间的公证人、不动产估价师、地政士、不动产经纪人、记账士、律师(第二试)、社会工作师、中医师(一)、会计师等9类都考"国文";其中中医师(一)题型包括作文、翻译、测验(占分比重为40%、30%、30%),其余8类题型包括作文、测验(占分比重60%、40%)。除中医师(一)的"国语文"占总成绩20%外,其余6类的"国语文"占总成绩10%。改革后,取消测验题型、强化写作能力,作文题数由1题增至2题,并增加政策说帖、公开信、接续引文写作、运用关键词写作等多种试题类型。

(三)为非汉语母语人增加华语文能力测验考试次数

华语文能力测验考试是专为母语非汉语人士所设计的语文能力测验。改革前,这项考试在台湾地区每年进行3次;从2018年开始,每年进行6次,每两个月举行一次。

五 "'东京奥运正名'公投"闹剧以失败收场

(一)中国台湾运动员参与国际体育赛事安排

为照顾台湾运动员参赛权益,妥善处理两岸关系,1981年国际奥委会与中国台湾中华奥委会签订协议,统一规范中国台湾地区参加国际比赛英文名称为"Chinese Taipei",升中华奥委会旗帜。1989年,中国大陆奥委会与中国台湾中华奥委会签订协议,规定"凡以中文称台湾地区体育团队及体育组织时,均称'中华台北'"。

（二）"'东京奥运正名'公投"闹剧过程

2018年年初，"时代力量党""台湾北社""台湾教授协会"等台湾"独派"发动"台湾进军2020东京奥运会"国际舆论及征选"台湾奥运旗"活动，拉开了"'东京奥运正名'公投"闹剧的序幕。

2018年2月，"李登辉民主协会""台湾联合国协进会""台独建国联盟""台湾国家联盟"，以及民进党、"时代力量党""基进党"等将"'东京奥运正名'公投"正式纳入提案，要求参加台湾地区"九合一"选举时合并投票，妄想通过"公投"方式在台湾内部形成所谓的"正名"共识。

2018年5月，国际奥委会执委会经过讨论后决定，不予核准"中华台北奥委会"名称的改变，1981年的洛桑协议内容维持不变。但"东京奥运正名"发起方死心不改，继续进行造势和联署，并通过层层操作，获得了近50万份联署书，达到了台湾地区所谓的"公投法"规定的最低28万份联署书要求，硬将"东京奥运正名"抬进了"九合一"选举投票中。台湾地区"中选会"最终同意以13号案"你是否同意，以'台湾（Taiwan）'为全名申请参加所有国际运动赛事及2020年东京奥运？"参加"公投"。

（三）"'东京奥运正名'公投"失败

面对即将"公投"的事实，台湾绝大多数运动员和有识之士通过各种形式宣传，告诉民众"公投"的负面效应、严重后果以及某些人操纵"公投"的目的，取得了明显效果。

2018年11月25日投票结果公布，最终不同意票为5 774 556票，多于同意的4 763 086票，该项"公投"没有通过。台湾地区继续维持以"中华台北"名义参加国际赛事。对此国际奥委会主席巴赫表示："我希望对所有中华台北的运动员是一大鼓励，谢谢你们站出来，为你们的要求及参加奥运的权利，我希望你们能因此获得激发，你们没有保持缄默，且一直坚持信心，达成了目标，所以我要在此欢迎，中华台北参加2020年东京奥运。"

"台独"分子不顾台湾地区运动员的切身利益，力推"东京奥运正名"，试图利用体育来实现所谓的"正名"的目的，将这个问题变为"文化台独""柔性台独"新议题。

六 台湾年度代表字票选活动

(一)汉字评选活动

台湾岛内每年都举办多种形式的年度汉字票选或评选活动,以某个或某些汉字作为代表,反映当年台湾岛内各领域的主要情况。其中影响力较大的有联合报系与台湾中国信托文教基金会合办的"台湾年度代表字"票选活动和《旺报》《海西晨报》、新浪网等两岸媒体发起的"海峡两岸年度汉字"评选活动。这两个活动都在每年的12月份公布结果。

(二)台湾年度代表字

2018年12月6日,第十一届"台湾代表字大选"评选结果出炉。前十名的汉字依序为"翻""醒""转""斗""变""假""闷""选""忧""滑"。在总共57 548张选票中,"翻"字拿下10 929票,获评"台湾2018代表字"。排第二的"醒"字得到7742票,第三名的"转"字获得5270票。

图 7-1 "翻"当选台湾2018代表字

"翻"字的推荐者是台中地方法院法官张升星,他推荐的理由为"年改推翻公仆信赖,促转推翻历史记忆,党产推翻法治原则,霸权推翻多边贸易,动荡推翻既有确幸"。台湾中国信托文教基金会董事长冯寄台说:"'一个字,代表一年的感受';激烈的台湾地方县市长选举'翻'天覆地,'翻'转出一个全新的局面。"

台灣2008~2018年度代表字票選Top 10

名次	2008	2009	2010	2011	2012	2013
1	亂	盼	淡	讚	憂	假
2	騙	假	穩	愛	漲	黑
3	慘	苦	甦	創	轉	毒
4	悶	慘	祥	憂	感	亂
5	貪	悶	愛	穩	慘	謊
6	鬱	慟	漲	安	鬱	悶
7	扁	變	望	望	苦	混
8	變	愛	惜	祈	怨	真
9	囧	新	福	福	窮	醒
10	愛	醒	平	變	爛	食,安

名次	2014	2015	2016	2017	2018
1	黑	換	苦	茫	翻
2	餿	變	變	勞	醒
3	油	騙	悶	憂	轉
4	怒	祈	彎	亂	鬥
5	食	痛	狂	虛	變
6	假	選	滯	盪	假
7	偽	茫	勞	滯	悶
8	混	滯	裂	厭	選
9	怨	欺	革	變	憂
10	崩	盼	轉	惜	淆

资料来源:《联合报》，制表：陈宛茜

图 7-2　台湾 2008—2018 年度排名前十的代表汉字

（三）两岸年度汉字评选

2018年12月14日，由《旺报》《海西晨报》、新浪网共同主办的"2018海峡两岸年度汉字"评选活动在台北举行揭晓仪式，最终"望"字从40个汉字中脱颖而出，当选2018年两岸年度汉字。这是海峡两岸年度汉字评选活动的第九年，两岸1000万名网友进行了票选。

中华文化永续发展基金会董事长刘兆玄表示，两岸年度汉字历年来的评选，持续创造出来一个文化的轨迹，成为中华民族各时代的见证。"利用汉字来维系中华民族的情感，是十分良好的选择。"今年入选的"望、人、融、变、合、化、克、破、聚、青"等字，都具有正面意义，今年代表字选出后，相信能继续为两岸传递正能量。

资料来源：《海西晨报》

图7-3 2018年度海峡两岸汉字节推荐的部分汉字

（戴红亮、杨书俊）

第八部分

参 考 篇

日本的"平易语言"政策

在日本,"平易语言"(plain language)指的是简化版的语言,主要面向语言能力有限的人群,旨在实现特定环境下的有效交际。本文所说的日本"平易语言"政策是对"简约日语""减灾日语"和"平易日语"理念和实践的概括。

自 20 世纪 80 年代末起,为了将日语推向世界,日本政府提出"简约日语"的理念,由日本国立国语研究所成立科研团队开始着手研究并进行推广;90 年代之后,先是推出一种专门应对灾害情形的"减灾日语",后又推出一种为实现多元文化共生社会,并作为日常信息基本交流手段的"平易日语"。至此,平易语言在日本具有了几种确定的形态:最初的"简约日语"是为了提升日语的国际地位,具有一定政治考量;"减灾日语"立足日本自然灾害频发的国情,有着较强的现实意义;"平易日语"则将视线投向了创建"多元文化共生社会"这一更具国际化价值的目标。

一 "简约日语"

20 世纪 60 年代,英语在国际上的影响力与日俱增,很多人都预计英语将成为一种世界性的国际辅助语言。为了解决英语因词汇繁杂而导致跨国交际困难的问题,英国语言学家奥格登(C. K. Ogden)创建了一套基本英语(Basic English)——包含 850 个英文单词,"被认为足以表达简单国际交往中所需的最低限度的事物和思想,并且其词汇足够把任何散文(例如《圣经》)翻译成各国人民均可理解的英语"。[1]

到 20 世纪 70 年代末,时任日本国立国语研究所所长的野元菊雄意识到平易语言的重要性,开始呼吁效仿英语,简化日语,以促进日语走向世界。自 1988 年起,国立国语研究所成立了以野元本人为首的研究团队,着手研制"简

---

[1] 瑞恩著《论作为一种世界语的英语》,张胜利译,《青海师范学院》1979 年第 2 期。

约日语"。研究共分两个阶段（每个阶段3年），旨在制定"简约日语"并开发相关教材。主要研究内容包括：(1)从现行初级日语课本中尽可能选取最基本的语法项目及句型；(2)选取2000个基本词汇（其中第1、第2层级词汇各1000）；(3)调查多义词，确定基本义项并规定每个词汇义项不超过3个。①

日本国立国语研究所前身为1902年由日本文部省设立的国语调查委员会，属于政府下辖的公共机构（2001年变更为独立行政法人）。因此，"简约日语"的研制具有提升政治影响和进行文化推广的国家考量，在一定程度上体现了日本政府将日语推向世界的国家意志。然而，尽管日本政府投入了不少财政预算用于支持相关研究，但国立国语研究所制定的"简约日语"并没有得到有效推广，而是遭到强烈的质疑和反对。

作为日本三大综合性报刊之一的《朝日新闻》最早以"为外国人'发明'简约日语"为题对"简约日语"进行了报道，②通过列举具体的实例，对比了普通日语和简化后的日语。报道刊出后社会反响巨大，随后《朝日新闻》又刊登了一些读者来信，有人认为"加工过的日语如同加工过的奶酪一般毫无味道可言。简化日语虽然很有必要，但由于大大偏离了普通日语而变得毫无意义"。

简化的初衷是为了使日语变得简易，从而方便外国人学习，然而究竟应该如何简化、遵循怎样的原则，"简约日语"还未找到最好的解决方案。其最大的问题在于"将各种动词词尾统一为「です・ます」体"，③这种简化方式因为过于追求"简单（简化）"而使普通的日语变得不灵活、不自然，甚至异常。多年以后，日本评论家吴智英在提到"简约日语"时还称这是一次"愚蠢的尝试"。④尽管野元本人对于社会上的种种负面评价也做出过回应，但最终还是没能挽救"简约日语"退出历史舞台的结果。

二 "减灾日语"

日本是自然灾害多发的国家，并且许多地区都有外国人居住。当灾害发生时信息很难有效传递给外国人，超半数的外国人不了解当地避难场所的机制，90%以上的外国人不曾去过当地避难场所，发生灾害时得不到有关避难场所、

---

① 日本国立国语研究所官方网站，https://nknet.ninjal.ac.jp/nknet/nproject/nkanyaku/。
② 《朝日新闻》（晚报）1988年2月26日。
③ 中川正弘《日本語の簡約化と文体という視点》，《広島大学留学生センター紀要》2005（15）。
④ 同上。

水以及应急食品的信息。① 在阪神大地震中,无论是受伤率还是死亡率,外国人都是日本人的两倍左右。② 阪神大地震之后,不少语言学者开始就"灾害与外国人及语言"问题进行研究,其中日本弘前大学佐藤和之的科研团队开展的研究最具代表性。佐藤等人以灾害发生后 72 小时为界线,将"减灾日语"分为"减灾日语 1"和"减灾日语 2"两种形式,因为从灾害发生到建立针对外籍受灾者的咨询中心或多语言服务中心大致需要三天的时间(即 72 小时)。

表 8-1 "减灾日语"的研究内容

类别	减灾日语 1	减灾日语 2
目的	传递灾害发生后 72 小时以内的应急信息	传递不限于灾害发生后 72 小时的生活信息
适用对象	日语能力测试 N3 或 N4 水平	日语能力测试 N2 水平
传递信息的范围	①灾害刚发生后应该传递(或想要得知)的信息; ②恢复平静后应该传递(或想要得知)的信息(大约 12 小时后); ③开始恢复日常生活后应该传递(或想要得知)的信息(大约 48 小时后)	①国家或地方的制度,与生活直接相关的信息,如外国人登录信息; ②在日本生活不可或缺的信息,如教育、就业信息; ③与生命安全相关的信息,如防灾、急救信息; ④生活杂志上常见信息,如垃圾分类信息

如表 8-1 所示,"减灾日语 1"包括:1)灾害刚发生后必须马上传递的信息。比如,"到底发生了什么?""首先应该怎么办才好?"等。同时,也包括防止二次灾害发生的信息。比如,"海啸危险,快逃向高处""请不要靠近带裂缝的房屋,以免房屋倒塌带来伤害"等。2)恢复平静后及 3)开始恢复日常生活后应该传递的信息。这些信息主要是有关恢复生活、生产以及人员安否的信息。比如,传递商店营业状况、外语广播、救援物资以及交通状况等信息。而这些信息从传递方式上大致分为广播中使用的口语和海报、传单中使用的书面语。为此,佐藤的研究团队分别制定了两本适合外国人理解的手册,即《灾害时面向外国人使用的日语初稿:广播、通知中使用的平易日语》(以下称《手册 1》)和《发生灾害时救助外国人手册》(以下称《手册 2》)。

当灾害发生时,多语言广播无疑是面向外国人居民传播灾害信息的一种有效途径,但也面临诸多问题。比如,在日外国人中近 7 成的人来自非英语圈的

---

① 梁根荣、赤瀬達三、桐谷佳恵《日本在住外国人に対する災害意識の調査》,《デザイン学研究》2010(2)。

② 《阪神淡路大震災における在日外国人被災状況調査》,1995 年。

国家，因此无法使用英语进行广播。而且各国籍人士的地域分布也不均衡，如名古屋等地集聚了大量说葡萄牙语的巴西人，新潟和北海道等地的多语言中有俄语，而神户多越南语。①

相比之下，使用日语广播就可以克服上述问题。不过，当发生灾害进行广播时，一般会用到较长的句子。有调查显示，灾害时播放的日语句子是日本高中三年级教科书中句子长度的1.4倍。教科书中的句子可以反复阅读以理解其意思，但广播一旦没听懂就没有机会再听一遍。而且句子一旦过长结构就会变得复杂，对日语非母语者而言，从中获取有效信息的难度就会随之增加。

针对上述问题，佐藤团队在制作《手册1》时采取了以下原则：1）使用日语能力测试N3、N4水平日语替换普通日语，如「避難所」→「逃げるところ」（逃跑的地方）；2）调整句子结构，尽量缩短句子长度：①将句子主题置于句首；②简化主题部分的长度；③减少修饰从句；④避免使用复句等。松田等（2000）通过对初级至中级前半段水平的外国人进行听力实验后发现，更换为平易日语后，新闻内容的可理解率由原来的30%跃升至90%。②

虽然在日外国人中有很大一部分来自汉字文化圈以外，但《手册2》仍然坚持在海报、传单中使用汉字。其原因在于一方面便于来自汉字文化圈的外国人理解，另一方面日本的大街小巷到处都能看到汉字，特别是作为避难场所的建筑名称也是用汉字标记。所以，该方案将汉字当作一种符号进行理解，给汉字标注假名读音之后，还便于口头交流或使用字典查询。

三 "平易日语"

进入20世纪90年代，随着来自越南的难民、中国和其他东南亚国家的劳动者以及菲律宾新娘、日裔南美人等新增外来人口不断增加，"多元文化共生"一词逐渐成为日语教育中的一个关键词汇。二战以后，日本经济在日元升值的推动下迅猛发展，日本也因此意识到与世界共生、共存以及相互依存的重要性。特别是在冷战结束后，世界格局发生改变，"国际理解"一词的内涵也由对欧美

---

① ロング、ダニエル《緊急時報道における非母語話者の言語問題：応用社会言語学の試み》，《日本研究》，1997年。
② 松田陽子、前田理佳子、佐藤和之《災害時の外国人に対する情報提供のための日本語表現とその有効性に関する試論》，《日本語科学》2000（7）。

各国的"国际理解"转变为对包括亚洲、非洲在内的更广泛国际社会的理解。①

为了实现真正意义上的"多元文化共生",日本一桥大学的庵功雄等人认为平易日语在社区教育中发挥着不容忽视的作用,即以平易日语为交流媒介可以在外国人和日本人之间架起一座交流的"桥梁",并指出不应仅要求外国人学习日语,日本人自身也应思考"什么样的日语才是便于交际的日语"。与"减灾日语"不同,"平易日语"不是单方面的日本人"教给"外国人,而是双方在交流中自然地习得"平易日语"的语法和词汇。②

在交际对象的设定上,不同类型的"平易日语"也有相应的特点。"减灾日语"将对象设定为已具备日语 N3 水平(即初级水平)的外国人,但事实上,初级语法已涉及各种语法和句型,内容十分广泛,这对于持非留学签证的外国人来说是一件很困难的事。③庵功雄等人基于功能与形式对应的原则,大幅削减了初级语法项目,提出了一套"最简语法"。④在最简语法里,没有动词的使动、被动、可能、尊敬等变化;各种表示推测的用法也仅简化为一种;表示条件的各种助词,如「と、ば、たら、なら」等均用「たら」一个来代替。这套语法是针对日语口语设计的,目前已经出版了两本配套教材——《日语仅此而已》(1、2)。

日本政府对庵功雄等开展的面向多元文化共生社会的"平易日语"研究给予了积极支持,日本学术振兴会自 2010 年度起先后 3 次为该团队提供资助,直接科研经费总计 7420 万日元(约合人民币 450 万元)。日本各级政府机关都放有供民众取阅的各种宣传文书,用以向外国人以及当地居民提供在该地区生活所必需的各种信息。但这些文书用语往往存在结构复杂、主语模糊、内容重复、用词专业等问题,不利于外国人理解。针对这些问题,庵功雄等(2011)对文书用语的语法和词汇均提出了细致的改写规则,使其表达更为清晰,易于理解。正如庵功雄所指出的,用平易日语对文书进行改写不仅能够减轻外国人的潜在利益损失,同时也可使听说读写能力不断下降的日本老人从中获益。要实现真正意义上的多元文化共生社会,推广和普及平易日语是不可或缺的工作。日本文化厅从 2007 年度开始实施"以作为生活者的外国人为对象的日语教育事业和

---

① 中村耕二《多文化共生社会を目指す国際理解教育:21 世紀に求められる地球市民教育》,《言語と文化》2001(5)。
② 庵功雄《「やさしい日本語」の本質とその必要性》,*TNVN Network News*,2012 年。
③ 庵功雄、岩田一成、森篤嗣《「やさしい日本語」を用いた公文書の書き換え:多文化共生と日本語教育文法の接点を求めて》,《人文・自然研究》2011(5)。
④ 庵功雄《地域日本語教育と日本語教育文法:「やさしい日本語」という観点から》,《人文・自然研究》2009(3)。

区域日语教育实践项目",2013年枥木县希望国际外语学院受文化厅委托就"发布平易日语生活信息和使用平易日语生活信息的日语教育体制建设"开展了实践研究,2014年兵库县公益财团法人神户YWCA受文化厅委托制作了《居民迁入迁出申请表的平易日语手册》,均取得了一定成效。①

四　结语

"平易日语"和"减灾日语"虽然在使用目的、适用对象和传递信息的范围上有所不同,但两者都可归属平易语言政策。经过长期不懈的研究和推广,"平易日语"和"减灾日语"已在日本国内产生了较大的社会影响,得到了政府及社会各界的认可。在一些外国人聚居的地方,政府行政部门也开始推广"平易日语"。横滨市2010年出台了《多语言宣传指南》,使用英文、中文(简体字、繁体字)、韩文、西班牙文、葡萄牙文、平易日语共7种文字向居住在市内的外国人推送有关紧急情况、日常生活、观光游览等方面的信息;福冈县的柳川市推出了用于旅游观光的"平易日语";最近还有研究讨论了医疗养老领域中的"平易日语"问题。2020年日本将再次举办夏季奥林匹克运动会,届时将有来自200多个国家及地区的1万多名运动员参加,日本政府拟以本次大会为契机,在全国范围内大力推广"平易日语"。可以看出,"平易语言"政策在日本将长期执行,并推动这种日语变体继续发展完善。

(韩　涛)

---

① 文化厅官网,http://www.bunka.go.jp/seisaku/kokugo_nihongo/kyoiku/seikatsusha/。

美国国家安全语言教育项目新进展

"国家安全教育项目"(National Security Education Program,简称 NSEP)是美国三大语言项目集群之一,也是目前全美影响力最大的语言项目。该项目建立于 1991 年,由美国国防部管辖,2012 年后由"国防语言与国家安全教育办公室"(Defense Language and National Security Education Office,简称 DLNSEO)具体负责。

一 项目建设

在国家安全背景下,美国政府先后资助了三大项目集群,分别为《高等教育法》第 6 条和富布莱特/海斯项目、国家安全教育项目(NSEP)以及国家安全语言行动计划(National Security Language Initiative,简称 NSLI)。NSEP 由美国情报委员会主任、参议员博仁(Boren)于 1991 年提议创建,其动机源于他提出的国家安全教育法案。该项目由国防部管辖,宗旨是为联邦政府各部门提供语言与区域研究的高端战略人才储备,服务国家安全。项目以奖学金形式,资助高校不同教育层次的学生学习国家急需的关键语言,研究特定国家和地区的文化、军事、政治。奖学金获得者必须承诺完成学业后在联邦政府急需部门工作一段时间,履行一定义务。[①]

NSEP 是 DLNSEO 所负责的主要工作之一。该项目主要包括如下子项目:博仁(Boren)本科生奖学金(1994)[②]、博仁研究生奖学金(1994)、语言旗舰(2002)、祖传语者英语提升(2005)、国家语言服务团(2006)、全球军官工程(2007)、非洲语言试点(2010)、语言训练中心(2011)、后备军官训练营试点(2011)。项目建设本身也引起了学界的关注,如 2017 年 Murphy 和 Evans-

---

① 文秋芳、张天伟《后"9·11"时代美国国家外语能力建设成效及其启示》,《中国外语》2013 年第 6 期。
② 括号内为该子项目的开始时间,下同。

Romaine 出版了论文集——《探索美国语言旗舰项目：本科毕业生第二语言专业能力》，该书收录了 11 篇论文，从项目的起源、产出成果、课程创新路径等几方面进行了探讨，具体议题包括：项目模式、课程设置、口语能力发展、合作学习模式、祖传语者学习动机和评估等。该书不仅回顾了联邦政府项目的历史发展历程，阐述了其合理性，还重点探讨了旗舰项目的建设模式和战略。下面对项目建设成效做一概述。

2016 年，在国家安全教育委员会（National Security Education Board）、国防语言指导委员会（Defense Language Steering Committee）和 DLNSEO 的共同指导下，NSEP 取得显著成绩。NSEP 设计的与语言和区域知识有关的各种项目共涉及 89 个国家 60 余种关键语言，涵盖区域研究、外语、历史、国际关系等 10 余个专业，截至 2016 年全美共有 48 所大学和学院与 NSEP 合作。博仁奖学金等项目促进了美国本科生和研究生从更广阔的学术领域获得语言、文化技能，有助于他们掌握与关键区域和地区（critical areas and regions）相关的学术知识。①

我们以祖传语者英语提升子项目（English for Heritage Language Speakers，简称 EHLS）为例进行阐释。②该项目源起于国家安全教育法修正案（法案编号 102-183），于 2005 年开始实施，旨在为母语为关键语言的美国移入公民提供母语教学。该项目对入选者的条件要求苛刻，必须满足以下五个标准：美国公民、至少具有学士学位、祖传语水平达到跨部门语言圆桌标准（Interagency Language Roundtable，简称 ILR）三级（一般专业水平）以上、英语水平达到 ILR 二级（有限工作能力）以上、志愿为联邦政府服务。2016 年，EHLS 招募阿姆哈拉语、阿拉伯语、达利语、哈萨克语、吉尔吉斯斯坦语、汉语普通话、索马里语、土耳其语、乌尔都语、乌兹别克语等语种志愿者，共有 208 人申请。最终，18 人获取奖学金，录取率为 8.6%，其中录取较多的是阿拉伯语和汉语普通话，反映了当前美国关键语言建设的重点。2014 年同期有 326 人申请，18 人获取奖学金，录取率仅为 5.3%。2015 年有 264 人申请，19 人获取奖学金，录取率为 7.1%。近三年来，EHLS 重点资助的区域是近东、东亚和南亚大陆。EHLS 重点资助的专业是社会科学、商业和人文领域。该项目主要从读、写、听、说等方面提升学员的语言水平，其中学员的写作能力提升最明显。2016 年项目取得了较好成效，60% 的学员学成后，达到 ILR 三级水平，90% 以上达到 ILR 二级以上水平。

---

① NSEP《2016 年度报告》, http://www.nsep.gov/content/archive (accessed 26/04/2017)。
② 同上。

EHLS今后发展的重点是学员招募、语言技能发展和就业安排。目前，美国联邦调查局、国家虚拟翻译中心（National Virtual Translation Center）、国防情报局等都对雇佣EHLS学员表示了极大兴趣。

二　内容、特点与成效

NSEP自1991年开始建设，目前已成为《国家国防教育法案》（1958年）之后，美国在国际教育领域最有影响力的项目。该项目从2000年开始发布年度项目报告，对每年建设工作的特点和进展进行述评。项目建设主要围绕美国国家安全教育的需要，培养高质量、多元化的外语人才，特别是与国家利益相关的关键领域人才；同时项目注重与其他政府项目的合作，为各政府部门及时输送所需的关键语言人才。

NSEP每年对上一年进行绩效评估，并规划下一年的工作。2017年NSEP发布的《2016年度报告》指出，NSEP拟重点建设的目标是：

（1）建设一流的"一条龙"公共服务示范项目。NSEP将招募全国最优秀的人才，提升他们的语言和跨文化能力，并为他们进入政府工作提供机会。NSEP将继续加强机制建设，融招募、训练、安排就业等全流程人才培养于一体，同时注重保持人才的语言和跨文化能力，为政府服务。这就形成了招募、训练、安排就业的"一条龙"服务。

（2）继续发布州语言路线图。在原有六个州路线图的基础上，NSEP拟发布新的州语言路线图，将联邦与地方政府、学界、产业界相联系，满足各方语种和语言能力的需要。具体包括描述当前和未来语言和文化技能的需要，调研工作场域中联邦和地方政府对语言能力的需求，增加公众对语言重要性的理解等。

（3）增加国家语言技术创新的路径。2015年年底，NSEP在夏威夷大学成立了语言旗舰技术创新中心，试图整合技术与现有学术研究领域，以达到提升和改进语言学习的目标。中心关注的重点是将语言学习、计算科学、教学设计、混合学习（blended learning）、自适应学习（adaptive learning）、大数据等整合起来，进而开创技术支持课堂教学的新路径。目前，该中心设计了一些试点项目在社区试验，并于2016年举办了3次学术研讨会。这些举措通过学术活动促进了中心发展。

（4）鼓励NSEP内部项目的融合（cross-pollinate initiative）。NSEP自2010

年起开始推动内部项目的融合,这是其发展史上的一次重要转向。例如将博仁奖学金与语言旗舰项目相融合,非洲语言旗舰项目允许博仁奖学金获得者通过旗舰项目的模式在非洲学习关键语言。NSEP 于 2015 年将这种融合模式扩展到南亚语言旗舰项目。

(5)建立跨部门合作途径。NSEP 将继续为学员开拓实习和获得奖学金的机会。近年来,美国国防情报局、国土安全部联邦紧急事务管理署、国土安全部情报与分析办公室、商务部国际贸易管理局、疾病控制与预防中心等机构成为 NSEP 的新伙伴,未来 NSEP 将继续探索和开辟更多的跨部门合作途径。

近期,美国国防部"国防语言与国家安全教育办公室"(DLNSEO)发布了题为"语言、文化、服务"的 NESP《2017 年度报告》。美国政府为 NESP 投入了大量资源,该项目培养的多语言、多技能人才遍布联邦政府的各个部门。该项目试图在国家安全与高等教育领域之间建立一种面向国家急迫需求的战略合作关系。NSEP 在 2017 年度的主要建设目标包括:1)提供必要的资源,及时满足美国国家安全语言教育的需要;2)提升与国家利益相关领域的人才质量、数量和多样性,这些领域包括外语、区域研究、反扩散研究(counter proliferation studies)等;3)为美国政府相关机构培养和输送有国家安全责任和义务的人才;4)扩大与其他政府项目、知识库(knowledge base)的联系。2018 年,NSEP 的工作重点主要包括以下几个方面:①

(1)基于数据分析,改善合作关系,提高项目有效性

使用数据驱动的分析方法剖析各子项目面临的挑战和发展机遇。NSEP 加强与一些机构的合作,包括国务院关键语言奖学金项目、国家安全语言青少年项目、吉尔曼项目(Gilman programs)和美国情报界的星谈项目(STARTALK)等。

(2)建立 NSEP 校友网络

加强参与前期项目的海内外校友与当前奖学金获得者之间的联系。NSEP 通过导师项目(mentorship program)和现有社交媒体在 NSEP 奖学金获得者和校友间建立联系,以更好地满足政府的需求,扩大 NSEP 品牌的知名度,提供为政府培养人才的"一条龙"式全程服务。

(3)加强与美国学校的联系

扩大与美国各阶段学校的合作,扩展以能力为基础的语言教学,在全美促

---

① NSEP《2017 年度报告》,http://www.nsep.gov/content/archive (accessed 20/06/2018)。

进语言教育发展。语言旗舰项目为在美国高校改进语言学习模式提供了良好的范例,与高校以及州、地方(local)和街区(district)的美国基础教育(K-12)机构之间建立联系,为项目培养和储备后备人才。

(4)扩大与各政府部门和联邦政府的伙伴关系

继续扩大与国防部内部各部门,以及其他政府部门之间的联系,以提升项目的有效性。例如,NSEP与陆军学员司令部、空军后备军官训练营等签署协议,支持学员参加语言旗舰项目;与海军、全球军官工程项目合作,确保未来军官具有一定的语言和文化技能。此外,NSEP还与国防语言学院外语中心(Defense Language Institute Foreign Languages Center)合作,提高其高级英语教学技能,探索更好地将技术融入课程教学,并支持乔治城大学的祖传语者英语提升项目。NSEP还与语言训练中心合作,改进语言和文化培训的方式;与美军作战司令部(Combatant Commands)合作,满足实战中对语言和文化的突发需求。

(5)通过加强国防部和政府机构间的伙伴关系,支持技术创新

保持与国防部各机构及相关政府部门的合作,整合技术资源,并将其应用到语言学习项目中。NSEP的合作伙伴包括国防部负责高水平者分散学习语言(Advanced Distributed Learning)的办公室,负责语言习得、语言技术和后勤保障的办公室(Acquisition, Technology and Logistics)等,同时支持语言旗舰技术创新中心的建设。

(6)扩大与各州的多边合作关系

扩大与各州教育机构、企业以及各级政府的合作,评估其对语言能力的需求,以满足联邦、州和地区安全和经济发展的需求。例如,语言旗舰项目与印第安纳大学、威斯康星大学麦迪逊分校合作,共同制定印第安纳州和威斯康星州的语言路线图。

三 结语

综上所述,NSEP的规划建设有以下特点:第一,面向国家安全,具有较强的政治色彩。第二,建立"一条龙"培养机制,提高人才培养和使用质量。NSEP项目集人才招聘、语言和文化能力培养、就业安排于一体,打造了语言旗舰、国家语言服务团等精品项目。第三,注重在大数据时代的技术创新,不断开发语言技术,促进外语教育与教学。第四,整合现有资源,发展融合项目,

拓展合作途径，最大程度优化和利用资源。

几年来，NSEP的工作主要聚焦于以下方面：第一，创新人才培养方式，如建立校友网络，实施导师制，在学员课堂学习和实践学习之间建立桥梁。第二，注重技术与语言项目的融合，以技术创新为驱动，促进语言和文化教学。第三，加强与不同机构的合作，如与各类语言项目、政府部门、各级学校等开展多边合作，通过多维度、多元化的发展路径，在合作共赢的基础上，不断提升项目成效，铸造项目品牌。

NSEP体现了美国通过项目集群建设国家语言能力的特色方式。这一方式从国家层面协调各地区、各部门、各领域的资源，主要从语言技能和文化知识两个维度高效培养国家紧缺的关键语言人才，用于落实国家的语言战略规划。

（张天伟）

海外语言政策与规划国际性会议主题扫描

语言政策与规划虽然是一个年轻的学科,但近年来得到越来越多的重视,国际上相关学术会议也逐渐增多。总体来看,语言政策与规划的学术会议可分为两大类:一类是专门针对语言政策与规划的会议(简称"专业性会议");另一类是语言政策与规划作为分支学科而出现的应用语言学或社会语言学会议(简称"综合性会议")。现将该领域影响较大的国际会议简介如下。

一 专业性会议

(一)多学科视角下的语言政策与规划大会[①]

多学科视角下的语言政策与规划大会(Multidisciplinary Approaches in Language Policy and Planning Conference,LPP)的首创召集人是加拿大卡尔加里大学的 T. Ricento 教授。会议于每年的 8 月或 9 月在加拿大召开,与会者来自世界各地。会议于 2012 年首次召开,每次会议代号是在"LPP"后面加年份,如"LPP15"表示 2015 年度会议。该会议每次无固定主题,是开放式的,只要与语言政策有关均可。

以下为近几年的部分主旨发言题目:J. W. Tollefson 的《媒体与语言政策》,S. Canagarajah 的《新自由主义语言政策以及多语转向:不谋而合?》,L. Wee 的《语言政策、无家可归和新自由主义的城市化:旧金山联合广场案例分析》,L. Hinton 的《加州的语言复活:从此走向何处?》,E. Albaugh 的《非洲的语言与国家》,D. C. Johnson 的《凡是过往,皆为序章:重构新一代被边缘化青年的语言缺陷》,G. Fraser 的《艺术性工作永无止境:语言政策、社会和谐和文化包

---

① 参见 https://wordpress.oise.utoronto.ca/lpp-conference/。

容》，N. Flores 的《从种族语言学看语言教育政策》，M. Holborow 的《语言是否是"人力资本"：挑战新自由主义理论框架》，T. Ricento 的《语言政策与规划：多根源和多功能学术传统的本质与目标》，K. Snoddon 的《安大略教师教育中的手语规划与政策》，T. Lee 的《从谈话型说话者到创造型说话者：土著语言变化的故事》，M. Heller 的《语言政策的制度化：冷战、发展和去殖民化》。

（二）联合国与语言研讨会①

联合国与语言研讨会（Symposium on Language and the UN）的最初召集人是美国哈特福德（Hartford）大学的 H. Tonkin 教授，联合主办单位是联合国世界语言问题研究与文献中心、世界语协会和美国应用语言学中心。该会议"旨在了解和探讨联合国的语言政策是如何运转的，联合国的工作人员是如何使用语言并做出语言选择的，联合国是如何用语言与外界交流的"，②实际上会议内容不限于联合国的语言问题。会议从 2014 年开始，于每年 5 月在美国纽约（联合国总部附近）举行。该会议不标第几届会议，每年一个主题，会议以该主题为名称。2014—2018 年的会议主题分别是"语言与平等""语言与排外""语言与可持续发展目标""语言与可持续发展目标及弱势群体"和"国际组织的多语言与国际合作"。

以下为近几年的一些主旨发言题目：M. Fettaes 的《全纳、团结与发展：2015 年后的一个语言议程》，F. de Varennes 的《未完成并充满挑战的事业：联合国的语言、排外与人权》，S. Romaine 的《社会的语言，消失的声音，从千年发展目标到可持续发展目标：不让一个人掉队》，C. Hélot 的《从家庭和学校角度对语言多样性可持续性的研究》，F. Grin 的《社会语言学和经济学的整合：重新评估一个正在进行的对话》，M. Gazzola 的《语言制度的经济影响：以世界知识产权组织和欧洲专利局为例》，B. Hazndar 等的《成人难民和移民的教育问题：以语言为例》，S. Bhalla 和 T. Wiley 的《减少多语美国的不平等及无身份现象》，J. Edwards 的《语言诉求与语言权利》，T. Reagan 的《手语的多语制：被遗忘的残疾人社区的语言多样性》。

---

① 参见 http://www.languageandtheun.org/index.html。
② 参见 http://languageandtheun.org/events.html。

(三)语言管理国际研讨会[①]

语言管理国际研讨会(International Language Management Symposium)最初由 B. H. Jernudd 和 J. V. Neustupný 等人发起,捷克、澳大利亚和日本等国家的一些学者积极参与。2008 年,首次会议在澳大利亚召开,然后分别在日本、捷克、日本和德国召开。会议每两年召开一次,时间通常是在 8 月或 9 月。

以下为第 1 至 5 届会议的主题:"探讨语言管理过程中'发现问题'的概念"(2008),"全球化背景下的语言规范多样性及语言管理"(2011),"语言管理的研究方法"(2013),"重新考虑语言管理中的过程问题"(2015),"语言管理的利益与权力"(2017)。历届会议的主旨发言题目摘译如下:J. Nekvapil 的《语言管理理论中的"发现问题"及其他》,T. Sherman 的《通用语交际与语言管理》,Y. Sato 的《语言管理中的友好管理:重新评价语码转换的功能以及日中跨文化交际中的沉默现象》,S. Miyazaki 和 Y. Kato 的《全球化下的日语教育:学习管理以及二语习得中的语言规范多样性》。

二 综合性会议

(一)世界应用语言学大会[②]

世界应用语言学大会(World Congress of Applied Linguistics)是应用语言学领域规模最大的学术盛会,由国际应用语言学学会主办,每 3 年召开一次,通常在 7—8 月举行,每次参会人员达 2000 人。

以下是近 5 次(第 14—18 届)会议的主题:"未来就从现在开始"(2005),"多语主义:机遇与挑战"(2008),"多样中的和谐:语言、文化、社会"(2011),"一个世界,众多语言"(2014),"应用语言学中的研究创新及认识论的挑战"(2017)。其中一些主旨发言题目摘译如下:M. Bucholtz 的《消除青年种族歧视,迈向语言社会正义》,B. Rampton 的《社会语言学与证券化》,N. Evans 的《聆听内心:澳大利亚语言的意义景观》,E. Shohamy 的《语言景观研究:拓宽语言政策理论与实践的一种手段》,J. Blommaert 的《语言的相似性与

[①] 参见 http://languagemanagement.ff.cuni.cz/symposia。
[②] 参见 https://aila.info。

社会语言全球化的本质》。世界应用语言学大会每次至少有两个专题分会场是有关语言政策的，例如，第 16 届大会（2011）有以下 3 个有关语言政策的分会场：R. Mitchell 主持的"欧洲儿童语言学习：政策发展与学习结果"，P. Duff 主持的"多语与语言政策"，T. Wiley 主持的"通过语言管理促进语言和谐：多语社会的根本问题"。

（二）社会语言学研讨会①

社会语言学研讨会（Sociolinguistic Symposium，SS）每两年举办一次，参与人员达 1000 多人，时间一般都定在暑假期间。近 5 届（第 18—22 届）的会议主题分别是"跨国空间与多语相遇的协商"（2010），"语言与城市"（2012），"语言、时间和空间"（2014），"态度和声望"（2016），"跨越边界：南、北、东、西"（2018）。

以下是近年来的部分主旨发言：A. J. Cenoz 的《少数民族的多语教育：研究方法与成就》，C. Goodwin 的《说话者和听话者互动过程的分类》，H. Kelly-Holmes 的《反营销领域中的语言使用：宏观与微观的联结》，W. Labov 的《社会语言学变量的认知状态：社会语言学监测的认知能力》，P. Muysken 的《濒危语言的记录与社会语言学：以玻利维亚为例》，A. P. Auer 的《德国城市社会语言的标准化和多样化》，S. Poplack 的《学校对语言标准化何时见功夫？》，M. Duarte 的《巴西葡萄牙语：40 年的社会语言学研究》，徐大明的《中国转型期的言语社区：城市化对语言的影响》。另外，每次大会都有语言政策专题分会场，例如第 19 届大会中语言政策分会场的部分发言题目如下：D. Sayers 的《威尔士语言政策中的语言意识形态方向：话语历史分析》，E. Haidinger 的《威尔士私人企业的语言政策》，L. Du Plessis 的《南非自由省农村地区语言景观变化中的语言政策角色》，A. Lenihan 的《语言政策、少数民族语言和新媒体之间的互动关系：以脸书为例》，E. Belsack 的《挪威和佛兰德斯语言规划的比较分析》，A.Thorat 和 M. Lokhandwala 的《印度语言的复活：以马拉地语为例》，A. Chatzidaki 和 C. Maligkoudi 的《希腊阿尔巴尼亚移民家庭的语言政策》。

---

① 参见 http://www.um.es/web/sociolinguistics-symposium21。

（三）美国教育研究协会年会[①]

美国教育研究协会年会（American Educational Research Association，AERA）由美国教育研究协会主办，一般在每年的4月或5月召开。尽管这是美国学术年会，但参与者来自世界各地，举办地点主要在美国，偶尔在加拿大。2014—2018年的会议主题分别是"实践与政策创新中的教育研究力量""走向公正：教育研究与实践中的文化、语言和传承""用于培养民主多样性的公共奖学金""从知识到行动：实现平等教育机会的诺言"和"梦想、可能与公共教育的必要性"。

以下是近年来的部分主旨发言：L. T. Fenwick 的《培养和支持教师对民主多样化的教育》，K. T. Jorissen 的《学会在非线性职业道路上领先一步：女性教育领跑者如何增长知识》，J. P. Spillane 的《关于教育变革挑战的思考》。大会每年都有与语言政策（尤其是语言教育政策）相关的分会场，部分发言题目如下：L. Gibson 的《促进全民教育的语言政策：海地中小学的教学语言》，M. Hopkins 的《美国州级双语教育政策以及教师实践的比较研究》，R. Lowenhaupt 的《语言实践中的语言政策：以美国威斯康星的新拉丁裔移民为例》，M. Arnal 的《流畅与影响：玻利维亚的土著语言政策》，S. Rauf 的《全球化、殖民主义、语言教育政策和学术身份的互动关系》。

（四）美国语言学会年会[②]

美国语言学会年会（Linguistic Society of America，LSA）是美国语言学会主办的年会，一般在每年的1月举行，每次都可吸引来自世界各地的1000多名与会者。该会议无大会主题，近期部分主旨发言题目有：V. Celaya 的《快速准确的家族史研究》，D. Lillian 的《命名灭绝：名字和魔法》，J. Pata 的《回归身份：对土著人的刻板印象和误解》，Z. Griffin 的《姓名检索中的认知过程》。以下为近几年有关语言政策与规划的分会场部分发言题目：2011年，A. N. Scott 的《加勒比地区对克里奥尔语的接受状况：语言学家正在进行一场必败的战斗吗？》；2012年，N. Gottlieb 的《日本的语言政策：变革带来的挑战》；2013年，T. Wiley 的《公共领域的语言：语言学研究的政策启示》；2014年，A. Nylund

---

[①] 参见 http://www.aera.net/Events-Meetings/Annual-Meeting。

[②] 参见 https://www.linguisticsociety.org/resource/past-annual-meetings。

的《一个非洲裔美国人社区的社会变异和语言安全》;2015 年,D. Walicek 的《安圭拉(Anguilla)的社会历史、语言和革命:语言政策可持续发展的基础》;2016 年,N. Nagy 的《濒危祖传语的学习》;2017 年,S. Puthuval 的《20 世纪中国内蒙古语言转用的不同阶段》;2018 年,A. Kuiper 和 S. Nelson 的《社会能源地图集:充满魅力的语言学和公共政策》。

(五)英国应用语言学协会年会①

英国应用语言学协会年会(British Association for Applied Linguistics, BAAL)的主办单位是英国应用语言学协会,会议一般在每年的 9 月召开。2014—2018 年(第 45—49 届)的大会主题分别是"全球化背景下的学习、工作与交流""打破理论窠臼:应用语言学的新方向""反思应用语言学:我们到了哪里?""应用语言学中的多样性:机遇、挑战与问题"和"应用语言学中的冒险行为"。与语言政策与规划有关的一般发言题目不少,如 A. Hilmarsson-Dunn 和 R. Mitchell 的《英国多语学生在语言政策环境下的语言态度、语言实践和语言学习》,A. Adeyanju 的《尼日利亚中带区(Middle Belt)土著人及其豪萨语邻居的语言权利、政治和权力》,M. Noda 的《从话语民族志批评角度理解日本高中外语教学政策》,T. Kondo 的《通过协作行动研究挑战日本政府的英语教学政策》,F. Bonacina-Pugh 的《课堂语言多样性的合法化:语言政策实践的角色》,A. Pauwels 的《应用语言学、语言和避难者:法国一个避难收容中心的语言民族志调查》。

(六)城市语言调查国际学术研讨会

城市语言调查国际学术研讨会(Urban Language Seminar, ULS)由徐大明等人创办,现已发展为国际城市语言学会的年会,会议在 8—10 月举行,一般每年召开一次。2012—2018 年(第 12—16 届)的大会主题分别为:"语言多样性和多语社区""城市化背景下的语言生活""语言技术与语言生活""大数据时代下的语言研究""语言与经济"。部分主旨发言有:朝日详之的《日本城市方言学研究》,包智明的《方言接触的语法变化》,确精扎布的《关于蒙古文编码的思考》,P. Kerswill 的《论城市方言的起源:英国 19 世纪的经济变化与人口状况》,F. Coulmas 的《经济理论与语言传播》,井上史雄的《语言与经济:城

---

① 参见 https://baal.org.uk/。

区内的农村？》。该会议每届都有关于语言政策与规划主题的发言，如友定贤治的《有关临床方言学的考察》，R. Janssens 的《城市化背景下的双语家庭：过渡性还是不可逆性？》，E. Hoebens 等的《教育中的超多样性与多语制：以荷兰 Helmond 为例》，佐藤美奈子的《不丹王国多语状态下的家庭语言》。

（七）爱尔兰应用语言学协会年会 ①

爱尔兰应用语言学协会年会（Irish Association of Applied Linguistics Annual Conference, IRAAL）由爱尔兰应用语言学协会主办，承办单位为爱尔兰的各大学，但与会者来自世界各地，会议通常在每年的 11 月举行。2016 至 2018 年的会议主题分别是："留学研究与第二语言习得：过去的视角，未来的方向""全球化时代的应用语言学：机遇，挑战与实践"和"应用语言学和语言策略：实践和政策"。部分主旨发言有：F. Blin 的《数字时代的二语习得与学习研究：兼论新范式》，P. Taalas 的《语言策略和语言政策；语言、政治和政治话语》，I. Erdocia 的《英语教学媒介语和少数民族语言政策：西班牙纳瓦拉的语言意识形态辨析》。该会议每次都有语言政策与规划的分会场。近年部分语言政策相关的一般发言题目有：L. Abed 的《海湾洋泾浜阿拉伯语：对其产生及社会态度的一种社会语言学调查》，P. Sheekey 的《叙事研究：探究移民语言身份发展的一种方法》，C. Liberio 的《双语教育，单语维持以及 21 世纪的语言编码技能》。

三 会议述评

从会议的类型来说，国际上有关语言政策与规划的专业性会议都比较年轻，它们都是近几年或十几年才开始的。而且，这些会议的数量较少，规模也不大（几十人至一百多人）。而综合性会议则历史较久，数量多，规模大。可见，语言政策与规划学科的学术会议既需要有单学科的专业性会议，也需要有多学科的综合性会议，因为前者可引导或鼓励学科的深厚发展和精细发展，从而使得语言政策与规划学科发展得更有深度和更专业，而后者则有利于该学科的多维研究和宏大发展，进而可使语言政策与规划学科的发展更有宽度和更实用。

从会议的主题来看，会议主题往往具有指导性的作用，它告诉广大的研究者本学科目前的关注热点及未来的发展走向。国际上有关语言政策与规划的专

---

① 参见 http://www.iraal.ie/events.html。

业性会议在主题上更注重本学科的研究对象、科学方法和理论基础，如"联合国与语言研讨会"的主题其实就是围绕"平等"的理念在展开，如要"平等"，就不能"排外"，要注重"弱势群体"，要"合作"，这样才能"可持续发展"。而"语言管理国际研讨会"的主题基本上是在探讨语言管理理论（LMT）的各种问题，如语言管理过程的"步骤"问题、语言管理的"利益多重性"问题、语言管理的"研究方法"问题。而该领域的综合性会议则更崇尚宏观视野和跨学科研究，如"全球化""多语言主义""语言与社会""语言与正义""语言与教育""宏观与微观""全球与地方""现在与未来""机遇与挑战""理论与实践"。总之，国际上有关语言政策与规划会议的主题都是立足学科，关注社会，体察生活，重视实用。

从会议的发言题目来谈，不管是主旨发言还是一般发言，国际上的专家学者对于自己研究的题目都非常细化，体现了作者重视观察身边的语言生活（如媒体、广场和全球化中的语言现象），关注弱势群体（如聋人、盲人、土著、少数民族、孤儿、移民、难民）的语言使用。此外，这些发言题目还在一定程度上体现了国外学者在语言政策与规划领域的研究特点：研究视角甚广（如从社会、法律、教育、经济和公平等视角进行研究），研究对象丰富（如家庭、邻居、学校、工作、政府、国家、国际组织的语言政策与规划），研究所用的理论框架较多（如全纳包容思想、新自由主义和认识论）。

从会议的参与人员来讲，上述会议都具有较强的国际性，与会者来自世界不同的国家，主旨发言者都是本领域的知名教授。不同国家的学者带来不同话题的最新研究成果，增加了会议的新颖性和引领性。

（张治国、张　妍）

语言政策与规划类国际期刊扫描(2018)

本文以国际上较有影响并主要发表语言政策与规划的5种英文期刊为样本,通过标题翻译,对2018年该领域国际研究的焦点进行介绍。首先按照期刊创刊年代逐一介绍,然后概述年度发文特点。介绍时,列出每家期刊各期纸版学术文章的专文标题并括注作者,为读者提供一个直接的总体概貌。

一 《国际语言社会学期刊》

该刊2018年共6期,发表学术文章50篇。

第一期主题为"欧洲和北美的法兰克-普罗旺斯语",由Jonathan Kasstan和Naomi Nagy主持,刊文12篇:

卷首语(Jonathan Kasstan与Naomi Nagy)、《欧洲及北美法兰克-普罗旺斯语的活力现状》(Alessia Zulato, Jonathan Kasstan与Naomi Nagy)、《法塔尔语零主语:祖传语接触的变异研究》(Naomi Nagy, Michael Iannozzi与David Heap)、《法兰克-普罗旺斯语语音系统中由标准法语引起的接触性变迁》(Marc-Olivier Hinzelin)、《加来地区法兰克-普罗旺斯语第三人称前附缀主语系统的重构》(Andres Kristol)、《(I)音作为法兰克-普罗旺斯语的一个社会语言学变量》(Jonathan Kasstan与Daniela Müller)、《阿尔卑斯山之南:意大利西北部法兰克-普罗旺斯语的社会语言学概况》(Riccardo Regis)、《法兰克-普罗旺斯语与瓦尔瑟德语方言的接触》(Silvia Dal Negro与Marco Angster)、《法兰克-普罗旺斯语作为一种社会实践:意大利、法国和瑞士的比较研究》(Natalia Bichurina)、《瑞士法兰克-普罗旺斯语的语言政策和语言规划:以瓦莱州为例》(Federica Diémoz)、《相互理解的语言实践和身份表征》(Christiane Dunoyer)、《在乡土与想象的国家之间:〈日内瓦学报〉(1826—1998)上的法兰克-普罗旺斯语》(Manuel Meune)。

第二期主题为"全球化空间叙事:语言民族志视角",由Adriana Patiño-

Santos 主持，刊文 7 篇：

卷首语（Adriana Patiño-Santos）、《巴塞罗那居民的生活方式：传记视角的言语库、认同叙事与跨国流动》（Eva Codó）、《叙事法与民族志的相互作用：关于移民失去家园的批判社会语言学视角研究》（Maria Sabatéi Dalmau）、《"没人告诉我一切都要用加泰罗尼亚语！"——拉美裔社区学校的叙事和语言意识形态》（Adriana Patiño-Santos）、《拉曼恰市某公立学校里的话语传播、争议性转型和双语运用》（Ana María Relaño-Pastor）、《一场社会运动中跨国过程叙说的本地化及传播》（Maria Rosa Garrido）、《基于 YouTube 的难懂口音叙事研究：Web 2.0 语境下口音的社会价值考察》（Betsy Rymes 与 Andrea Leone-Pizzighella）。

第三期主题为"翻译政策与小族语言"，由 María-Sierra Córdoba Serrano 与 Oscar Diaz Fouces 主持，刊文 8 篇：

《建构一个领域：翻译政策与小族语言》（María-Sierra Córdoba Serrano 与 Oscar Diaz Fouces）、《西语拉美国家的翻译政策与土著语言》（Rosaleen Howard，Raquel De Pedro Ricoy 与 Luis Andrade Ciudad）、《官方双语政策与事实上的多语现实：加泰罗尼亚公共服务中的中文翻译服务》（Mireia Vargas-Urpi）、《公共社会政策与多语主义视角下的翻译政策：澳大利亚的口笔译服务》（Jim Hlavac，Adolfo Gentile，Marc Orlando，Emiliano Zucchi 与 Ari Pappas）、《方言竞争：中国电视剧中视听形式的语内翻译》（Leo Tak-hung Chan）、《翻译的必要性：早期议会制中的翻译立法——以 1830—1895 期间的比利时为例》（Bieke Nouws 与 Reine Meylaerts）、《为日本外国居留者提供的多语信息：基于对政府项目的调查》（Nanette Gottlieb）、《监狱中的语言和口笔译政策：保护非官方语言使用者的权利》（Aída Martínez-Gómez）。

第四期主题为"语言调查与人口普查中的政治因素"，由 Alexandre Duchêne 与 Philippe N. Humbert 主持，刊文 6 篇：

《语言调查：利用统计数字管理语言使用者的艺术》（Alexandre Duchêne 与 Philippe N. Humbert）、《英语才是一切：单语意识形态、语言政策及美国人口普查统计局之间的互动关系》（Jennifer Leeman）、《如何设计语言类问题：全国性调查问卷设计中的意识形态斗争》（Alexandre Duchêne，Philippe N. Humbert 与 Renata Coray）、《关键看如何计算：巴斯克语活力与价值的量化》（Jacqueline Urla 与 Christa Burdick）、《"尽在土著的口中"：印度语言普查中种族划分的语言意识形态与逻辑》（Hannah Carlan）、《苏丹 20 世纪人口调查中的语言与种族统计问题》(Catherine Miller)。

第五期主题为"印度与斯里兰卡的语言与学校教育：媒介语问题"，由 Chaise LaDousa 主持，刊文 8 篇：

《印度与斯里兰卡的语言与学校教育：媒介语问题》(Chaise LaDousa 与 Christina P. Davis)、《以媒介语作为"分野"：印度北部四所女子"公立学校"中印地语-英语双语使用的意识形态》(Meghan M. Chidsey)、《英语媒介语教育、宗族制与新型社会结构：印度妇女的叙事》(Priti Sandhu)、《沉浸式英语教育与漂浮式孟加拉语教育：集体声音的个体化》(Manabi Majumdar 与 Rahul Mukhopadhyay)、《教学媒介语与一场竞争激烈的考试：语言意识形态与印度北部的培训中心》(Chaise LaDousa)、《斯里兰卡语言政治中的穆斯林力量：以泰米尔语和英语为媒介语的教育调查》(Christina P. Davis)、《2009 年教育法案的权利：教学媒介语与公民地位问题》(Usree Bhattacharya 与 Jiang Lei)、《教学媒介语分野中的性别差异：话语赋权与夺权的几个重要时刻》(Chaise LaDousa)。

第六期是自由投稿，主题为"语言使用的领域、等级和意识形态"，由 Florian Coulmas 主编，刊文 9 篇：

《多民族哥斯达黎加的种族、空间和商业：一项语言景观调查》(Louisa Buckingham)、《"我虽说英语，但我还是我"：巴西阿尔特杜尚的英语使用行为》(Silvia Cristina Barros de Souza)、《海外聚居区的祖国形象构建：古巴海外社区的语言意识形态》(Gabriela G. Alfaraz)、《谁何时对何人说何种语言：欧洲学校语境下语言使用的再审视》(Marie Rydenvald)、《"听起来有一股海蛎子味的语言"：关于贝加莫区加纳移民所讲当地意大利-罗曼变体的语言意识形态》(Federica Guerini)、《"不切实际的期望"：毛利青年对待土著语言纯洁主义的态度》(Nathan John Albury 与 Lyn Carter)、《如何理解非洲内生型多语主义：民族志、语言意识形态与超自然》(Pierpaolo Di Carlo)、《阿联酋的语言是否受威胁：语言使用域解析》(Keith Kennetz 与 Kevin S. Carroll)、《跨越网络的边界：英语与希伯来语接触地带的丧失与置换》(Efrat Eilam 与 Julianne Lynch)。

二 《语言问题与语言规划》

该刊 2018 年共 3 期，发表学术文章 17 篇。

第一期刊文 5 篇：

《人口迁徙与语言转用的相关性研究》(Christopher Houtkamp)、《尼泊尔的小族语言教育：来自一个喜马拉雅山村庄的观察》(Kristine A. Hildebrandt 与 Jessica S. Krim)、《瑞典与瑞士的多语教育政策：元政策层面的分析》(Adrian Lundberg)、《撒丁区的语言规划与语言政策》(Rosangela Lai)、《世界语在英格兰外语课堂中的工具价值》(Karen Roehr-Brackin 与 Angela Tellier)。

第二期刊文 6 篇：

《美国关岛地区的语言权利》(Faingold)、《作为软实力资源的语言：以阿塞拜疆为例》(Gulshan Pashayeva)、《阿尔及利亚语言态度调查》(Kamal Belmihoub)、《维持现状：双言现象与休达市的阿拉伯语政策》(Carol Ready)、《没有翻译政策就没有语言政策：佛兰德斯与威尔士的比较研究》(Reine Meylaerts 与 Gabriel González Núñez)、《世界语——使用中的共通语：一项基于教育类非政府组织的案例研究》(Sabine Fiedler 与 Cyril Brosch)。

第三期为特刊，主题为"中介策略"，特约 Anthony Pym 为本期主编，刊文 6 篇：

刊首语《为什么中介策略如此重要》(Anthony Pym)、《语言选择及德国境内移民行为：一项访谈研究》(Sabine Fiedler 与 Agnes Wohlfarth)、《"关键是学会斯洛文尼亚语"：斯洛文尼亚难民对中介策略的选择》(Nike K. Pokorn 与 Jaka Čibej)、《"我应该学习一种仅二百万人说的语言吗？"：中长期移民的中介策略选择》(Nike K. Pokorn 与 Jaka Čibej)、《跨国领养群体中介语言的辅助性质》(Alice Fiorentino)、《移民群体的中介策略选择：一项关于南加泰罗尼亚地区操俄语者的研究》(Nune Ayvazyan 与 Anthony Pym)。

三 《多元语言与文化发展期刊》

该刊 2018 年共 10 期，发表学术文章 65 篇。

第一期刊文 6 篇：

《伊斯坦布尔罗密卡语社会语言学活力的评估：一项态度调查》(Laurentia Schreiber 与 Ioanna Sitaridou)、《道德判断与外语影响：当外语变成了二语》(Franziska Čavar 与 Agnieszka Ewa Tytus)、《爱沙尼亚与瑞典的大学语言政策：高等教育中的英语与国语互动探究》(Josep Soler，Beyza Björkman 与 Maria Kuteeva)、《第二代移民家庭语言政策：荷兰的土耳其家庭》(Irem Bezcioglu-

Goktolga 与 Kutlay Yagmur)、《意识形态、语言行为及其对方言活力的影响：来自瓦努阿图的个案研究》(Cindy Schneider)、《情感与现实的纠结：台湾人对泰祈语的态度调查》(Hui-ju Hsu)。

第二期刊文 7 篇：

《交换式翻译课堂：个案研究》(DohunKim 与 Taejin Koh)、《英语能力、语言转用和族裔资本：澳大利亚悉尼非英语背景移民社团的代际分析》(James Forrest 与 Justine Dandy)、《单语主义与规定主义：20 世纪斯洛文尼亚语的生态环境》(Kristof Savski)、《会说话的墓碑：但说何种语言呢？阿尔萨斯地区作为语言转用和认同镜像的墓志铭》(Katharina Vajta)、《"我永远也不会作为其中之一"：认同、投资及韩语学习》(Nigel Gearing 与 Peter Roger)、《中国少数民族社群的语言政策及社会语言语域》(Anwei Feng 与 Bob Adamson)、《愚笨的提问：英格兰 2011 年人口普查中的语言问题》(Mark Sebba)。

第三期刊文 6 篇：

《一所美国大学外语学院教师对学术出版政策的理解与利用》(Ronald Fuentes 与 Inmaculada Gómez Soler)、《作为二语的英语在英格兰小学的教学和习得情况》(Feyisa Demie)、《多语语境下高中生种族中心主义的泛化：多语主义程度的影响》(Lajos Göncz)、《语码转换中交谈对象或话题能影响移民差异感吗？》(Alessandra Panicacci 与 Jean-Marc Dewaele)、《土耳其大学生对英语作为教学媒介语的认知：年级、性别及大学类型作为变项的探究》(Ernesto Macaro 与 Mustafa Akincioglu)、《多语能力对英语作为外语学习的影响：老挝双语及单语大学生外语焦虑的比较研究》(Manivone Phongsa, Shaik Abdul Malik Mohamed Ismail 与 Hui Min Low)。

第四期刊文 6 篇：

《土耳其英语教学中的英语母语教师：历史概貌》(Mahir Sarıgül)、《香港的双文化主义及分化的学校教育》(Gao Feng 与 Lai Chun)、《美音还是英音：第二语言学习者对英语口音的认知与评价》(Erin Carrie 与 Robert M. McKenzie)、《种族、语言教育政策及语言歧视：香港尼泊尔学生的视角》(Chura Bahadur Thapa 与 Bob Adamson)、《多语主义与创造性：多变项分析》(Guillaume Fürst 与 François Grin)、《南非大学非母语学生的案例研究：强制语言模式能提升社会凝聚力吗？》(Shamila Naidoo, RoshniGokool 与 Hloniphani Ndebele)。

第五期为特刊，主题为"新语言使用者的跨语境比较：迁移与动机"，由

Bernadette O'Rourke 和 John Walsh 主持，刊文 8 篇：

刊首语（Bernadette O'Rourke 与 John Walsh）、《不同使用者对同一语言纯正度标准的争夺：以法兰克－普罗旺斯语为例》（Jonathan Richard Kasstan）、《加利西亚和威尔士移民作为新的语言使用者：融合、归属及合法性问题》（Nicola Bermingham 与 Gwennan Higham）、《拿来就用：加利西亚新语言使用者中的语言皈依和抗拒性认同》（Bernadette O'Rourke）、《中心地带的"新"讲话人：威尔士年轻小族语言使用者努力寻求归属感》（Michael Hornsby 与 DickVigers）、《神话与现实之间：西班牙和加泰罗尼亚社会整合项目里的语言课堂》（Tulay Caglitutuncigil）、《"我将成为其中一员"：少数民族语言环境中语言转换与新讲话人》（Maite Puigdevall, John Walsh, Estibaliz Amorrortu 与 Ane Ortega）、《对系属相关复兴语言立场的趋同与分化：爱尔兰语与曼克斯盖尔语语言变异中的意识形态》（Noel Ó Murchadha 与 Tadhg Ó Hlfearnáin）。

第六期刊文 6 篇：

《翻译专业本科生的语言提升：对比和平行文本分析课程的效果及学生反应的评估》（Li Xiangdong）、《澳大利亚语言复兴中利用免费线上工具的社区发展法》（Hilary Anne Smith, John Giacon 与 Bonnie McLean）、《汉语变体：职前及在职教师的声音》（Cai Chencen 与 Miriam Eisenstein Ebsworth）、《赴加拿大移民者的双文化认同取向》（Ruxandra-Silvia Comănaru, Kimberly A. Noels 与 Jean-Marc Dewaele）、《中国的英语教学媒介语政策：高等教育的国际化》（Zhang Zhiguo）、《英语－西班牙语双语画本的语言景观》（Nicola Daly）。

第七期刊文 7 篇：

《索罗亚斯德达利语族群方言使用者中的双言模式》（S. E. Elhambakhsh 与 H. Allami）、《中国多语留学生在德国的跨文化经验及文化认同建构》（Jingyue Maeder-Qian）、《第三语言学习对中国英语专业学生语言态度的影响》（Ma Dongmei, Yao Tian 与 Zhang Haomin）、《土耳其关于英语教学媒介语及全球化的论争：社会政治视角》（Mehmet Aslan）、《拒斥期待：重视教师参与和加入研究项目的价值——苏格兰少数民族语言教育的启迪》（Sarah MacQuarrie 与 Fiona Lyon）、《少数民族语言复兴背景下的语言能力评估：以巴斯克语为例》（Paula Elosua 与 Antton Peñalba）、《英格兰以英语为第二语言学生的英语成绩及英语能力》（Feyisa Demie）。

第八期刊文 7 篇：

《与优势语言竞争：中国网络草根力量拯救方言》（Luwei Rose Luqiu）、

《跨语言文化研究中非减缩取向的学术道德：殖民者与被殖民者视角》（Sandra Kouritzin 与 Satoru Nakagawa）、《外国口音认同中的变项》（Ksenia Gnevsheva）、《短期海外学习对第二语言焦虑、国际地位以及二语交际意愿的影响》（Jang Ho Lee）、《英语教学环境中的韩国研究生对英语技能和需求的自我认知》（Kent Lee 与 Hikyoung Lee）、《新自由主义视角下的全球化语言技能和单语文化概念：共存还是竞争？》（Yoko Kobayashi）、《非经典文本从小族文化到主流文化的翻译：加泰罗尼亚案例研究》（Helena Borrell Carreras）。

第九期刊文 6 篇：

《英语和汉语作为通用语学习中的态度及认同：双语学习者视角》（Jim Yee Him Chan）、《谈论传统：恩戈尼人谈论价值维护和变化的方式》（Tove Rosendal）、《中国台湾和韩国大学生对英语作为国际语的理念》（Ju Seong Lee 与 Jun Chen Hsieh）、《波罗的海国家高等教育政策的管理：多语社会语言需求的平衡》（Merli Tamtik 与 Soon Young Jang）、《埃及的英语教学研究：趋势与挑战》（Muhammad M. M. Abdel Latif）、《隐性和显性态度差异及对发生中的语言态度变迁的调查》（Rober M. McKenzie 与 Erin Carrie）。

第十期刊文 6 篇：

《家长文化维护、双语主义、认同及福祉：以印尼的爪哇人、巴塔克人、华人为例》（Betty Tjipta Sari，Athanasios Chasiotis，Fons J. R. van de Vijver 与 Michael Bender）、《推特、爱尔兰语及"#Gaeilge"标记[①]——规划者与规划活动：基于数据的社交媒体微观实施者研究》（Mairéad Nic Giolla Mhichíl，Theo Lynn 与 Pierangelo Rosati）、《如何理解跨国家庭语言规划政策的复杂性》（Tijana Hirsch 与 Jin Sook Lee）、《欧盟会员国双语街道标牌政策：比较视角》（Višeslav Raos）、《英语作为一种外语交际工具的使用意愿再审视：塞尔维亚视角》（Sabina Halupka-Rešetar，Ljiljana Knežević 与 Jagoda Topalov）、《关于"纯正度"的话语：多族裔校园中的语言意识形态、族裔边界及民族认同》（Yang Miaoyan）。

四 《语言规划中的现实问题》

该刊 2018 年共 4 期，发表学术文章 19 篇。

---

① Gaeilge 即爱尔兰语。

第一期刊文 5 篇：

《跨语行为与单语政策的启迪：巴基斯坦多样化语言课堂案例研究》（Hina Ashraf）、《爱沙尼亚高等教育中的语言意识形态与语言规划：国家化与全球化话语》（Josep Soler 与 Virve-Anneli Vihman）、《多语空间的单语回音：澳大利亚一家越南语社区学校的语言叙事》（Anne Reath Warren）、《葡萄牙殖民地及其后继国家的语言政策》（Bernard Spolsky）、《政府网页多语主义的管理：机关工作人员解释如何选择语言》（Maimu Berezkina）。

第二期为特刊，主题为"作为继承结果的非洲教学媒介语问题"，由 Nkonko M. Kamwangamalu 主编，刊文 6 篇：

刊首语（Nkonko M. Kamwangamalu）、《摩洛哥的语言问题及教学媒介语》（Ali Alalou）、《安哥拉教学媒介语政策文本、话语及实践之间的多文本分析》（Nicolau Nkiawete Manuel 与 David Cassels Johnson）、《塞舌尔不同母语教师对以克里奥尔语为中介的多语教育态度的案例研究》（Fleischmann Schwarz, Christina Tamaa 与 I. M. Nick）、《开普敦黑人市镇学校教学的语言资源：使用英语和非洲语言实现跨语交际》（Felix Banda）、《语言多样与文化多元体现了非洲的丰富资源：讨论书》（Carol Benson）。

第三期刊文 2 篇：

《法国殖民地及其独立后的语言政策》（Bernard Spolsky）、《公共政策与土著语言权利：2016 年的新西兰毛利语法案》（Katharina Ruckstuhl）。

第四期刊文 6 篇：

《将双语主义视为资源：越南少数民族学生的语言态度》（Trang Thi Thuy Nguyen 与 M. Obaidul Hamid）、《哥伦比亚乡村地区英语教学政策的阐释与翻译》（Ferney Cruz Arcila）、《西班牙语中的性别平等：从语言规划视角看反性别歧视的语言改革》（Benedicta Adokarley Lomotey）、《国际教师对韩国大学英语媒介语授课体验的个案研究》（Jeongyeon Kim 与 Bradley Tatar）、《南非高等教育中的双语教学：未来的挑战》（R. Wildsmith-Cromarty 与 N. Turner）、《微观语言规划与 YouTube 上的点评：通过说唱音乐消除对本土语言的歧视》（Josep Cru）。

五 《语言政策》

该刊 2018 年共 4 期，发表学术文章 28 篇。

第一期刊文 5 篇：

《双语教育中的利益趋同与霸权：为了谁和为了什么？》（Laura Beth Kelly）、《使用哪种语言做广告：雅库茨克语言景观中民族标记的品牌化》（Jenanne Ferguson 与 Lena Sidorova）、《语言是昂贵而复杂的因素：网络空间公共部门语言政策的横向考察》（Maimu Berezkina）、《隐形旋转门：美国亚利桑那州英语课堂中的教师流失问题》（Amy J. Heineke）、《地图错配与语言政策：以新加坡印地语为例》（Ritu Jain 与 Lionel Wee）。

第二期为特刊，主题为"为商业化而进行的管控：将交际资源转化为商品"，由 Sebastian Muth 与 Alfonso DelPercio 主编，刊文 8 篇：

刊首语（Sebastian Muth 与 Alfonso DelPercio）、《将地方双语主义转化为观光体验》（Larissa Semiramis Schedel）、《倡导商品化：从民族志视角看将爱尔兰语作为商业资产进行监管》（Sara C. Brennan）、《价值放大：跨国主义与阿贾汗将英语作为第二语言的相关政策》（Brook Bolander）、《文明与商业：消除电视市场管制对佛兰德语公共广播服务的社会语言学影响》（Sarah Van Hoof）、《"俄语讲得最好的不是俄国人"：语言商品化及其对赴瑞士医疗旅游的限制》（Sebastian Muth）、《针对劳工商品化的设计：语言、移民及自治》（Alfonso Del Percio）、《语言经济："为商业化而进行的管控：将交际资源转化为商品"专刊述评》（Jillian R. Cavanaugh）。

第三期刊文 6 篇：

《后苏联时代格鲁吉亚的多语教育改革：少数民族融合的话语》（Teresa Wigglesworth-Baker）、《自上而下的拼写改革与语言态度：在具有语言忠诚语境的国家》（Cyprien Niyomugabo 与 Valentin Uwizeyimana）、《服务于社群认同的语言教育政策：以哈巴德为例》（Michal Tannenbaum 与 Hagit Cohen）、《瑞典语言政治中的国家类别、国家视野和土语困境》（David Karlander）、《语言教育政策界说：基于语言经济和反歧视的语言行动主义》（Nelson Flores 与 Sofia Chaparro）、《语言帝国主义：对爱尔兰手语政策仍旧适用的一种表述》（Heath Rose 与 John Bosco Conama）。

第四期刊文 9 篇：

《西班牙移民归化的路径：旧的意识形态、新的语言测试规定和测试应用问题》（Alberto Bruzos，Iker Erdocia，Kamran Khan 与 Alberto Bruzos）、《家庭语言政策与波斯语的保持：美国东北部伊朗移民家庭的故事》（Yalda M. Kaveh）、

《基于内容与融入的语言教学法：公立中学的不平等工作条件与新自由主义主观性》（Eva Codó 与 Adriana Patiño-Santos）、《语言意识形态与多语家庭语言规划中的个体（非）道德形象》（Lydia Catedral 与 Madina Djuraeva）、《地位的标志：语言政策、语言复活和亚马孙城郊的语言可见度》（Sarah Shulist）、《多极与历史分层语言政策的建构：1919 年芬兰双语立法的国会辩论》（Taina Saarinen 与 Pasi Ihalainen）、《潜在残疾双语人的再分类：交叉的罕例》（Jamie L. Schissel，Sara E. N. Kangas 与 Jamie L. Schissel）、《瑞典与丹麦的母语教学实践》（Linus Salö，Natalia Ganuza，Christina Hedman 与 Martha Sif Karrebæk）、《肯定话语与大众语言学：21 世纪塞尔维亚民族主义关于西里尔字母的话语》（Srđan Mladenov Jovanović）。

从统计数据看，本文所选的这五种期刊在 2018 年度共发行 27 期，发表原创性学术文章 179 篇（不包括书评、纪念性和信息性等非研究性文章），较去年有所增加（多 9 篇）。从发表所用语言来看，除了 3 篇法语文章外，其他全部用英语撰写。就发表形式而言，本年度共有 10 期 78 篇文章是以专刊形式发表的（其中 1 期专刊是自由投稿），约占总发表数量的 44%。而在 2017 年度，专刊的论文数量是 91 篇，数量略有下降。

从研究内容来看，最引人注目的是语言教育规划领域，特别是高等教育和学术用语的语言规划。此外，家庭语言规划、语言认同、语言景观、语言态度和语言意识形态等，在发表数量上也都各有相当的体现，而且有不少创新，如作为语言景观的墓碑语言及画本。从研究关注的语种和地区来看，虽然英语和西班牙语无论在习得规划还是地位规划都仍处于焦点位置，但是本年度给予极小语种（如塞舌尔克里奥尔语、索罗亚斯德达利语、法兰克－普罗旺斯语等）更多的关注。特别值得一提的是，本年度不少研究的对象是社会边缘群体，其语言数据的获得难度相对比较大，如残疾人的双语、跨国领养者的语言、手语、囚犯的语言等。因此，有关该类语言使用的研究常常发人深省，令人印象深刻。

最后，本年度有关中国语言规划的原创性论文共计 14 篇，其中 2 篇关于香港语言，2 篇关于台湾语言，但没有涉及海外中国留学生的语言问题。这个数量明显少于 2017 年度的 31 篇。相较于英语和西班牙语而言，关于全球使用人口最多的汉语的语言政策与规划仍未受到足够的关注。

（赵守辉）

图表目录

表 4-1	粤港澳大湾区城市政府门户网站的语言文字使用情况	91
表 4-2	中文版板块设置	92
表 4-3	英文版板块设置	93
表 4-4	大湾区政府中英文版网站新闻更新情况	94
表 4-5	政府门户网站设置政务机器人情况	96
表 4-6	语言景观所反映的行业类型及数量比例	98
表 4-7	石牌村、棠下村农民工居民对家乡、城中村、广州的地方感	103
表 4-8	"洋留守儿童"群体特征（N=138）	112
表 4-9	"洋留守儿童"父母基本信息（N=138）	113
表 4-10	"洋留守儿童"国内寄养家庭情况（N=138）	113
表 4-11	"洋留守儿童"语言水平各项指标的分布情况及赋值（N=138）	114
表 4-12	"洋留守儿童"的语言使用情况及赋值（N=138）	115
表 4-13	"洋留守儿童"的语言评价得分（N=138）	116
表 4-14	"洋留守儿童"的身份标记语言（N=138）	117
表 4-15	乘坐地铁时的语言状况（N=92）	120
表 4-16	乘坐公共汽车时的语言状况（N=90）	120
表 4-17	乘坐出租车时的语言状况（N=90）	121
表 4-18	在西医院的语言状况（N=51）	122
表 4-19	在中医院的语言状况（N=37）	122
表 4-20	在药店的语言状况（N=80）	123
表 4-21	在针灸、按摩店的语言状况（N=60）	123
表 4-22	在商场的语言状况（N=80）	124
表 4-23	在批发市场的语言状况（N=64）	124
表 4-24	网上购物的语言状况（N=85）	125
表 4-25	在超市的语言状况（N=93）	125
表 4-26	在农贸市场的语言状况（N=68）	126

图表目录

表 4-27	在餐厅的语言状况（N=100）	126
表 4-28	在快餐厅的语言状况（N=88）	127
表 4-29	叫外卖时的语言状况（N=73）	127
表 4-30	动画片取样及语言暴力分布	129
表 4-31	动画片语言暴力类型	130
表 4-32	同年代语言暴力等级分布	132
表 4-33	"标题党"标题主题分类	138
表 4-34	"标题党"标题核心词汇	139
表 4-35	"标题党"标题句类和句式	141
表 4-36	"标题党"标题标点符号	142
表 4-37	各类常用字母词及其中文译名使用状况（N=450）	147
表 4-38	A 类词语 2014—2018 各年度字母形式与中文译名使用状况例证	147
表 4-39	B 类词语 2014—2018 各年度字母形式与中文译名使用状况例证	149
表 4-40	C 类词语 2014—2018 各年度字母形式与中文译名使用状况例证	150
表 4-41	D 类词语 2014—2018 各年度字母形式与中文译名使用状况例证	150
表 4-42	词汇偏误分析表（单位：项）	171
表 4-43	实词词性偏误分析表（单位：项）	171
表 4-44	虚词残缺分析表（单位：项）	172
表 4-45	句子偏误分析表（单位：项）	173
表 4-46	成分残缺分析表（单位：项）	173
表 4-47	语序偏误分析表（单位：项）	174
表 5-1	微博热搜每日排名前 10 条数据主题分类情况	200
表 5-2	微博热搜榜"问题疫苗"相关内容	203
表 5-3	英语圈认知度前 100 总榜的汉源词	208
表 5-4	认知度前 100 汉源词领域分布	210
表 6-1	改革开放以来历届全国党代会报告中词语使用情况	244
表 6-2	历届政府工作报告中词语使用情况	245
表 6-3	"改革""开放""改革开放"关键词前 20	246
表 6-4	2018 年主流媒体及平台篇名含"改革开放四十年"的发文数	249
表 6-5	以"改革开放"为关键词的视频量	251
表 7-1	三个南亚族群的劳动人口及每月收入	256
表 7-2	三个南亚族群的家庭人口、每月收入及学历	256

表 7-3	不同年龄段受访者的受教育程度	258
表 7-4	不同族群受访者的受教育程度	259
表 7-5	不同族群受访者所使用的语言	259
表 7-6	香港通行语言的学习途径	260
表 7-7	不同语言的使用范畴	261
表 7-8	对不同语言的态度	261
表 8-1	"减灾日语"的研究内容	285

图 4-1	大湾区各政府中英文版网站新闻更新情况	95
图 4-2	石牌村入口牌坊	97
图 4-3	棠下村入口牌坊	97
图 4-4	石牌村内的"池氏宗祠"	97
图 4-5	棠下村内的"福善庙"	97
图 4-6	石牌村朝阳社区出租屋信息栏	98
图 4-7	棠下村房屋租赁广告	98
图 4-8	石牌村内的"皖宜包点"	99
图 4-9	棠下村内的"襄阳面馆"	99
图 4-10	石牌村的"民生士多"	101
图 4-11	棠下村的"陈记云吞"	101
图 4-12	石牌村含有地域类词语的商铺招牌	102
图 4-13	棠下村"河南街"的商铺招牌	102
图 4-14	棠下村已残损的灯箱式语言景观	104
图 4-15	石牌村店铺招牌内容("靓靓鸳鸯贴纸相")与经营项目(盐焗食品)不符	104
图 4-16	微改造之后的石牌村绿荷社区的语言景观——"兴隆食府""潮汕砂锅粥"	105
图 4-17	万科官网宣传的良渚文化村小镇理想	107
图 4-18	2005 年巨幅广告	107
图 4-19	2008 年巨幅广告	108
图 4-20	2015 年巨幅广告	108
图 4-21	儿童对动画片语言暴力的关注情况	133
图 4-22	家长对动画片语言暴力的关注情况	134

图表目录

图 4-23	家长对动画片语言暴力的态度	134
图 4-24	教师对动画片语言暴力的态度	134
图 4-25	小学一年级学生对动画片语言暴力的态度	135
图 4-26	小学六年级学生对动画片语言暴力的态度	135
图 4-27	儿童在校园里对动画片语言暴力的模仿情况	135
图 4-28	儿童在家庭中对动画片语言暴力的模仿情况	136
图 5-1	人民空军官方微博"空军发布"截图	180
图 5-2	沪教版《语文》课本《打碗碗花》一文改前（左图）与改后（右图）对比	185
图 5-3	生肖甲骨文	192
图 5-4	甲骨有表情	193
图 5-5	甲骨文的问候	193
图 5-6	甲骨萌表情	194
图 5-7	甲骨文萌萌哒	194
图 5-8	甲骨文表情解读"两会"政府工作报告	194
图 5-9	明信片《甲骨文·吉祥成语》	195
图 5-10	高考模拟试题中的甲骨文表情	196
图 5-11	汉仪陈体甲骨文字库设计（部分）	197
图 5-12	甲骨文表情包设计	197
图 5-13	甲骨文传统字体与创意动画对比	198
图 5-14	微博热搜榜"佛系"全年上榜情况	204
图 5-15	2018 年微博热搜榜十大热门地名	205
图 5-16	2018 年微博热搜榜前 50 个热门地名词云图	205
图 5-17	2018 年微博热搜榜十大热门事件	206
图 5-18	2018 年微博热搜榜十大热门活动	206
图 6-1	森清范书写日本 2018 年度汉字"灾"	219
图 6-2	"变"当选马来西亚 2018 年度汉字	220
图 6-3	"翻"获选台湾 2018 代表字	221
图 6-4	2017—2018 年度"宪法修正案"使用情况	229
图 6-5	2017—2018 年度"命运共同体"使用情况	229
图 6-6	2017—2018 年度"进博会"使用情况	230
图 6-7	2017—2018 年度"贸易摩擦"使用情况	230

图号	标题	页码
图6-8	2017—2018年度"锦鲤"使用情况	231
图6-9	2017—2018年度"板门店宣言"使用情况	231
图6-10	2017—2018年度"立德树人"使用情况	231
图6-11	2017—2018年度"一箭双星"使用情况	231
图6-12	2017—2018年度"幸福都是奋斗出来的"使用情况	232
图6-13	2017—2018年度"改革开放四十周年"使用情况	232
图6-14	2018年"锦鲤"使用情况	238
图6-15	2018年"杠精"使用情况	238
图6-16	2018年"skr"使用情况	238
图6-17	2018年"佛系"使用情况	238
图6-18	2018年"确认过眼神"使用情况	239
图6-19	2018年"官宣"使用情况	239
图6-20	2018年"C位"使用情况	240
图6-21	2018年"土味情话"使用情况	240
图6-22	2018年"皮一下"使用情况	240
图6-23	2018年"燃烧我的卡路里"使用情况	240
图6-24	历届党代会报告中"改革""开放""改革开放"的使用趋势	245
图6-25	历届政府工作报告中"改革""开放""改革开放"的使用趋势	246
图6-26	"改革"关键词词云图	247
图6-27	"开放"关键词词云图	247
图6-28	"改革开放"关键词词云图	247
图6-29	2009—2018年报纸、广电、主流网站中"改革开放"的文本数及词频数	248
图6-30	2018年"改革开放四十年"的媒体指数	249
图6-31	关注"改革开放四十年"受众的年龄分布	250
图6-32	关注"改革开放四十年"受众的性别分布	250
图6-33	关注"改革开放四十年"受众的地域分布	250
图6-34	2018年互联网用户对于"改革开放四十年"的搜索指数	250
图6-35	2018年"改革开放四十年"的资讯指数	251
图6-36	知网"改革开放"论文的发文量及发表趋势	251
图7-1	"翻"当选台湾2018代表字	277
图7-2	台湾2008—2018年度排名前十的代表汉字	278
图7-3	2018年度海峡两岸汉字节推荐的部分汉字	279

术语索引

A

爱尔兰应用语言学协会 301
AI 150,151,225

B

霸座 202,226,235
白皮书 37,81,201,218
板门店宣言 228,230,231
北京冬奥会 81
本土化 100,101
标点 137,141,142,168
标题党 137—144
表情包 192—199,227,241
表形 166
表意 148,166
宾语 173—175
濒危语言 3,9,10,13—17,19,20,36,80,298
冰屏 222,224,234
补语 173,174

C

草根 193,237,240,308
测试语料 167
常态化 85,179
常用字母词表 145
城市语言调查国际学术研讨会 300
城中村 97,98,100,103,104
词表 78,145,165—167
词目 38,165,166
词频 139,244—248
词频数 247,248
词性 171,175,213
词序 166
词云图 204,205,247
C位 203,237,239—241

D

大数据杀熟 202,222,224,235
大语言文字工作 41,42,59,81
代词 140,171
单语 259,260,301,304,307,309,310
单语者 259
导师项目 292
灯语 33
地方感 103
地域身份认同 101—103
"第二官方语言" 272,273
第二语言 175,257,267,290,301,307—309,311
顶层设计 78,79
定量研究 167
定性研究 167
定语 173,174,204
东方迈阿密 269,270
"东京奥运正名" 276
动词 130,171,172,174,204,284,287
对外汉语教学 41
多方言 9,180
多模态语料 20
多学科视角下的语言政策与规划大会 295
多语生态 90
多语种 79,180
多语主义 15,16,18,297,304,305,307,310
多元文化共生 283,286,287

E

尔雅 10

F

繁体字 33,37,57,77,264,265,288
反倾销 74
泛娱乐化 139,201,206
方言母语者 16,17
方言区 58,165,189
方言认同 118
访谈 56,83,97,100,102,111,132,167,168,258,

306

非官方语言 14,16,17,20,304

非物质文化遗产 11,15,17,36,162

肥宅 241

分层取样 129

枫桥经验 233

佛系 203,204,217,237,238,241

扶智 51,67

负迁移 175

副词 171,174

富布莱特/海斯项目 289

G

改革开放 6,10,29,32—36,39,41,43,45—47,82,160,167,217—219,224,226,228,232,234,235,244—252

杠精 203,237,238,241

《高等教育法》 289

高频词 131,145,167

格律设计论 196

隔代直系 113

工作语言 74,76,265

公务员 53,68,195,257,265—268,272

公众号 79,142,143,181,185—189

共同语 59

占壮字 159,162

关键语言 289—292,294

官方语文 263—265,270

官方语言 14,16,17,20,90,95,264—267,272,273,304

官话 187,189

官宣 203,204,237,239,242

官语化 263,266,267

广东话 264

广府话 264

国产动画片 129,130,133,136

国际奥委会 275,276

国际本土语言年 3,15,16,19

《国际汉语能力标准》 70,71

国际字 217—219

国家安全教育项目 289

国家安全语言青少年项目 292

国家安全语言行动计划 289

《国家国防教育法案》 291

国家民委 41,74,83,84,163

《国家通用盲文方案》 78,165,167—169

《国家通用手语常用词表》 78,165—167

国家通用手语词汇 165

国家通用语言 6,12,27,30—33,35—37,39—41,43,45,47—50,56,57,63,65—70,72,73,77,78,81—83,90,165,168,169,257

国家通用语言文字法 30,31,33,39—41,45,57,77,90

国家信息化 34,47

"国家语言发展法" 271

国家语言能力 294

《国家语言文字事业"十三五"发展规划》 35,37,40,49

国家语言资源监测语料库 217,228

国内词 217—219,244,251

国内字 217—219

国务院关键语言奖学金项目 292

5G 148,234

H

海上丝绸之路 82

海峡之声 179

汉仪陈体甲骨文字库 197

汉语规范化 44

汉语国际教育 40

汉语口语水平测试 54

汉语拉丁化 28

汉语盲文语料库 167

汉语盘点 37,81,202,204,217,221,222,228,237,244,248

汉语拼音 10,11,27—34,39,41,44,46,47,79,146,169,208,209,212—214

汉语拼音方案 10,27—30,32,39,44,46,79,214

汉语音译词 208

汉源词 208—214

汉字简繁文本智能转换系统 39

《汉字简化方案》 44,45

汉字全息资源应用系统 80

红筹企业 65

互联网+ 65,91

华文教育 40

华语 56,257,258,275

华语文能力测验考试 275

混合学习 291

术语索引

J

机器翻译　20,35,79
基本英语　283
吉尔曼项目　292
技术词　146
寄宿制学校　65
寄养家庭　113,115
家庭语言规划　309,312
家庭语言政策　306,311
甲骨文　11,39,70,80,192—199,221
假名　286
兼代　171,172,175
减灾日语　283—285,287,288
简化汉字　10,32,44,57
简化字　33,44,45,264,265
《简化字总表》　33,45
简约日语　283,284
间接策略　153,154
健听　170,175
交际用语　58
教学设计　291
教学语言　70,71,299
介词　172
锦鲤　203,217,228,230,231,237,238,242,243
进博会　217,222,228—230
经典咏流传　235
句子成分　173,175
聚类分析　249

K

科创板　234
客家话　58,271,272
空间立体手语　175
孔子课堂　12,40

孔子学院　12,40,69
跨文化　7,71,72,270,291,297,308

L

拉丁语系　269,270
拉丁字母　46,159,160
类标记手形　174
连词　172
联合国　3—6,9—23,39,55,78,80,81,151,192,218,276,296,302
联合国与语言研讨会　296,302
良渚文化村　106—110
两会　84,163,194,209,211,212
两文三语　257,264
临床诊疗决策支持系统　65
流行语　81,192,195,197,198,200—204,217,228,233—235,243
洛桑协议　276
绿媒　181

M

玛雅文字　11
卖萌　241,242
盲文　12,17,29,33,34,37,78,79,81,165—169
贸易霸凌　222,224,226
媒介语　301,305,307,308,310
媒体公信力　137,142,143
美国教育研究协会　299
美国语言学会　299
美术字　196
门户网站　89—91,96,228

民族认同　40,309
民族语言　6,10—12,14,16,17,20,33,35—37,41,46,48,68,69,72,73,83,85,159—164,271,272,298,301,308
闽南话　179—184,271,272
名词　84,127,151,156,171,172,204,205,214
名从主人　166
命运共同体　3—9,12—14,18,22,23,30,32,37,40,43,209,210,212,228,229
母语教学　267,290,312
母语教育　17,30,47,267
慕课　65,150,151

N

南亚族群　255—259,262
尼泊尔语　90,91,259,261
年度词　37
年度字　37,81,217,219,244
农业农村部　74,225

P

判词　267
旁遮普语　259,260
培根教育　118
偏误　170—176
拼音文字　46
频次　142,145,147—149,245
平易日语　283,285—288
平易语言　283,288
葡文国际化　268
葡文立法　267
葡语　263—270

普惠 235,236
普通话 10,11,29,31—34,
　37,39—42,44—50,
　52—54,56—58,63,
　66—70,73,74,76,78—
　80,82,96,100,106,
　110,111,113—118,
　121,165,169,175,
　180,182,186—191,
　209,211,213,257,
　259—262,264—267,
　270,290
普通话水平测试 32,33,
　37,41,42,54,56
普通话异读词审音表 70,
　79

Q

旗语 33
启蒙语言 113,114
侨乡 111,117,118
清博大数据 137,217
情感认同 117,118
情感认知 133,135
全国推广普通话宣传周
　33,42,45,50,53
全科医生 64
全民阅读 55,63
确认过眼神 203,237—
　239,242
群体认同 103

R

燃烧我的卡路里 203,
　237,240,242
热搜 200—207
热搜榜 200—207
人工智能 20,35,65,79,
　82,95,150,151,225,
　234

人类命运共同体 3—9,
　12—14,18,22,23,30,
　32,37,40,43,229
日均量 95
日语能力测试 285,286
弱势方言 36

S

三区三州 66—68
三文四语 263,264
少数民族语言 10,11,
　14,16,17,20,33,35—
　37,41,46,48,72,73,
　83,85,160—164,271,
　272,298,301,308
少数族裔 256,257,260
社会流行语 202,203
社会用字 33,41,53,57,
　58,162
社会用字管理 53,57
社会语言学 59,295—298,
　301,303,304,306,311
社会语言学研讨会 298
社区语言 117
深度贫困地区 48,51,
　66,68
深港澳语言研究所 58
神威大队 180
神州之声 179
生造词 101
声调 167—169
声母 168,169
"十三五" 35,37,40,
　49,68,69,81
识字率 44,46
实词 171,175
世界记忆名录 11,39,192
世界人权宣言 14
世界应用语言学大会 297,
　298

世界语言大会 40
世界语言资源保护大会
　3—6,9,14,21,22,40,
　70,81
手控特征 172,175,176
手语 12,17,29,33,34,
　37,78,79,81,165—
　168,170—176,271,
　272,296,311,312
首因效应 149,151
书面语 165,170—176,
　264,285
书同文 10,45,50
输入法 33,84,162,217
数量词 171
数字化甲骨文 196
双言 116,306,308
双语 12,35,41,48,58,
　59,63,67,69,70,72,
　76,78,83,90,100,
　160—163,259,263,
　264,266,267,269,
　270,272,273,299,
　301,304,305,307—312
双语教师 63,67,69,72,
　78,161
双语人才 83,269,270
双语者 259
双语政策 263,264,304
双周协商座谈会 77
《说文解字》 10
搜狗输入法 217
碎片化阅读 143
skr 203,237,238,241

T

他加禄语 259,260
台湾年度代表字 277
特殊教育 63,166,168,
　170,176

术语索引

特殊语言 12,37
腾讯指数 217
体细胞克隆猴 234,235
田野调查 10,111,165
听障学生 170—172,175,176
听证会 74
通用汉字全息数据库 80
通用盲文 12,37,78,79,81,165—169
通用手语 12,37,78,81,165—168
通语 6,51,67
同理心 157,158
同声传译 163,167
土味 203,227,237,239,240,242
土味情话 203,227,237,239,240,242
土著语言 14—20,296,299,304,305,310
推广普通话 10,29,32,33,41,42,44—46,49,50,52,53,117,191
推普 11,31—33,49—53,56,66—70,77,78,117,167
推普脱贫攻坚 11,33,49—51,66,67,70,77,78
推普脱贫攻坚行动计划 33,49,50,67,70,77,78
推普周 50,53,78
脱贫攻坚 11,33,44,48—51,63,66,67,70,77,78,236

W

外文缩略词 152
外语词 79,101,145
外语能力测评 69
网购 124,125,209—211
网络流行语 192,195,197,198,200,202,203,243
网络语言 77,142,143,207,237
网约车 120,121,202,235
微博 56,74,179—183,185,186,188,193,195,199—207,217,230,237,239,240,242
微改造 104,105
微课 65
微语言 77
卫健委 77,203,225
谓语 173,175
文本数 247,248
文书用语 287
"文宣战" 181
文言文 274
文字处理系统 35
文字改革 28,34,41,45,46
文字拉丁化 29
问卷调查 74,100,109,132,133,167
乌尔都语 259—261,290
五级联动 49
物联网 151

X

习得规划 312
现代汉语平衡语料库 167
现象级 28,250
限竞房 222,223
线性 174—176,299
乡村教师 63
乡村振兴 63,68,194,233
乡村振兴战略规划(2018—2022年) 63
消防救援衔 225
消费降级 222,223
校本 69,166,257
楔形文字 11
新词 81,84,146,165,200,213,217,222,224,226,227
新课纲 273,274
新媒体 66,74,139,144,199,207,298
新侨 118
新语 165,200,307,308
"新住民" 274
新自由主义 295,296,302,309,312
信联 222,223
星谈项目 292
形容词 171,172,174
虚词 171,172,175
学科教师 63,65
学前儿童 50,63

Y

雅言 6,10,38
洋留守儿童 111—118
一词多义 166
一带一路 12,31,37,40,43,64,72,79,80,82,209,210,212,262
一国两制 263,264
一箭双星 228,231,232
义务教育 46,63,67,70,160,185
异体字 40,57
音译词 101,208
银保监会 225
印地语 259—261,305,311
英国应用语言学协会 300
应用语言学 295—298,

300,301
优势语言 308
语宝 189
语保 18,22
语博会 82
语码 99,100,297,307
语气词 172
语文现代化 11,27,28,56
语序 173,174,176
语言暴力 129—136
语言博物馆 20,21
语言测试 311
语言达人 18
语言地图 9,12,13,20
语言调查 21,300,304
语言多样性 3—9,12—23,81,296,300
语言翻译 35,128,264
语言扶贫 44,45,47—51
语言服务 7,10,12,32,36,37,81,82,89,94—96,118,285,289,293
语言符号 106
语言复活 20,295,312
语言复兴 308
语言公正 18
语言管理 297,298,302
语言管理国际研讨会 297,302
语言规范 42,136,191,297
语言规划 10,85,263,298,303,305,306,309,310,312
语言互通 12,37,214
语言回归 270
语言教育 10,20,42,59,289,292,293,296,299,306—308,311,312
语言教育规划 312

语言教育政策 296,299,307,311
语言经济 311
语言景观 58,97—106,297,298,305,308,311,312
语言康复 12,37,82
语言可见度 312
语言媒介 269
语言民族志 300,303
语言能力 7,17,41,42,50,70,71,78,100,113,117,118,121,257,283,291,293,294,308
语言年 3,12,15,16,19,40
语言年俗 37
语言普查 10,46,304
语言旗舰 289—293
语言认同 312
语言身份认同 99—101
语言生活 27—30,34,36,37,40,47,51,54,59,81,110,111,116—118,166,192,206,214,225,274,300,302
语言生活监测 81
语言生活皮书系列 37
语言生态 6,9
语言实践 100,299,300,303
语言使用 16,17,20,37,75,111,115—117,119,152,170,255,257—259,298,302,304,305,307,308,312
语言塑造 136
语言态度 36,100,111,116,257,300,306,308—312
语言推广大使 18

语言维持 20
语言文字规范标准体系 34,70,72,78
语言文字国际高端专家来华交流项目 40,82
语言文字信息化 31,34,35,43,70,79,81
语言文字中青年学者出国研修项目 82,111
语言问题 36,37,51,58,119—124,126,127,267,296,305,307,310,312
语言信息处理 222,228
语言选择 296,306
语言学习 14,20,36,79,175,257,291,293,298,300,307,308
语言研究 20,42,58,159,187,300
语言意识形态 298,301,304,305,309,310,312
语言应用 257
语言战略 31,42,51,294
语言战略规划 294
语言障碍 121,127,128,262
语言振兴 15,18—20
语言政策 18,37,41,42,54,81,82,165,263,266,272,288,295—304,306,307,310—312
语言制度 90,296
语言治理体系 40,42
语言智能 35,42
语言忠诚 311
语言转用 300,306,307
语言状况 120—127,257,266
语言资源 3—14,18—23,32,35,36,40,42,70,79—81,85,111,145,

161,162,189,198,217,222,227,228,237,268,310
语言资源保护工程 9,10,23,36,70,80
语言资源库 10,36
语言自信 18
语音识别 20,35,162
语音识别系统 162
语音转写通 162
预科 70,71
岳麓宣言 6—8,13,14,18,23,81
粤方言 101,180,257—262,264
粤港澳大湾区 52,59,89—91,95,96
韵母 168,169
韵书 10,39

Z

在线教育 65
"占位"理论 149
"战神" 180—183
正词法 30,31
证照分离 64
政务机器人 95,96
政治站位 222,223
支付宝 201,209—211,230,237,243
知情权 154
直播答题 222,223,235
直接策略 153,154
制度建设 42,72,77,78

智能翻译系统 162
中俄语言政策论坛 82
中国北京国际语言文化博览会 82
《中国濒危语言志》 10,36,80
中国汉字听写大会 11,38
中国话语海外认知度 208,210,212—214
中国梦 118,209,210,212,218
中国农村扶贫开发纲要（2011—2020年） 47,48
中国农民丰收节 222—224,233
中国散裂中子源 234
中国声音 23,40,209,210,214
中国诗词大会 11,38,79
《中国语言文化典藏》 10,36,80
中国语言资源保护工程 10,23,36,70,80
中国语言资源采录展示平台 10,36,80
中国宗教哲学 211,212
中华经典诵读 11,55,70,79,82
中华经典诵读工程 70,79
中华经典资源库 11,38,70,80
中华思想文化术语 11,12,38,42,80
中华思想文化术语传播工程 11,38,80
中华通韵 39,70,79,80
中华文化 36,39,40,146,152,211,212,279
中华语文知识库 82
中介策略 306
中葡论坛 268—270
中青年学者协同创新联盟 82
中文立法 267
中文信息化 29
中小学语文示范诵读库 38,80
中远程轰炸机 179,180
种子精神 84
州语言路线 291
主语 109,173—175,287,303
助词 172,173,175,287
注音工具 27,30,33,46
壮文方案 159—161
壮语文水平考试 163
状语 173,174
资讯指数 249,251
自媒体 179,181,185,207,248
自然手语 172—176
自然文化景观 211,212
自适应学习 291
字库 196,197
字母词 145—150,152
字母词监测系统 145
字书 10
祖传语 289,290,293,300,303
祖传语者 289,290,293

（白　娟）

后 记

清明前夕,《中国语言生活状况报告(2019)》送审清样排出,主编组才算稍微松了口气。4月8日,一年一度的审订会如期进行,教育部语信司领导和各位审订,从选题内容、政治观点、社会效果、结构布局、语言文字规范等方面严格把关,与会者畅所欲言,提出了不少中肯的批评和建议。会后,主编组随即将会议提出的意见和建议逐一落到实处,最终交出正式书稿。

从2018年开始,随着《中国语言文字事业发展报告》(白皮书)、《中国语言政策研究报告》(蓝皮书)和《世界语言生活状况报告》(黄皮书)同时推出,《中国语言生活状况报告》(绿皮书)在框架上做出了相应调整。今年,课题组进一步协调梳理绿皮书跟其他皮书的关系,做到既照顾老读者,保持以往格局,又做好相关切割,突出自己的重点,从自己的角度展示2018年中国语言生活实态。2018年是中国改革开放40周年,围绕改革开放纪念,语言生活中有不少表现;2019年则是中华人民共和国成立70周年,回顾70年中国语言生活的发展,也是重要任务。因此,今年的绿皮书将二者兼顾起来,分别做了一定程度的反映。特稿篇则忠实地记录了《岳麓宣言》2018年发布这一历史性活动。

《中国语言生活状况报告(2019)》(以下简称"《报告》")仍然是团队精神下的集体智慧作品。编写队伍越来越年轻,关注的领域越来越广泛,呈现出中国语言生活研究的兴旺景象。这些年轻学者思想敏锐,善于观察,善于发现话题;他们不怕吃苦,乐于奉献,正能量满满。这使我们看到了即将满15周岁的《中国语言生活状况报告》的生机勃勃。

和以往一样,不少稿子由相关栏目主持人进行大幅度改动,有的近乎重写,稿件质量明显提升。出于种种考虑,审订会上仍有一些稿子被撤下或等待明年发布。

我们要感谢所有作者、栏目主持人、主编组同仁和各位审订,是大家的共同努力,保证了《报告》的质量。

各栏目分工如下:特稿篇,李强;工作篇,李强;领域篇,苏新春、汪磊、

后　记

王春辉；热点篇，李佳、王宇波；字词语篇，汪磊；港澳台篇，陈瑞端；参考篇，赵守辉、方小兵、何山华。

教育部语言文字应用管理司、语言文字信息管理司田立新司长，和北京语言大学语言资源高精尖中心主任、《中国语言生活状况报告》名誉主编李宇明教授，从方向指引、框架建构到细节把关，自始至终给予了《报告》大力的支持和帮助；语信司李强处长、商务印书馆汉语中心余桂林主任、责任编辑朱俊玄细心审稿编校；丁海燕、李春风、白娟诸位，或帮助组稿，或忙于有关的各种事务，是《报告》的幕后功臣。我们在此一并表示感谢。

期待着读者的批评和建议，期待着有更多的人关注中国语言生活。

郭　熙

2019 年 4 月 17 日于日本神户

《中国语言文字事业发展报告(2019)》目录

前言　推动新时代语言文字事业创新发展

第一章　国家通用语言文字推广普及

  第一节　国家通用语言文字普及宣传推进
    一　政协双周会研究推进国家通用语言文字普及工作
    二　第21届推普周着力推进边远贫困地区普通话普及攻坚
    三　全国县域普通话普及情况调查完成数据采集
    四　各地积极开展国家通用语言文字普及达标建设

  第二节　推普脱贫攻坚行动
    一　印发推普脱贫攻坚行动计划
    二　开展推普脱贫攻坚专项调研
    三　编写出版普通话学习资料
    四　开发普通话学习手机应用软件
    五　组织大学生开展推普脱贫社会实践
    六　各地大力推进推普脱贫攻坚行动

  第三节　国家通用语言文字培训测试
    一　农村和少数民族普通话培训人数比上年翻番
    二　普通话水平测试人数比上年增长近两成
    三　汉字应用水平测试人数比上年增长近五成
    四　少数民族汉语水平等级考试人数继续保持两位数增长

第二章　语言文字规范化标准化信息化建设

  第一节　重大语言文字规范宣传与纪念
    一　纪念《汉语拼音方案》颁布六十周年
    二　纪念《通用规范汉字表》公布五周年

  第二节　语言文字规范标准规划与管理
    一　印发语言文字规范标准体系建设规划
    二　修订语言文字规范标准管理办法

  第三节　语言文字规范标准制定与发布
    一　发布十七项语言文字信息化国家标准
    二　发布二项国家语委语言文字规范
    三　审定两批推荐使用的外语词中文译名
    四　完成《通用规范汉字笔顺规范》研制

  第四节　地名与科技术语规范
    一　公布我国部分海域海岛标准名称
    二　公布第一批冥卫一地名标准汉字译名
    三　审核批准二十多个县级以上行政区划更名
    四　审定发布三万多条科技名词

第五节 中文信息处理研究与应用
  一 自然语言理解类科研立项数量居首
  二 钱伟长中文信息处理科学技术奖颁奖
  三 首届司法人工智能挑战赛吸引全球参与
  四 我国在多项机器翻译国际评测中夺冠
  五 多项技术评测显示我国中文信息处理技术持续进步
  六 语言智能与语言教育协同发展问题引发关注

第三章 语言资源科学保护

第一节 世界语言资源保护大会
  一 传播"构建人类命运共同体"重要理念
  二 研讨世界语言资源保护理论与方略
  三 发布《保护和促进世界语言多样性 岳麓宣言》

第二节 中国语言资源保护工程
  一 语言资源调查提前一年基本完成
  二 语言资源音视频数据新增近一倍
  三 严格落实工程质量管理与监控
  四 扎实推进工程成果编纂与出版
  五 深入开展社会宣传与科学研究

第三节 少数民族语言文字工作
  一 推进双语宣讲党的十九大精神
  二 修订民族语文专家咨询委工作规程
  三 民族语文专业队伍建设力度进一步加大
  四 大学生双语志愿服务团建设任务完成过半
  五 审定六千多条少数民族语名词术语
  六 新建七千多小时民族语言文化视频资源

第四章 语言服务能力提升

第一节 进博会语言服务
  一 组建多语种语言服务志愿者团队
  二 推出多平台综合语言信息服务
  三 优化举办地社会语言文字环境

第二节 冬奥会语言服务
  一 完成冬奥会术语平台一期建设
  二 出版冬奥会语言服务一书两刊

第三节 语言翻译服务
  一 发布年度行业发展报告
  二 推出两项翻译服务标准

第四节 国家通用手语和国家通用盲文宣传推广
  一 部署推进国家通用手语和国家通用盲文推广工作
  二 举办国家通用手语和国家通用盲文培训班

三　发布《国歌》国家通用手语版
　　四　完成多个手语盲文规范化科研项目
　　五　各地积极宣传推广国家通用手语和国家通用盲文
第五节　听力视力残疾人语言服务
　　一　六项新颁行政策法规要求加强信息无障碍建设
　　二　电视手语栏目和盲文阅读设施持续增长
　　三　听力视力残疾人特殊教育事业深入发展
　　四　听力言语康复事业有力推进
　　五　数百名听力视力残疾人参加普通话培训测试

第五章　语言文化传承传播
第一节　中华语言文化传承
　　一　甲骨文等古文字研究与应用专项顺利推进
　　二　通用汉字全息数据库建设结项
　　三　《中华通韵》研制形成重要成果
　　四　地名文化保护新批八个千年古县
第二节　中华经典诵读
　　一　印发《中华经典诵读工程实施方案》
　　二　建设中华经典诵读活动基地
　　三　进一步丰富中华经典诵读基础资源
　　四　继续组织丰富多彩的经典诵读活动
　　五　继续开办高质量语言文化类电视节目
第三节　中华思想文化与学术外译
　　一　完成多部习近平总书记著述多语种外译
　　二　新增一百多条"中国关键词"
　　三　出版第六辑《中华思想文化术语》
　　四　继续立项资助中华学术外译
第四节　海峡两岸及港澳语言文化交流合作
　　一　建设两岸语言文化交流研究机构
　　二　召开首届两岸文字学会交流研讨会
　　三　召开第十一届海峡两岸现代汉语问题学术研讨会
　　四　继续推进港澳地区普通话培训测试
　　五　继续组织海峡两岸及港澳学生语言文化交流活动
第五节　语言文化国际交流合作
　　一　举办第二届中国北京国际语言文化博览会
　　二　举办首届中俄语言政策论坛
　　三　新建两个海外中国文化中心

第六章　语言教育事业推进
第一节　基础与职业教育语文外语课程建设及双语教育
　　一　小学初中一二年级使用语文统编教材

  二　高中语文统编教材形成初稿试教试用
  三　中等职业教育语文课程标准研制完成
  四　基础教育外语课程标准覆盖六个语种
  五　一万两千多所民族中小学实施双语教育
 第二节　高等教育语言专业人才培养
  一　中国语言文学专业毕业生近十五万
  二　外国语言文学专业毕业生逾二十万
  三　百余所高校新设语言文学类本科专业
  四　外语类本科专业覆盖语种突破一百
 第三节　汉语国际教育
  一　年度孔院大会聚焦改革创新促发展
  二　孔子学院和孔子课堂规模逐步扩大
  三　师资队伍和教学资源建设稳步发展
  四　孔院建设和汉语国际教育研究全面推进
  五　汉语水平考试持续增长
  六　文化交流活动深入开展
 第四节　华文教育
  一　继续帮扶三百余所海外华校
  二　持续推进政府间沟通协作
  三　研制完成两项华文教育标准
  四　基本建成华文教育主干教材体系
  五　继续开展文化寻根活动

第七章　语言治理体系构建
 第一节　语言文字法治建设
  一　《国家通用语言文字法》修订及实施办法制定在全国调研
  二　《信息技术产品语言文字使用管理规定》形成征求意见稿
  三　广西颁行少数民族语言文字工作条例
  四　四川阿坝州颁行藏语言文字条例
 第二节　语言文字监管督查
  一　语言文字规范化要求纳入全国文明城市测评体系
  二　语言文字工作纳入省级政府履行教育职责评价体系
  三　语言文字工作督导评估机制与流程进一步规范
  四　十四个县域通过国家级语言文字工作督导评估
  五　近二百个城市通过城市语言文字工作评估
  六　出版物编校质量检查合格率比上年提升六个百分点
  七　各地进一步加强语言文字监管督查
 第三节　语言文字科学研究与社会引导
  一　语言文字科研课题立项坚持问题导向
  二　国家语委科研机构科研成果平稳增长
  三　多家国家语委科研机构通过续建评审

  四　国家语言文字智库建设试点工作完成
  五　继续发布年度语言生活皮书
  六　继续开展年度汉语盘点活动
 资料　主要语言文字学术团体与学术期刊
第四节　语言文字工作体制机制建设
  一　年度全国语言文字工作会议要求确立大语言文字工作观
  二　调整充实国家语委成员单位和相关议事协调机构
  三　推动地方语言文字工作机构建设
  四　培训基层语言文字工作队伍
  五　培养中青年语言文字科研人才

附录

教育部　国务院扶贫办　国家语委关于印发《推普脱贫攻坚行动计划（2018—2020年）》的通知

教育部　国家语委关于印发《中华经典诵读工程实施方案》的通知

保护和促进世界语言多样性　岳麓宣言

国家语委关于印发《信息化条件下语言文字规范标准体系建设规划》的通知

教育部　国家语委关于印发《国家语言文字工作委员会语言文字规范标准管理办法（2018年修订）》的通知

国家语言文字工作委员会关于印发《国家语言文字推广基地管理办法（试行）》的通知

2018年国家语言文字事业大事记

《中国语言政策研究报告（2019）》目录

第一部分　专题综述

国家通用语推广

　　一　铸牢中华民族共同体意识必须推广国家通用语
　　二　实现中华民族共同富裕必须推广国家通用语
　　三　构筑中华民族共同文化基础必须推广国家通用语

语言文字法治建设

　　一　语言立法的功能
　　二　语言保护的法治构想
　　三　语言教育的法治实践
　　四　手语立法的实践基础
　　五　语言文字法治体系完善

语言与国家安全

　　一　语言的安全功能
　　二　国家安全中的语言问题
　　三　国家安全中的语言规划
　　四　国防语言能力建设

汉语国际教育

　　一　汉语国际教育与构建人类命运共同体
　　二　汉语国际教育的学科建设
　　三　汉语国际教育的本土化
　　四　孔子学院的转型发展

中国传统文化外译传播

　　一　文化外译与文化自信
　　二　文化外译的选材策略
　　三　文化外译的译者策略
　　四　文化外译的翻译策略
　　五　术语外译与术语传播

部编语文教材

　　一　价值导向与编写理念
　　二　阅读教学与写作训练
　　三　传统文化教育与革命传统教育
　　四　语文知识教学与学习活动设计

语言服务

　　一　语言服务理论话题
　　二　语言服务发展方略
　　三　领域语言服务
　　四　语言服务人才培养

语言认同
    一 语言认同理论
    二 语言认同与语言传承
    三 语言认同与身份建构
    四 不同人群的多语言认同

跨境语言
    一 跨境语言地位与功能
    二 跨境语言规范与发展
    三 跨境语言教育与认同
    四 跨境语言生活与管理
    五 跨境语言适应与传承

语言学学科建设
    一 学科建设与语言规划
    二 学科性质与语言生活
    三 学科设置与社会需求
    四 学科发展与体系完善

第二部分　论点摘编

用中文表达世界知识
提升中文的国际学术地位
汉语走向世界要解决三个问题
积极应对海外汉语学习者低龄化带来的挑战
推进汉语国际教育要重视汉语语言生活研究
促进华文教育"转型升级"
汉字文化要在传承基础上创新
语言保护工作的四条建议
重视语言识别的复杂性
以平等语言观构建良性语言秩序
语言传承的两大途径
信息时代需要文理兼通的语言学家
人工智能时代呼唤语言学与其他学科交叉融合
语言智能和语言教育不应"相杀"
外语规划应助力国家语言能力建设
新时代需要外语教育新变革
认真对待语言规范标准工作的新形势
自下而上的家庭语言政策研究空间广阔

第三部分　附　录

2018年语言政策研究类书目
《中国语言文字事业发展报告（2019）》目录
《中国语言生活状况报告（2019）》目录
《世界语言生活状况报告（2019）》目录

《世界语言生活状况报告（2019）》目录

第一部分　事件篇

　　英国"脱欧"后英语在欧盟向何处去
　　韩国的文字使用纷争
　　冰岛限制起名引发争议
　　网络反恐中的语言问题
　　南非排外骚乱中的语言因素
　　法国术语与新词总委员会更名

第二部分　政策篇

　　伊朗出台"波斯语作品外译及出版支持计划"
　　以色列的双向双语教育政策
　　约旦颁布《阿拉伯语保护法》
　　俄罗斯的"国家语言政策构想"
　　美国颁布《让每一个学生成功法》
　　新西兰颁布新版《毛利语法》
　　欧洲委员会更新《欧洲语言共同参考框架》
　　法语国家组织的《国际组织法语使用指南》

第三部分　动态篇

　　柬埔寨国家高棉语理事会工作新进展
　　德国努力提升德语地位
　　英国汉语教学升温
　　西班牙在非洲的语言传播
　　巴拉圭加强公共领域的瓜拉尼语使用
　　加勒比地区语言使用现状
　　联合国倡导家庭扫盲
　　发达国家语言康复行业发展现状

第四部分　语词篇

　　日本年度热词与年度汉字（2015—2016）
　　俄罗斯年度词（2015—2016）
　　德国年度词（2015—2016）
　　西班牙年度热词（2015—2016）
　　英语年度热词（2015—2016）

第五部分　年报篇

　　韩国世宗学堂财团年度报告（2015—2016）
　　日本国际交流基金会年度报告（2015—2016）

俄罗斯世界基金会年度报告（2015—2016）
英国文化教育协会年度报告（2015—2016）
葡萄牙卡蒙斯学院年度报告（2015—2016）
德国歌德学院年度报告（2015—2016）
西班牙塞万提斯学院年度报告（2015—2016）

第六部分　附　录

中国媒体有关世界语言生活文章选目（2015—2016）
世界语言生活论著选目：国外篇（2015—2016）
世界语言生活论著选目：国内篇（2015—2016）
国外语言生活大事记（2015—2016）

后记

图书在版编目(CIP)数据

中国语言生活状况报告.2019/国家语言文字工作委员会组编;郭熙主编.—北京:商务印书馆,2019
(语言生活皮书)
ISBN 978-7-100-17506-7

Ⅰ.①中⋯ Ⅱ.①国⋯②郭⋯ Ⅲ.①社会语言学—研究报告—中国—2019 Ⅳ.①H1

中国版本图书馆 CIP 数据核字(2019)第 089980 号

权利保留,侵权必究。

中国语言生活状况报告(2019)
国家语言文字工作委员会 组编
郭 熙 主编

商 务 印 书 馆 出 版
(北京王府井大街36号 邮政编码100710)
商 务 印 书 馆 发 行
北京中科印刷有限公司印刷
ISBN 978-7-100-17506-7

2019年5月第1版　　开本 787×1092 1/16
2019年5月北京第1次印刷　印张 22¼
定价:72.00元